Las 5 heridas que te impiden ser tú mismo en el trabajo

Lise Bourbeau
y Nathalie Sainte-Marie

Las **5**
heridas
que te impiden
ser tú
mismo
en el trabajo

DIANA

Título original: *Les 5 blessures et ta vie professionnelle*

© 2024, Lise Bourbeau
© 2024, Nathalie Sainte-Marie

Traducido por: © Marcela Santos
Ilustraciones de interiores: © Diego Martínez García
Diseño de portada: Planeta Arte & Diseño / © Stephanie Iraís Landa Cruz
Adaptación de portada: Liz Batta y Alejandra Ruiz / Caskara Editorial
Formación: Alejandra Ruiz Esparza

Derechos reservados

© 2025, Editorial Planeta Mexicana, S.A. de C.V.
Bajo el sello editorial DIANA M.R.
Avenida Presidente Masarik núm. 111,
Piso 2, Polanco V Sección, Miguel Hidalgo
C.P. 11560, Ciudad de México
www.planetadelibros.us

Primera edición impresa en esta presentación: agosto de 2025
ISBN: 978-607-39-3066-6

Impreso en los talleres de Bertelsmann Printing Group USA
25 Jack Enders Boulevard, Berryville, Virginia 22611, USA.
Impreso en EE.UU. - *Printed in the United States of America*

ÍNDICE

AGRADECIMIENTOS 13

PRÓLOGO..15

INTRODUCCIÓN...21

CAPÍTULO 1
El universo de las emociones...27

    ¿Qué es una emoción? 31

    ¿Qué es un sentimiento?..31

    Las principales emociones...36

    La dificultad de ser consciente
    de tus emociones 42

    El lugar de las emociones en tu vida
    profesional 43

CAPÍTULO 2
El ego y las creencias...55

    El poder del ego 55

    El ego: liberarse de las garras de los
    sistemas de creencias 59

Descubrir la creencia que hay detrás
de una experiencia desagradable 64

¿Qué hacer con las creencias que hemos
descubierto que ya no son beneficiosas? 65

¿Cómo puedes reducir gradualmente
el poder de tu ego? 66

CAPÍTULO 3
Las 5 heridas que te impiden ser tú
mismo en la vida profesional 69

¿Qué es una herida emocional? 69

Proceso de investigación 72

Las 5 heridas que impiden
ser uno mismo 73

Tu cuerpo tiene diferentes
mensajes para ti 76

Obsérvate y acéptate antes de
transformarte 78

El triángulo de la vida 80

Heridas interrelacionadas 82

La influencia del entorno 84

CAPÍTULO 4
La herida de rechazo 91

CAPÍTULO 5
La herida de abandono 109

CAPÍTULO 6
La herida de humillación 127

CAPÍTULO 7
La herida de traición 145

CAPÍTULO 8
La herida de injusticia 167

CAPÍTULO 9
Las principales fuentes de dificultades
en el trabajo 189

Estilo de comunicación 190

Los peligros de los distintos estilos
de comunicación 197

Actitudes en el trabajo alimentadas
por los miedos 200

Obstáculos para las relaciones
en la vida profesional 201

Expectativas sin acuerdos previos 209

Actitudes defensivas 213

Descúbrete a ti mismo a través
del efecto espejo 240

CAPÍTULO 10
Hacia la realización profesional 251

¿Qué es la aceptación? 253

Aprovecha la oportunidad oculta
tras tu herida emocional 260

Seis pasos importantes para aceptar
tus heridas 262

Las dos facetas de cualquier actitud 269

Actuar para expresar nuestras
necesidades 272

CAPÍTULO 11
Recupera el control sobre tu desarrollo
profesional 275

¿Qué significa ser responsable
en el trabajo?...276

Asume la responsabilidad de
tus heridas emocionales 282

Redescúbrete en el trabajo:
un viaje de autoconocimiento.............................286

Los tres pasos clave para volver a
conectar con tu liderazgo profesional 290

La magia de hacerte responsable
de tu vida profesional 296

Descubre tu principio femenino
y masculino y tu poder creador..........................298

Reconciliación de la pareja interior:
el vínculo con el modelo de pareja parental.......300

Perdón y reconciliación......................................301

Asume tu sentimiento de impotencia
y revela la libertad de tu ser 306

El poder creador de tu dios interior 308

Cómo satisfacer tus necesidades mentales
y emocionales 313

Sé más consciente de tus intenciones 318

CAPÍTULO 12

Genera bienestar y realización profesional

Genera bienestar y realización
profesional **321**

Inteligencia interpersonal y colectiva 322

Inteligencia interpersonal y colectiva:
su impacto en la relación con la autoridad,
el poder delegar, la jerarquía y las críticas..........322

Inteligencia emocional individual:
su impacto en las competencias para
tu vida profesional 339

Necesidades cambiantes de una
generación a otra en el mundo laboral.............................356

Vida profesional «multiempresa».....................................358

Fin de carrera: jubilación...359

La razón de ser de tu vida profesional............................360

PALABRAS FINALES...367

ANEXO
Lista de sentimientos...369

ACERCA DE LAS AUTORAS.......................................375

AGRADECIMIENTOS

Nathalie Sainte-Marie

Agradezco mucho a mis padres y a todas las personas que he conocido en mi vida profesional, pues me ayudaron a descubrirme en relación con la vida laboral. Gracias a Jean-Paul por el libro que me regaló en una comida de negocios, todavía hoy me sorprende la idea que tuvo. Gracias a mis colegas por su apoyo, me siento bendecida por tenerlos conmigo.

También estoy agradecida por la brillante sugerencia de Charlène de que escriba un libro que resuene con mi historia personal, por la confianza de Jean-Pierre Gagnon al acoger este proyecto en Éditions E.T.C., por la amabilidad y todo lo que esta maravillosa experiencia de coescritura con Lise me ha permitido aprender y ser. Me he sentido a veces inspirada, a veces intimidada por la experiencia de esta gran dama, autora de *bestsellers*, a veces maestra, a veces aprendiz. También quiero darle las gracias a Patricia, que cursó una de mis asesorías individuales y que se ha convertido en amiga y fiel correctora de todos los libros en los que estoy trabajando actualmente.

Me siento muy afortunada de haberme cruzado con tanta gente, becarios y estudiantes, organizadores, asesores, facilitadores, clientes y personal del Centro Escucha a Tu Cuerpo, ¡gracias!

Lise Bourbeau

GRACIAS a Nathalie Sainte-Marie por haber tenido la idea de escribir un libro así, por su excelente contribución y su apertura a todos mis cambios y recomendaciones.

GRACIAS al universo por permitirme escribir otro libro, porque desde la publicación de mi último libro, *Les 5 grands besoins des enfants nouveaux* (Las 5 grandes necesidades de los niños de ahora), había decidido que sería el último. Apoyada por la audacia y determinación de Nathalie, y por los ánimos de Jean- Pierre Gagnon, que dirige mi editorial desde 1986, cambié de opinión. Me alegro de haberlo hecho, ahora que veo el producto final.

PRÓLOGO

Nathalie Sainte-Marie

La primera vez que vi a Lise en persona fue en junio de 2021, en Versalles, en un taller de un día organizado por Jean-Louis Mersch, cofundador del Instituto ESSAÊ, llamado «Mejorar la calidad de vida en el trabajo».* Se llevó a cabo justo en el mismo lugar donde, 14 años antes, un cliente me obsequió el libro *Las 5 heridas que impiden ser uno mismo* en una comida de negocios. La misma ciudad en donde trabajé durante 14 años y donde sufrí un *burnout*.

Me reencontré con Lise en septiembre de ese mismo año, en Saint-Rémy-de-Provence, mientras impartía por última vez el taller «Escucha a tu alma». En retrospectiva, comprendo cómo en aquel momento ya estaba en contacto, inconscientemente, con mi poder para crear mi vida.

---

* ESSAÊ es el acrónimo en francés de *Elever Son Savoir-Être*, es decir, mejorar sus habilidades interpersonales. *[N. de la t.]*.

Cuando Lise acababa de guiar a nuestro grupo de más de cien participantes a través de una meditación en la que nos invitaba a pedir tres deseos, anunció que sortearía los nombres de algunos participantes para que compartieran su experiencia. En ese momento, intuí que iba a salir mi nombre. Todavía siento escalofríos al escribir estas palabras. Mi corazón empezó a latir muy rápido. ¿Cómo iba a poder revelar mis deseos delante de más de cien personas y, lo que es más, delante de Lise Bourbeau? ¡Guau! Sentí dentro de mí la importancia de ponerme de pie frente a todos y ser sincera. Fue así como, con un micrófono en la mano, de pie frente a la asamblea, le dije a Lise que mi primer deseo era ser conferencista en su escuela, que el segundo era convertirme en una autora exitosa y que el tercero era viajar con mi familia con el dinero ganado con los frutos de las actividades de mi corazón.

En el momento en que escribo estas palabras, todo se ha hecho realidad.

Unos minutos después, Lise pidió a una de las personas con las que había venido al curso que sacara un nombre para ganar uno de sus libros. Se volteó hacia mí y me dijo que había salido mi nombre otra vez. Qué maravilla. Al final del día, le pedí que me autografiara el libro.

En ese momento llegó Gabrielle, la supervisora, que me había acompañado en mi curso de formación, y Lise le dijo, mirándome: «Puedo verla trabajando con nosotros», a lo que Gabrielle asintió. No lo podía creer, me sentía en las nubes, ¡privilegiada, validada, realizada!

Es el 11 de noviembre de 2022. Estoy en una cena en casa con amigos para mi cumpleaños. Uno de ellos me regala una hermosa pluma fuente. No comprendo del todo el mensaje. También en noviembre de 2022, asistí al taller «Interpretación de sueños y habitaciones», en Burdeos. No podía recordar ningún sueño sobre el cual enfocarme. Marc-André, el formador, me dijo que podría soñar despierta y practicar la interpretación a partir de eso. Fue entonces cuando me vi en una casa magnífica, con mi precioso coche que utilizo para desplazarme e impartir cursos en la cochera, escribiendo un libro.

Cuando volvimos de esta visualización, los participantes dijeron que estaban encantados con su sueño. Yo no me sentía así. Levanté la mano para compartir que me daba pánico la idea de este sueño, que no había planeado volver a escribir, que esa hermosa casa, llena de obras de arte con un coche de alta gama estacionado, era demasiada responsabilidad para mí.

Le había pedido ayuda a Charlène Lepage, asesora de *marketing* de Escucha a Tu Cuerpo, para desarrollar mi actividad profesional y poder ampliar mi práctica. Cuatro días después del curso de Burdeos, me dijo: «¿Por qué no escribes un libro sobre la realización profesional?». Para mí fue una obviedad.

Yo, la niña que quería demostrarle a su padre que podía ser fuerte en el trabajo, yo con mis primeros empleos de medio tiempo que nunca fueron declarados ni reconocidos, yo que fui despedida de mi primer trabajo de oficina escoltada por dos policías, que miré a mi padre morir súbitamente a la edad de 46 años cuando él era un talentoso empresario en una empresa reconocida, yo que me buscaba en mis estudios, en mis trabajos y me sentía cada vez más privada emocionalmente en mi relación con la vida profesional cuando al fin recibí reconocimiento por mis habilidades, yo que estaba completamente dedicada a mi carrera, yo que me encontraba rendida y agotada en el suelo.

Sí, este libro, cuyo contenido se escribió en las horas siguientes a mi consulta con Charlène, es, ante todo, una reconciliación conmigo misma.

Si no hubiera sido por el libro que recibí en 2007, que me ayudó a poner mi malestar en palabras, el asesoramiento que comencé en 2010 y los talleres que inicié en 2017, no estaría escribiéndote estas líneas. Probablemente estaría deprimida en casa, y eso en el mejor de los casos, sin acceso a las doscientas herramientas que adquirí en Escucha a Tu Cuerpo y, aún más, sin todo el trabajo de toma de conciencia que he experimentado o escuchado durante los talleres y que me ha ayudado a recuperarme.

Para hacerte ver hasta qué punto la escritura de este libro ha sido una aventura conmigo misma, te cuento que unos días antes de firmar el contrato con Éditions E.T.C., me fracturé y disloqué la muñeca derecha. Gracias a mi cuerpo por este nuevo mensaje. Quería llamarme la atención sobre el hecho de que tengo derecho a utilizar mi mano para ayudarme a florecer, aunque me sienta insuficiente con mis defectos y debilidades.

Era mi ego el que dudaba de mi capacidad para escribir, pero animarme a hacerlo ha resultado en una experiencia maravillosa, un paso hacia una mayor aceptación y amor por mí misma. Aprendí a permitirme ser un humano con debilidades, defectos y límites, ¡pero también con cualidades, talentos y valor!

Lise Bourbeau

Estoy de acuerdo con Nathalie en que la vida es una serie de acontecimientos, llamados coincidencias, que parecen ocurrirnos a todos para ayudarnos a seguir nuestro plan de vida. Por desgracia, con demasiada frecuencia, muchas personas no están lo bastante atentas a estas coincidencias y se pierden de grandes mensajes. Felicito a Nathalie por prestar atención a ellas, lo que le ayudó a atreverse a pedir escribir este libro. En lo que respecta a mí, yo acababa de terminar de escribir mi libro número 27, pensando que era el último.

Cuando Jean-Pierre Gagnon, director editorial, me habló de la petición de Nathalie para participar en este libro, enseguida pensé que era buena idea. Acepté sobre todo porque Nathalie es egresada de mi escuela y posee el grado de Facilitadora ETC, que toma entre tres y cuatro años completar.

Como habíamos acordado que mi editorial publicaría su libro, insistió en que yo supervisara la redacción. Así que aquí estoy, escribiendo de nuevo. Tuve que confiar en el universo y en los nuevos planes que había deparado para mí, como convertirme en coautora junto a Nathalie.

Hace años viví la experiencia de escribir un libro de forma colaborativa con mi mayor volumen (714 páginas), el *Dictionnaire du BIEN-ÊTRE* (Diccionario del bienestar). Para ese libro, le pedí a Micheline Saint-Jacques que me ayudara con la redacción, que tomó varios años, con el fin de crear definiciones precisas para cerca de seiscientos términos diferentes utilizados en el campo del desarrollo personal y espiritual. Como me fue muy bien esa vez, acepté coescribir este libro con Nathalie Sainte-Marie y no ha sido más que una alegría inmensa estar en contacto constante con ella durante un año.

Gracias al universo por ayudarme siempre a superarme y sobre todo por enviarme siempre todo lo que necesito, incluido el conocimiento, las personas que me rodean para ayudarme, la salud y la ilusión que sigue muy presente.

INTRODUCCIÓN

Como este libro es una colaboración entre ambas autoras, en lugar de citar qué pasaje viene de quién, hemos optado por hablar simplemente como yo. Es como cuando se usa el masculino genérico para hablar de todas las personas en un grupo. En realidad fui yo, Nathalie, quien redactó originalmente el contenido, pero todos los textos representan las opiniones de las dos autoras. Las dos estamos convencidas de los beneficios de las enseñanzas desarrolladas por Lise Bourbeau. Ella, como su creadora, y yo, como su portavoz. Esperamos que tú también te beneficies de las inmensas ventajas que esta filosofía de vida puede aportarte. Así que habrá dos «yo» diferentes mientras lees esto: el YO en redondas es mío y el *YO* en cursivas corresponde a Lise.

Como habrás podido constatar, en este libro te tuteo, como lo ha hecho Lise en todos sus escritos. Si lees uno de sus libros por vez primera, es posible que te sorprendan algunas expresiones. Por ejemplo, hago una distinción clara entre «sentimiento» y «emoción»; «dominio» y «control», y estos términos proceden de lo que he aprendido en mi viaje con el enfoque creado por Lise.

Además de tutearte, también mencionaré que todas las profesiones, empleos, etc., se dirigen tanto a las mujeres como a los hombres. Por una parte, al principio masculino, que está muy presente en el mundo profesional, por otra parte, al principio femenino, que busca su lugar en él. Cuando este no sea el caso, lo precisaré.

Del mismo modo, me dirijo por igual a empleados como a estudiantes que aún no se incorporan al mercado laboral, así como a directivos, ejecutivos y trabajadores autónomos. El objetivo es que todos entendamos qué es lo que resulta tan doloroso a veces en cualquier entorno profesional.

Bienestar, calidad de vida en el trabajo, equilibrio entre vida profesional y personal, necesidad de renacimiento, nuevas formas de trabajar, etc. Las cuestiones que rodean al mundo del trabajo se han multiplicado en las últimas décadas y, al mismo tiempo, siempre han formado parte de las preocupaciones de la mayoría de los directivos, jefes de departamento, empleados y trabajadores autónomos desde el principio de los tiempos.

Desde el Neolítico hasta la era del intercambio comercial, los ciclos de industrialización y de desindustrialización en distintos continentes, las grandes colonizaciones y la abolición de la esclavitud, las crisis financieras, la digitalización del trabajo, la deslocalización ante los retos ecológicos, la crisis sanitaria de COVID-19... La relación con el trabajo ha seguido las grandes convulsiones económicas mundiales, al igual que la capacidad de adaptación del ser humano. Todos estos cambios parecen acelerarse inexorablemente. Han dejado su huella en el inconsciente colectivo e individual, con su cuota de recuerdos, creencias y valores que evolucionan con las experiencias pasadas. Cada generación que entra en el mercado laboral supera a las anteriores.

¿Qué es lo que ocupa un lugar tan central en este ámbito de nuestra vida? ¿Cómo puede estar aumentando esta brecha intergeneracional en nuestra relación con nuestro entorno profesional?

Después de siglos de abordar el trabajo con el objetivo de TENER (estabilidad, dinero, seguridad, etc.) y HACER (algo en la propia vida, una contribución, autorrealizarse, etc.), el periodo que estamos atravesando parece conducirnos hacia una nueva relación con el entorno laboral.

Algunos desean trabajar menos, otros quieren trabajar a distancia, mientras que otros buscan cambiar de empresa con más rapidez o frecuencia.

Surgen nuevos deseos, pero ¿cuáles son las necesidades que satisfacen?

¿Y si estas necesidades estuvieran en el centro de la cuestión, iniciando nuevas tendencias en este ámbito de nuestra vida?

Cuando la mayoría de los trabajadores sabe lo que ya no quiere vivir en su lugar de trabajo, ¿por qué les resulta tan difícil ir hacia lo que desean, averiguar cuáles son sus verdaderas necesidades?

¿De dónde viene esta relación con el trabajo, tan sufrida para algunos?

Aunque experimentar emociones en la vida profesional, ya sea con los superiores, los compañeros o los clientes, no tiene buena prensa, ¿podrían ser estos trastornos internos un tesoro de datos inexplorados por descubrir?

Aquí propongo un enfoque holístico del ser humano (teniendo en cuenta las dimensiones física, emocional, mental y espiritual), trabajando también con las cinco heridas del alma. Si no estás familiarizado con el término «heridas del alma», puedes pensar en ellas como heridas emocionales.

En los libros de Lise *Las 5 heridas que impiden ser uno mismo* y *La sanación de las 5 heridas*, se explica cómo los niños eligen la familia y los padres con los que vivirán su vida en función de las heridas que han venido a sanar. Te invitamos aquí a descubrir que lo mismo ocurre con tu vida profesional y con todas las personas que conoces allí.

En este nuevo libro, encontrarás una aproximación a las heridas del alma desde el ángulo de la relación en el trabajo y los mecanismos que te permitirán resurgir paso a paso, ya seas director de empresa, jefe de equipo, empleado o trabajador autónomo.

¿Quizá compraste este libro con el objetivo más o menos consciente de deshacerte de tus verdaderas emociones, de esas partes de ti que sufren en el mundo laboral, o para ayudar a tus colegas a cambiar las actitudes que te molestan?

Por ejemplo, si tienes una relación conflictiva con tu jefe, tal vez lo critiques ante tus compañeros o quieras cambiar de puesto en la empresa para evitarlo...

¿Quizás decidiste pasar de asalariado a autónomo precisamente para evitar este tipo de relación jerárquica? ¿Simplemente para encontrarte con otras dificultades en esta nueva relación?

A lo que te invito aquí es a dar un paso que puede trastocar los planos de tus creencias, que en este libro llamo *ego*. Ese paso consiste en observarte a través de las actitudes que te causan sufrimiento en tu vida profesional para que puedas aceptarlas. Solo a través de la observación podemos llegar a aceptarnos a nosotros mismos y a los demás, que es el principio básico de todos los libros de Lise.

Como la mayoría de la gente tiene la creencia generalizada de que, si se atreve a ser ella misma, los demás la rechazarán, no es de extrañar que nuestro ego quiera protegernos de ello.

Cuanto más tiempo vivamos estas actitudes de sufrimiento en la no aceptación, la rebelión y la ira, más pronto volverán en forma de experiencias de más y más sufrimiento para ayudarnos a aceptarnos finalmente como seres humanos con límites, miedos, creencias, heridas y necesidades.

Por ejemplo, si te acusas de ser débil cuando pierdes el control de tus emociones y esto te causa dolor, este tipo de situación se repetirá mientras no te aceptes como un ser humano en esta clase de vivencia.

Imaginar esto en tu ámbito profesional, sea cual sea tu empleo y estatus, puede ser aterrador para el ego. Por eso, el amor y la aceptación serán temas recurrentes en esta obra.

Este libro se centra en la influencia de las creencias en el mundo laboral, en lo que esto genera en las actitudes y los comportamientos, así como en el sufrimiento que provoca, y ofrece un enfoque para restablecerse en la vida profesional.

Espero que disfrutes descubriéndote en los capítulos que siguen tanto como yo he disfrutado compartir mis conocimientos contigo.

CAPÍTULO 1

El universo de las emociones

¿Alguna vez has experimentado emociones en tu trabajo?

De hecho, la cuestión no es si, como seres humanos, vamos a experimentar emociones en la vida laboral, sino cuándo.

En el mundo profesional, como en la vida misma, tu universo emocional fluctúa entre dos extremos: controlas las emociones fingiendo no experimentarlas o te dejas abrumar por la pérdida de control.

De seguro ha habido ocasiones en las que has conseguido controlarte para no dejar salir nada de lo que te molesta por dentro, hasta que llega el momento en que te resulta imposible y todo se sale de control.

Por ejemplo, si supervisas un departamento y la relación con uno de los miembros de tu equipo te genera ciertas emociones, puede que finjas no sentir nada para ser justo con todo el equipo hasta que, una mañana en la que te sientes más cansado de lo normal, te entra una cólera que te supera por completo.

¿Qué provoca estas emociones? ¿Cómo puede un directivo, jefe de equipo, empleado o trabajador autónomo llegar a experimentar tanto sufrimiento en el trabajo?

Hace unos años, me encontré con una persona a la que contrataba para trabajos temporales y me contó que una noche, al llegar a casa, encontró a su marido decaído delante de un closet, doblando los calcetines. Era un ejecutivo de una gran empresa. Había llegado a su límite.

En otra ocasión, una de las personas que había contratado, uno de mis empleados más fieles, no se presentó a trabajar. Hace tiempo, yo le había dado aventón al trabajo en mi coche Smart. Era un tipo grande y me preguntaba cómo se las arreglaría para caber en mi pequeño coche. Nos reímos mucho esa vez. Unos días después, su padre me dijo que se había ahorcado en casa. No tenía ni 30 años y era un empleado de almacén muy querido.

Un día de marzo de 2016, yo misma volví a casa del trabajo con grandes dificultades para caminar. Era responsable de comunicación y asociaciones en una escuela de renombre internacional. Como miembro del comité directivo, dirigía un equipo joven y dinámico, con el tipo de proyectos a gran escala que me gusta gestionar. Mi trabajo estaba a cinco minutos de casa. Tenía muchos días libres y, sin embargo, me sentía agotada. Físicamente, mi cuerpo llevaba dando señales desde diciembre de 2012.

Más tarde descubrí que ese estado era un reflejo de lo que me pasaba por dentro. A nivel emocional, reaccionaba constantemente, y a nivel mental, sentía una pérdida de sentido, me sentía perdida. Tenía miedo de admitir que estaba agotada y de sentir un vacío si ponía en pausa mi vida profesional.

Es muy probable que tú también hayas experimentado sufrimiento en tu trabajo, y puede que incluso lo estés experimentando ahora, sin haber llegado aún a la gravedad de los ejemplos que acabo de enlistar. Puede que estés leyendo este libro porque alguien cercano a ti o uno de los empleados que diriges está experimentando dificultades en su entorno laboral.

Como decía en la introducción, la nueva era que vivimos nos conduce hacia una relación renovada con el trabajo, que nos permita comprender su razón de ser.

Así que te invito a conocer lo que te hace sentir dolor en tu vida profesional, a abrazarlo y a avanzar hacia una transformación interior.

Puede que te sorprenda descubrir que, al final, no necesitas intentar cambiar a tus compañeros, a tu jefe de equipo, a tus directivos, a tus clientes. Tampoco tienes que renunciar a tu trabajo, empresa o profesión...

NUESTRA VISIÓN DEL MUNDO EXTERIOR ES UN REFLEJO DE NUESTRO MUNDO INTERIOR.

¿Y si conocer tu relación con el trabajo fuera la clave de la transformación?

¿Qué tal que este enfoque te permite recuperar un lugar central en tu vida profesional descubriendo tus necesidades más profundas y las distintas herramientas que necesitas para satisfacerlas y poder desarrollar todo tu potencial?

¿Y si te convirtieras en un buen líder, capaz de gestionar tu mundo emocional en tu relación con el trabajo?

Y, por último, ¿qué pasaría si volvieras a conectar con tu poder interior para crear la vida profesional que refleje tus verdaderas necesidades?

Tú eres el único que puede hacer todo eso.

¿Conoces la diferencia entre una emoción y un sentimiento?

Soy consciente de que la palabra «sentimiento» tiende a sustituirse erróneamente por la palabra «emoción» para los lectores que no están familiarizados con las enseñanzas de Lise. Sin embargo, en el enfoque que te propongo en este libro, te invito a distinguir entre emociones y sentimientos, para que puedas comprender a cabalidad lo que ocurre en tu interior cuando te enfrentes, día con día, a las complicadas experiencias de la vida profesional.

Para ayudarte a hallar sentido en estos dos conceptos tan influyentes, voy a empezar por darte las definiciones comunes de cada palabra y la forma en que se utilizan en este libro.

¿QUÉ ES UNA EMOCIÓN?

Definición de la palabra «EMOCIÓN» en el *Diccionario Larousse*:

Perturbación repentina. Agitación pasajera provocada por un fuerte sentimiento de miedo, sorpresa, alegría, etcétera.

Reacción afectiva transitoria de intensidad bastante elevada, desencadenada generalmente por un estímulo procedente del entorno.

Definición utilizada en este libro:

Agitación interior provocada por una acusación desencadenada por el miedo a uno mismo.

Para que surja una emoción debe haber juicio o acusación, ya sea hacia otra persona o hacia uno mismo. Las emociones nos impiden ponernos en contacto con nuestros sentimientos.

¿QUÉ ES UN SENTIMIENTO?

Definición de la palabra «SENTIMIENTO» en el *Diccionario Larousse*:

Estado emocional complejo y duradero vinculado a determinadas emociones o representaciones.

Definición utilizada en este libro:

Sensación interior más o menos fuerte surgida de la sensibilidad. Es sinónimo de «sentir». Sentir es utilizar nuestra sensibilidad para observar lo que ocurre en nuestro interior. Podemos tener sentimientos positivos o negativos; se puede sentir alegría o miedo. Sentimos de verdad cuando no hay juicio, solo observación interna.

A la mayoría de las personas les cuesta sentir porque, como yo, no ha aprendido a ver dentro de sí misma. En otras palabras, no estamos realmente acostumbrados a entrar en contacto con lo que ocurre en nuestro mundo interior cuando experimentamos una emoción, por miedo a sufrir o a despertar recuerdos desagradables.

Por ejemplo, cuando tienes una experiencia desagradable en tu vida profesional, puedes sentir una gran agitación (y, por lo tanto, emoción), pero ¿en verdad eres consciente de cómo te sientes realmente en esa situación?

Desde hace más de cuarenta años, durante las consultas privadas o los cursos que he dirigido con grandes audiencias, he podido observar que muchas de ellas están en estado de alerta constante. Sus sentidos están siempre enfocados en las situaciones externas y les cuesta voltear la mirada hacia dentro para comprender lo que ocurre en su interior.

Por ejemplo, puede que experimentes una fuerte emoción de enfado hacia tu jefe al permanecer centrado en lo que te acaba de decir y con lo que no estás de acuerdo. Pero ¿acaso eres consciente de cómo te sientes por den-

EL UNIVERSO DE LAS EMOCIONES

tro, cuál es el verdadero problema en tu interior y qué desencadena la fuerte emoción que experimentas?

La mayoría de la gente está en negación, sobre todo en el mundo profesional. Es una actitud que a menudo adoptamos inconscientemente por miedo a sentirnos abrumados por las cosas que nos hacen sufrir.

Para ayudarte a entender este concepto, me gustaría llamar tu atención sobre dos puntos importantes que debes recordar acerca de lo que define una emoción, de acuerdo con las enseñanzas de Lise:

1. Cada emoción desagradable que experimentas (en cualquier aspecto de tu vida, incluido el trabajo) está vinculada a una parte de ti mismo o de otra persona a la que juzgas o acusas.

2. Este juicio o acusación se desencadena por el MIEDO que sientes a las consecuencias desagradables que imaginas que se pueden dar en alguna situación.

Para entender lo que hay detrás de las emociones, es importante comprender qué es una acusación y qué es un juicio, y cómo se tratarán aquí:

Juicio: es la opinión favorable o desfavorable que se tiene o expresa sobre una persona o una situación. Mientras que estar atento significa observar sin juzgar si algo está bien o mal, el juicio se refiere a una noción mental establecida en función de un sistema de valores y, sobre todo, del sistema *de creencias de cada individuo. Cualquier juicio, ya sea sobre otra persona, sobre nosotros mismos o sobre una situación, siempre refleja lo que consideramos verdadero en un momento dado.*

Por ejemplo, si juzgas perezoso a alguien que se atreve a descansar cuando lo necesita, también te estás juzgando a ti mismo como perezoso cuando te atreves a descansar sin haber concluido tus labores pendientes. Estar atento a los juicios que haces es benéfico porque te permite tomar conciencia de las creencias que te impiden ser tú mismo. Del mismo modo, cuando alguien te juzga, puedes estar agradecido porque, aunque el juicio sea desfavorable, reflejará lo que piensas de ti mismo.

> CUANDO ATRAES EL JUICIO DE LOS DEMÁS, SIGNIFICA QUE DEBES PRESTAR ATENCIÓN A UNA CREENCIA TUYA QUE NO QUIERES VER.

Acusación: *decisión de que alguien es culpable. Acusar es emitir un juicio de valor sobre algo o alguien.*

Hacemos acusaciones sobre una persona, una situación o sobre nosotros mismos porque no estamos de acuerdo con lo que observamos. Por lo tanto, acusar es una reacción ante lo que consideramos correcto o incorrecto. Toda acusación es consecuencia de una crítica o un juicio, ya sea manifiesto o de pensamiento. Por ejemplo, acusarnos a nosotros mismos de ser débiles, impacientes, incapaces, insuficientes, etc., o acusar a los demás de todo tipo de atributos que en realidad nos molestan sobre nosotros y nos provocan emociones.

La diferencia entre juzgar y acusar radica en lo que experimentamos en el interior. Mientras que juzgar nos enfrenta a una sensación de impotencia, cuando acusamos a los demás o a nosotros mismos, lo que deseamos es tomar el control (sobre nosotros mismos o sobre los demás) y nos sentimos enfadados.

Por ejemplo, asistes a una reunión con tus colegas y te juzgas por ser autocomplaciente, incapaz de hacerte valer como te gustaría. Sabes que estás juzgando cuando te sientes impotente, triste por no poder comportarte como te gustaría.

En el mismo contexto, cuando estás enfadado contigo mismo, estás acusándote de no ser capaz de hacerte valer, o bien, te enojas con tus colegas, acusándolos interna o abiertamente de ser intrusivos y no darte el espacio para hablar.

En ambos casos, lo que provoca una emoción desagradable no es la experiencia en sí, sino lo que esta cimbra en nuestro sistema de valores y creencias, a través de la noción del bien y el mal, de lo correcto y lo incorrecto.

En los capítulos dedicados a las cinco heridas emocionales, veremos los principales temores sobre nosotros mismos que se esconden detrás de una emoción.

LAS PRINCIPALES EMOCIONES

Universalmente, las cinco emociones principales son:

- Miedo
- Tristeza
- Ira
- Vergüenza
- Alegría

Por lo tanto, en este libro, el miedo, la tristeza, la ira y la vergüenza se tratan como emociones siempre que haya un juicio o una acusación hacia uno mismo o hacia otro, mientras que la alegría se considera un sentimiento, ya que no está asociada a ningún juicio o acusación. Del mismo modo, las emociones se consideran sensaciones desagradables, vinculadas a un temor por el propio bienestar. Así, las emociones no pueden ser agradables ni buenas.

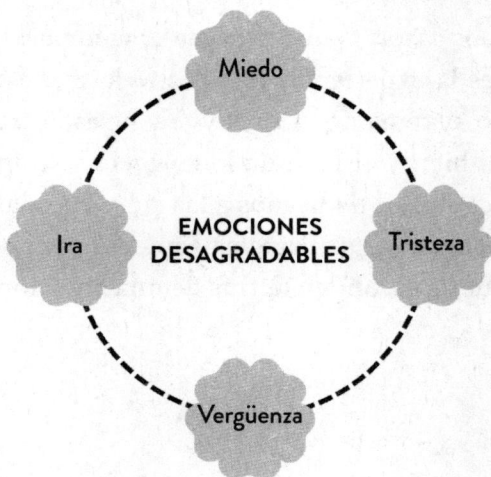

El miedo

El miedo es una emoción de ansiedad intensa que acompaña a la percepción de un peligro o amenaza real o imaginario.

La mayoría de los miedos que experimentamos a diario, ya sea en nuestra vida profesional o personal, está relacionada con un peligro imaginario resultante de una herida emocional activada, o incluso de varias. Es raro que nuestra vida se vea realmente amenazada tan a menudo que sintamos miedo o pánico todos los días.

Por ejemplo, si empiezas el día imaginando escenarios para afrontar lo que te espera en el trabajo, es muy posible que te encuentres en un estado de miedo imaginario, es decir, sin ningún peligro inminente o real para ti. En esos momentos, es tu ego el que ha tomado el control para anticiparse y evitar que experimentes sensaciones desagradables. Cuando el miedo es más importante que lo que realmente quieres experimentar ese día, por lo general atraes lo que temes.

Pongamos el ejemplo de un director de empresa que llega a la oficina por la mañana imaginando que no conseguirá alcanzar sus metas de facturación a final de mes. Si este miedo lo domina más que su necesidad, por ejemplo, de prosperar, adoptará actitudes para evitar que se materialice lo que teme. Esto va en detrimento de las acciones en las que podría estar poniendo su energía para responder a su necesidad de prosperar. La persona en cuestión no es consciente de que está utilizando la mayor parte de su energía para evitar vivir su miedo. Así es como termina atrayéndolo hacia sí.

ES UN FENÓMENO MAGNÉTICO. ATRAEMOS HACIA NOSOTROS AQUELLO EN LO QUE MÁS CENTRAMOS NUESTRA ENERGÍA.

En cambio, si ese mismo directivo está conduciendo su coche en un viaje de negocios y se desata una violenta tormenta que le impide ver la carretera, su miedo es real, ya que se vincula con un peligro físico inmediato, como un choque con otro vehículo.

El miedo es el reflejo de un peligro imaginado cuando experimentas esta emoción en tu vida profesional, ámbito en el que probablemente no exista ningún peligro real para ti. Es tu ego que ha tomado el control, creyendo que así te evita vivir una experiencia que imaginas desagradable.

Más adelante veremos en qué información se basa el ego en momentos como ese. Por ahora, regresemos a hablar sobre las principales emociones del ser humano.

La tristeza

La tristeza es un estado emocional doloroso, pausado y duradero que invade la conciencia a través del dolor y la insatisfacción. Esta emoción suele durar hasta que la persona encuentra una solución a aquello que le acongoja. La tristeza también suele implicar aburrimiento, que se manifiesta en la dependencia hacia otra persona. La tristeza está vinculada a un estado de carencia.

Pongamos el caso de un trabajador independiente que está encantado de poner en marcha un proyecto profesional y que opta por convertirlo en un proyecto de colaboración con otros colegas de su rubro. Si estos colegas se retiran del proyecto y se encuentra solo, puede sentirse desamparado, incapaz de actuar para encontrar otras alternativas y llevar el proyecto a buen puerto. Es muy probable que en ese momento experimente una gran tristeza.

La ira

La ira es una forma más o menos intensa de insatisfacción, asociada a la agresividad. La ira puede expresarse contra uno mismo o contra los demás. Puede experimentarse de forma consciente o inconsciente. La ira está asociada a un sentimiento de frustración. Es una forma de conocer los propios límites y descubrir nuestras necesidades. *A menudo se podría remplazar por una petición. En otras palabras, la persona, al no estar en contacto con su necesidad y ser presa de sus temores, será más propensa a enfadarse en vez de hacer una petición.*

La ira vivida sin agresividad es una oportunidad para expresar nuestras necesidades y nuestros límites, por lo que puede ser constructiva. Lo que hace poco popular a esta emoción tiene más que ver con la manera en que se suele expresar que con su significado real, el cual nos permite tomar conciencia de las necesidades que tenemos y que no satisfacemos.

Por ejemplo, como directivo, puedes sentir ira hacia uno de los miembros del equipo que diriges y, aun así, hacerte responsable de las necesidades insatisfechas que te llevan a experimentarla. De esta manera, expresarás tu enfado en forma de una petición hacia la otra persona. Si juzgas que tus empleados son demasiado lentos y descubres que tu necesidad en esta situación es sentirte seguro sobre los plazos límite para un proyecto, podrás expresar tu enfado compartiéndoles la inseguridad que te provoca su lentitud.

Caso contrario sería que, como directivo, dejaras que tu propio miedo tomara control sobre ti. Entonces, al sentir que eres incompetente para completar el proyecto en el plazo acordado con tu jefe, optas por acusar a algún empleado de ser lento, o por acusarte a ti mismo de ser incapaz de dirigir un equipo y llevar el proyecto a buen término.

La vergüenza

La vergüenza es un sentimiento doloroso de humillación ante los demás. Hace que te sientas indigno e insuficiente. Puedes reconocer la vergüenza por el hecho de que quieres ocultar o esconder la situación o a la persona de la que te avergüenzas. Las personas que sienten vergüenza tienen dificultades para mostrarse tal cual son. Carecen de autoestima y aún no se aman lo suficiente como para compartir aquello de lo que se avergüenzan, incluso con alguien en quien confían. Cuanto más capaz seas de hacerlo, más orgulloso te sentirás por haber sido tan valiente.

Pongamos el ejemplo de un empleado que se avergüenza de su aspecto físico en el trabajo y tiene una imagen bastante negativa de sí mismo. Esta persona puede acabar vistiendo ropa holgada para ocultarse. Es su ego el que dicta su forma de vestir, juzgando su aspecto físico como inapropiado según su sistema de creencias. Al intentar ocultar lo que le avergüenza de su cuerpo, no hace más que acentuarlo llevando ropa que no le sienta bien. Uno de sus colegas puede experimentar la misma dificultad con un aspecto físico que no corresponde a su ideal, pero incluso así, sentirse capaz de ser él mismo ante sus colegas. No sentirá la necesidad de ocultar esta dificultad para aceptarse tras ropa holgada y optará por pedir ayuda cuando la necesite.

LA DIFICULTAD DE SER CONSCIENTE DE TUS EMOCIONES

¿Te has dado cuenta de que a la mayoría de los seres humanos nos cuesta nombrar nuestros sentimientos y emociones, es decir, ser conscientes de lo que experimentamos?

Cuando uno llega al trabajo por la mañana y le preguntan: «¿Cómo estás?», la respuesta suele ser binaria: «Bien», en el mejor de los casos; o «Mal», en el peor.

Para darles cabida a las emociones, te invito a ir un poco más allá de esta interacción y a nombrar, verdaderamente, lo que te dice tu interior.

Cuanto más practiques esto, más descubrirás la gran diversidad de lo que experimentas cada día. Al pasar de la agitación de la emoción (que vives cuando te enfrentas a una situación en la que temes por ti mismo) a la exploración de tu mundo interior (para descubrir la riqueza de lo que allí ocurre), serás capaz de identificar lo que está en juego para ti.

El otro beneficio de acoger tus emociones y nombrarlas con precisión es que aprendes a dominarlas. Cuando digo dominar, no me refiero a controlar las emociones. Como dije en la introducción de este capítulo, a menudo hemos aprendido a pasar de controlar una emoción, para evitar que nos abrume, a perder el control cuando ya no tenemos recursos para controlarla.

> DOMINAR UNA EMOCIÓN SIGNIFICA, EN PRIMER LUGAR, TOMAR CONCIENCIA DE CUÁNDO LA ESTAMOS EXPERIMENTANDO.

Por ejemplo, si sientes un malestar interior durante una reunión de trabajo, puedes fingir que no existe para no quedar mal o puedes sentir que esa sensación desagradable te está haciendo adoptar un comportamiento contrario a tu estado natural, o puedes observarlo preguntándote qué ha habido detrás de ese malestar desde que llegaste.

Entonces puedes quedarte en la reacción, es decir, permanecer en las garras de la emoción, juzgando o acusando a la otra persona o a ti mismo, o darte el derecho a tener miedo.

EL LUGAR DE LAS EMOCIONES EN TU VIDA PROFESIONAL

Identificar una emoción, concederse el derecho a experimentarla y comprender lo que revela sobre nosotros no es un hábito que comparten todas las personas. Es fácil imaginar que es aún menos el caso en el mundo profesional, donde el principio masculino predomina hasta nuestros días.

Cuando hablo del principio masculino, me refiero a nuestra parte racional, seamos hombres o mujeres. Esta parte de nosotros está construida sobre nuestro modelo paterno, que ha sido preeminente en el mundo profesional debido a la proporción de hombres que han tenido acceso a un trabajo reconocido como tal durante siglos. No es de extrañar que el principio masculino haya influido en nuestra relación con el trabajo, incluida la forma en que expresamos la sensibilidad. Como resultado, las mujeres a menudo inician su vida laboral con una energía predominantemente masculina.

Cuando despertó mi conciencia después de años de estrés laboral, me di cuenta de que la energía masculina primaba en mi relación con el trabajo. Es más, no era raro que me encontrara con personas que me lo señalaban claramente, ¡y a mí eso me enorgullecía! Necesitaba demostrarle a mi padre que su hija era tan capaz como él. Para mí, ser apta significaba ser emocionalmente fuerte, como un hombre. Lo único que provocó esa idea fue que mi hipersensibilidad estallara ante cualquier temor. Tenía miedo de ser indeseable por mi lado hipersensible, que por supuesto atraje hacia mí en uno de los últimos puestos que ocupé en una empresa.

Al mismo tiempo, tuve como modelo a una madre que defendía ante su marido, mi padre, la necesidad de trabajar fuera de casa. Ella misma había tenido una madre que había criado a cuatro hijos trabajando con su marido en la granja, sin salario y, por lo tanto, dependiente de él en lo económico.

Con estos modelos en mente entré en el mercado laboral, con una hipersensibilidad cada vez más exacerbada que racionalicé con mi principio masculino. No quería que me vieran como una quejumbrosa ni convertirme en una persona dependiente. Y de pronto, en una comida de negocios en 2007, ¡un cliente me regala el libro *Las 5 heridas que impiden ser uno mismo*! La vida es generosa. Hoy, experimento la escritura de un libro sobre las heridas emocionales en el mundo profesional y me siento muy agradecida por haber recibido ese libro que abrió paso a mi transformación interior.

Cada vez es más frecuente observar cómo el principio femenino, la parte intuitiva y sensible de nosotros, seamos hombres o mujeres, quiere reclamar su lugar en el mundo profesional. Una de las formas en que esto ha sucedido es a través de los movimientos feministas, que, en reacción al dominio masculino, han impulsado que se estableciera el derecho de las mujeres a trabajar, a tener acceso a las llamadas «profesiones masculinas», a un trato igualitario y a un salario equitativo.

EN MÉXICO, LA BRECHA SALARIAL ENTRE HOMBRES Y MUJERES ES DEL 15%, LO QUE IMPLICA QUE POR CADA 100 PESOS QUE PERCIBE UN HOMBRE, UNA MUJER RECIBE 85. EN AMÉRICA LATINA, DE ACUERDO CON LA ORGANIZACIÓN INTERNACIONAL DEL TRABAJO (OIT), EL PROMEDIO DE LA DESIGUALDAD LABORAL SE ESTIMÓ EN 20 POR CIENTO.*

La tendencia actual nos invita a reconciliar estas dos partes de nosotros mismos, que a menudo se consideran contrarias y que en realidad se complementan. Tanto nuestro lado masculino como el femenino son necesarios para hallar el equilibrio interior, y esto aplica también en la vida profesional.

El lugar del sentimiento (lo que nos pasa por dentro) y del resentimiento (lo que percibimos del exterior), y por lo tanto de la sensibilidad, está cambiando rápidamente en el mundo laboral. La inteligencia emocional se ha convertido en un tema central del desarrollo personal en este ámbito, pero ¿qué significa esto exactamente?

---

* Fuentes: https://imco.org.mx/wp-content/uploads/2025/03/Como-cerrar-brecha-salaria.pdf (México) y https://www.ilo.org/sites/default/files/2025-03/OIT-PANORAMA-LABORAL-2024.pdf (América Latina). *[N. de la e.]*.

Tras una era en la que las emociones y la sensibilidad solían ser racionalizadas por nuestro lado masculino, aquel que nos lleva a mostrarnos fuertes, la tendencia actual es que vivamos más en equilibrio permitiendo que se exprese nuestro lado femenino sensible, el que acoge los sentimientos y las emociones con compasión.

¿Qué repercusiones puede tener esto en la gestión de la sensibilidad en el lugar de trabajo? Como hemos visto, la pregunta no es si experimentaremos emociones y sentimientos, sino cuándo. Más aún en este aspecto de nuestra vida en el que están en juego la necesidad de realización, el logro y la contribución al sustento material de nuestra familia.

El equilibrio entre los principios masculino y femenino en la gestión de las emociones es una oportunidad maravillosa para combinar la capacidad de acoger nuestro lado sensible con la capacidad de actuar asumiendo la responsabilidad de nuestras emociones.

Aunque durante mucho tiempo este principio ha quedado relegado a un segundo plano frente a un principio rector masculino, las grandes personas intuitivas y creativas del mundo del arte y la moda, por ejemplo, siempre han encarnado su contraparte femenina.

Tomemos el ejemplo de una persona con un principio femenino rector, es decir, dominante en su vida profesional. Si esta persona permanece dominada por su lado intuitivo, sensible, creativo, dejando de lado su parte masculina, puede verse bloqueada por sus emociones, sin capacidad de actuar o, por el contrario, puede actuar sin pensar.

Te recuerdo que una emoción es una agitación viva provocada por una acusación o un juicio sobre uno mismo o sobre alguien más, ligada al temor.

Hacernos cargo de nuestras emociones significa, por lo tanto, responsabilizarnos de nuestro sistema de creencias, que nos lleva a considerar las actitudes y formas de ser en el mundo laboral en un constructo binario de bueno y malo, con todos los juicios y las acusaciones que eso conlleva.

Dicho esto, ¿cómo podemos salir de este círculo vicioso en la vida profesional, a la que dedicamos gran parte de nuestra vida?

> SIN ACEPTACIÓN,
> NO HAY TRANSFORMACIÓN.

Esta es la esencia de las enseñanzas de los libros de Lise.

Tomemos el ejemplo del empleado con un principio femenino dominante, que se siente estancado por su hipersensibilidad. Cuanto más se comprometa a dejar aflorar su lado masculino en el trabajo, más capaz será de encontrar la fuerza para pasar de la pasividad a la acción, tomándose el tiempo de reflexionar sobre las posibles consecuencias. Para ello, primero tiene que tomar conciencia de que es hipersensible y aceptarse como tal.

El entorno profesional es tan importante como el personal para ayudarnos a evolucionar. En lugar de acusar a los demás o juzgarnos a nosotros mismos por actitudes que no aceptamos, podemos convertir cada experiencia que nos perturba internamente en una oportunidad para descubrir los propios miedos, asumirlos y encontrar formas inteligentes de ayudarnos a afrontarlos.

> ¡CONVIÉRTETE EN UN BUEN GESTOR DE TUS SENTIMIENTOS Y EMOCIONES! HAZLO POR EL PROFESIONAL QUE LLEVAS DENTRO.

Es muy probable que tu ego lo haya borrado de tu memoria, pero te pido que recuerdes que lo que estás viviendo ahora mismo en el ámbito profesional es una oportunidad que tu alma ha elegido para que aprendas a aceptarte tal como eres.

Volveré a la noción de aceptación más adelante en este libro.

Para ayudarte a identificar cómo tú o alguien con quien trabajas gestiona su sensibilidad, a continuación, te muestro las definiciones de una serie de términos relacionados con las emociones como se abordan en este libro.

Emotividad: *ser emotivo significa escuchar lo que nos pasa por la cabeza, lo que nos provoca agitación debido a las críticas,* *juicios y acusaciones procedentes de nuestro ego. Es una forma mental de vivir las emociones.*

Sensibilidad: *ser sensible significa observar nuestro mundo interior, lo que nos permite escuchar las necesidades de nuestro ser. Es una forma de descubrir los deseos de nuestro cuerpo emocional.*

Sensiblería: *se trata de una sensibilidad exagerada e inapropiada, a veces al punto de parecer ridícula. Es una actitud que se observa en personas que dramatizan mucho y lloran con facilidad, como alguien que llora por algo que el resto de la gente considera trivial. En general, este tipo de persona se preocupa por cualquier cosa. Es una actitud que nos drena la energía.*

Hipersensibilidad: *sensibilidad extrema, gestión inadecuada de la sensibilidad. Las personas hipersensibles suelen ser personas fusionales. El tema de la hipersensibilidad se aborda cada vez más en el ámbito profesional.*

Fusión: *una persona fusional es alguien que sufre cuando el otro sufre y que hace todo lo posible para que el otro no lo haga. Captan los estados de ánimo, las emociones y los sentimientos de las personas que las rodean. Tienen una gran sensibilidad mal gestionada, a menudo ligada a su historia personal. Han aprendido a detectar todas las señales de peligro potencial y están en un estado constante de alerta. El estado fusional es distinto de la empatía, que es la capacidad de comprender la emoción del otro poniéndose en su lugar, sin generar sufrimiento hacia uno mismo.*

Para volver a tener una vida profesional satisfactoria, es esencial responsabilizarse de las emociones que experimentamos y de lo que despiertan en nosotros. Una persona que aprende a sentir lo que ocurre en su mundo interior puede tomar conciencia de sus temores y de la necesidad insatisfecha que se esconde tras ese miedo. De este modo, puede tomar las riendas de su carrera profesional observando las experiencias de sufrimiento como una oportunidad de transformación, para aprender a concederse el derecho a ser humano y descubrir sus necesidades.

Según el psicólogo estadounidense Peter Salovey, la inteligencia emocional (IE) se refiere a la capacidad de una persona para percibir, comprender, gestionar y expresar sus propias emociones, así como las de los demás, con el fin de resolver problemas y regular el comportamiento vinculado a esas emociones.

Como dije antes, la inteligencia emocional, concepto surgido en los años sesenta, se tiene cada vez más en cuenta en el mundo profesional como contrapartida de la inteligencia racional, medida por el coeficiente intelectual (CI).

La tendencia en el mundo profesional es hacernos responsables de nuestro mundo interior en nuestra relación con el entorno laboral, así como tener en cuenta nuestras dimensiones racional y sensible, el principio masculino y el femenino que llevamos dentro. Es decir que, si tomas en cuenta ambas cosas, puedes alcanzar el equilibrio en tu vida profesional.

Como mencioné en el prólogo, aunque durante mucho tiempo se me había reconocido por mis cualidades profesionales, a menudo me sentía emocionalmente incapacitada en mi relación con el trabajo. La transformación se produjo al prestar atención a lo que experimentaba en mi interior. Esto me permitió hacerme cargo de la forma en que reaccionaba ante todos los sucesos en este ámbito de mi vida.

Comprender qué es una emoción y distinguirla de tus sentimientos, en otras palabras, convertirte en observador, es esencial si quieres identificar lo que hay detrás de una herida emocional, o de una herida del alma, según el enfoque que más resuene contigo. Soy consciente de que, para algunas personas, el enfoque metafísico del alma puede parecer poco cartesiano.

Así que, por favor, no te quedes estancado en esta palabra y hazte una idea de lo que supone este tipo de herida en términos de comportamiento y actitudes, y pruébalo para ver si puede ayudarte a mejorar tu calidad de vida en el trabajo.

Te sugiero que te tomes un tiempo para ti mismo y practiques la observación interna, de modo que puedas llegar a descubrir tus creencias cuando tengas una experiencia que percibas como desagradable en tu vida profesional y sientas agitación en tu interior. Aquí tienes algunos pasos para comenzar:

1. Cierra los ojos si tu entorno lo permite.

2. Toma una respiración profunda.

3. Observa en qué parte de tu cuerpo estás experimentando esta emoción.

4. Pregúntate: ¿de qué juzgo o acuso al otro? ¿De qué me juzgo o me acuso a mí mismo?

5. ¿Qué es lo que temo que suceda?

6. Ponle nombre a lo que estás sintiendo ante esa situación.

En el apéndice al final de este libro encontrarás una lista de sentimientos que te ayudará a nombrar lo que estás experimentando en tu interior.

Ir hacia adentro y sentir más te será de gran ayuda para descubrir hasta qué punto tu ego te está jugando malas pasadas. Veamos cómo se construye este ego.

CAPÍTULO 2

El ego y las creencias

Voy a utilizar mucho la palabra «EGO» en este libro porque es lo que se manifiesta en forma de las cinco heridas que se detallan en los capítulos siguientes. Así que es justo que te dé ahora la definición del ego.

EL PODER DEL EGO

El ego se crea a partir de la energía mental humana, es decir, de la energía de nuestros recuerdos y creencias. Es el almacén de todas nuestras creencias mentales limitantes.

Tomemos el ejemplo de un niño que regresa de la escuela, orgulloso por mostrarles a sus padres las buenas calificaciones que obtuvo. Supongamos que esa calificación no corresponde al ideal que se han fijado sus padres, aunque al niño le parezca un número muy honorable. Si siente que sus padres están decepcionados de él, su ego salta a la conclusión de que estar orgulloso es lo mismo que estar decepcionado. Ha asociado una actitud natural agradable con una actitud dolorosa. El niño, que se deja convencer por su ego, se encuentra solo y sin explicación ante la emoción que le ha provocado la experiencia. Así es como se graba una creencia limitante en su interior.

El ego ocupa cada vez más espacio en nuestra vida, tanto personal como profesional, a medida que seguimos alimentando todas esas creencias que están detrás de nuestros miedos. El ego quiere dirigir nuestra vida porque está convencido de que de esa forma nos protege del sufrimiento que experimentamos de niños dentro de nuestro proceso de aprendizaje y nuestra relación con las figuras de autoridad.

El ego se convierte en un maestro que decide por nosotros lo que está bien o mal en términos de actitudes y comportamiento en nuestra vida. ¿Por qué lo hacemos? Porque no somos suficientemente conscientes de su presencia y creemos que es tan solo la parte de nosotros que decide.

Como guardián de nuestro sistema de creencias en todos los ámbitos, incluido el laboral, el ego nos dicta la mejor manera de comportarnos en función de las vivencias pasadas, de cómo nos hemos construido observando a nuestros modelos de conducta, ya sean nuestros padres, tutores o profesores. De este modo, nos aleja progresivamente de lo que somos en nuestro estado natural más genuino.

Como se basa en creencias predominantemente de sufrimiento, motiva nuestras actitudes a través del miedo en lugar de atender a nuestras necesidades. Todas estas creencias siguen alimentando las heridas emocionales del alma. Con el tiempo, este ego dirige nuestra vida, incluido por supuesto el aspecto profesional, en lugar de estar al servicio de nuestra inteligencia. Como resultado, dejamos de ser nosotros mismos, dejamos de escuchar las propias necesidades y dejamos de vivir en el momento presente. Nos aferramos al pasado o al futuro, frenamos nuestra evolución, lo que nos impide abrirnos a todo nuestro potencial y, por lo tanto, al pleno desarrollo.

Por eso es importante que tomes conciencia de tu ego cuanto antes, para que puedas recuperar el dominio de tu vida. Con el tiempo, tus miedos y creencias perderán su influencia y acabarán desapareciendo en lugar de manipularte.

En su máxima expresión, el ego puede manifestarse excesivamente en forma de orgullo o soberbia. Esto ocurre cuando no solo queremos tener razón, sino también ganarles a los demás para que salgan perdiendo si nos dan la razón, lo cual conduce a una gran falta de apertura y de escucha. Además de afectar las relaciones en el trabajo, suele tener consecuencias físicas desagradables.

El orgullo siempre se desarrolla a partir del miedo inconsciente a no ser amado o reconocido. Una persona muy orgullosa no quiere admitir que tiene miedo a ser incomprendida o juzgada, a sentirse rechazada, humillada, a ser imperfecta, a no estar a la altura, etcétera, y todos los miedos que le hacen sentir una necesidad compulsiva de compararse con los demás.

Ahora, en el mercado laboral, es el momento de desengancharnos de los juegos del ego y transformar todas aquellas creencias que limitan nuestra realización plena. Esto nos permitirá centrarnos cada vez más y volver a ser conscientes de que somos los únicos dueños de nuestra vida.

Cuanto más en contacto estés con lo que sientes, más derecho te darás de experimentar una emoción, es decir, a ser un humano con miedos, creencias, valores y heridas. Así, le quitarás el poder a tu ego, con sus miedos y recuerdos, para dirigir tu vida y controlar tu forma de ser.

Te invito a que, la próxima vez que experimentes malestar o una emoción dolorosa en un contexto profesional, entres en contacto con esa sensación desagradable, la contemples y te concedas el derecho a ser humano en esa situación. No te pido que me creas de inmediato, te sugiero que experimentes si quieres probar un nuevo enfoque.

Me gustaría aprovechar el momento para señalar que no volvemos a la Tierra una y otra vez para convertirnos en un ser humano PERFECTO. Al contrario, nuestra principal razón de ser es venir y vivir diferentes experiencias en cada vida para aprender a aceptarnos, a darnos el derecho de ser humanos con defectos, cualidades, altibajos, fortalezas, debilidades, etc. Por lo tanto, el punto de todo es aceptar que, a veces, somos IMPERFECTOS.

EL EGO: LIBERARSE DE LAS GARRAS DE LOS SISTEMAS DE CREENCIAS

¿Qué es una creencia?

Una creencia es la convicción de que algo es verdadero. Se dice que las creencias pertenecen al ámbito de la mente porque se construyen con la energía de nuestro cuerpo mental, aquel que nos permite reflexionar, discernir y analizar. Las creencias conforman el sistema de valores de cada quien, que incluye todo lo que nos ha transmitido nuestro entorno familiar, educativo y social, así como las convicciones más profundas con las que nacemos.

La razón principal por la que decidimos creer en algo es la necesidad de sentirnos seguros.

Buscamos protegernos detrás de nociones que nos expliquen por qué las cosas están bien o mal. La psicología dice que todo nuestro sistema de creencias adulto se instauró antes de los siete años. Desde el momento en que fuimos concebidos, todo lo que percibieron nuestros sentidos quedó registrado en nuestra memoria. Nuestra percepción mental del bien o del mal fue el detonante para crear nuestras creencias.

Una creencia es una asociación mental entre dos elementos. Es más sencillo transformar una creencia que fue aprehendida por la mente sin pasar por el cuerpo emocional, ya que no la hemos asociado a sensaciones de sufrimiento.

Detrás de las creencias no beneficiosas suele haber un miedo y una necesidad o un deseo que quieres satisfacer. Es lo que se conoce como creencias del ego. Con esta información, puedes deducir que cada vez que tu vida profesional no va por el rumbo que quisieras, cada vez que sientes temor, experimentas emociones difíciles o no ves satisfecha una necesidad importante, detrás de esa situación se esconde una creencia que has mantenido desde que eras niño.

Esta forma de pensar atrae hacia ti situaciones desagradables precisamente para que tomes conciencia de que crees en algo que ya no te beneficia. Las creencias se basan en un miedo irreal, en una percepción de sufrimiento del pasado. La resistencia a avanzar hacia lo que deseas depende de la intensidad del miedo que dio origen a la creencia. El miedo a convertirnos en lo contrario de lo que deseamos suele entorpecer la liberación de alguna de nuestras creencias. Por ejemplo, la necesidad de ser próspero por miedo a ser pobre o la necesidad de ser importante por miedo a ser mediocre a los ojos de los demás.

> RECUERDA QUE HACEMOS REALIDAD AQUELLO EN LO QUE PONEMOS MÁS ENERGÍA. CUANDO ACTÚAS DE CIERTA MANERA PARA NO SER... ESE PRECISO SER ES EL QUE SE MANIFESTARÁ.

Debemos estar especialmente alerta ante las creencias populares que dirigen nuestra vida de forma inconsciente, como tener que dormir ocho horas todas las noches para sobrevivir a la jornada, comer tres veces para tener energía, sufrir para mantenerse en forma, evitar las corrientes de aire para no resfriarse. Estas creencias populares son especialmente poderosas porque mucha gente las sostiene.

Además de las creencias del ego que hemos construido desde la infancia y las creencias populares, nos dejamos influir por las creencias de los demás, especialmente las de las personas que han tenido un impacto en nuestra educación. Es importante que te des cuenta de que crees lo mismo que las personas que te rodean, no porque hayan influido realmente en ti, sino porque solemos elegir la compañía de gente con creencias similares a las propias. Esto nos lleva de nuevo a la noción de responsabilidad.

PASOS PARA ESTABLECER UNA CREENCIA

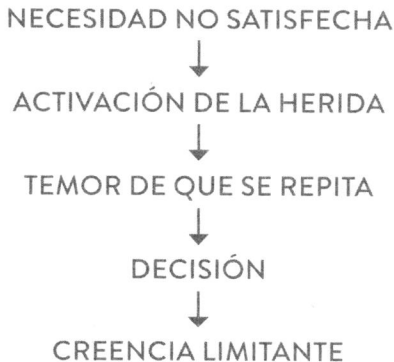

NECESIDAD NO SATISFECHA
↓
ACTIVACIÓN DE LA HERIDA
↓
TEMOR DE QUE SE REPITA
↓
DECISIÓN
↓
CREENCIA LIMITANTE

Primero, de niños, vivimos la alegría de ser nosotros mismos mientras pasamos por un proceso de aprendizaje y nos relacionamos con quienes nos educan. La segunda etapa del proceso es cuando nos enfrentamos al dolor de no tener derecho a ser así, pues esto desagrada a los demás, lo cual activa una herida emocional. Después llega la tercera etapa, el periodo de crisis y rebeldía, en el que influyen los miedos que se han activado. Para reducir el dolor, nos resignamos a crear una nueva personalidad. De esta manera llegamos a la cuarta etapa, en la que decidimos convertirnos en lo que otros quieren que seamos.

Algunas personas pueden permanecer atascadas en este último estadio toda su vida laboral, conservando las mismas creencias para toda la vida. Permanecen en la reacción, es decir, bajo la influencia de sus emociones, juzgando o acusando a los demás o a sí mismos, con ira y en crisis.

Por eso, durante las últimas etapas creamos varias máscaras, o nuevas personalidades, que nos protegen del sufrimiento experimentado durante la segunda etapa, cuando nuestra forma de ser natural no les gustaba a los demás.

¿Cómo se reactiva una creencia?

Cada vez que se despierta una necesidad insatisfecha, es decir, la necesidad de ser uno mismo, se reactiva la herida y el sufrimiento (emoción) asociado.

Por ejemplo, un alumno puede haber pensado que ser espontáneo con alguien que le está enseñando algo es ser descortés. De adulto, cada vez que se permite ser espontáneo con un colega que le está enseñando algo, puede volver a sentir pánico (y, por lo tanto, tener una experiencia desagradable, un malestar) mientras siga creyendo y acusándose de ser maleducado.

Así es como, a través de nuestras experiencias vitales de no aceptar una actitud, registramos creencias en una parte de nosotros que crece con los años y que, sin embargo, es impalpable. Esta parte de nosotros es el **ego.** Soy consciente de que a menudo esta palabra tiene mala reputación y, sin embargo, la creamos y la reforzamos con cada decisión que tomamos. En principio, la intención del ego es buena: busca protegernos para que no volvamos a sufrir las experiencias desagradables del pasado.

Como un enorme disco duro, el ego graba todas estas creencias que, si en un principio no estaban asociadas a una emoción, es decir, a un miedo, pretendían ser simples recuerdos al servicio de nuestro aprendizaje e inteligencia. El ego toma estas creencias como verdaderas en lugar de por lo que son: recuerdos guardados en nuestra memoria. Es una creación del ser humano. La mayor consecuencia de que existan estos sistemas de creencias es que son la raíz de las cinco heridas emocionales.

A lo largo de los más de cuarenta años transcurridos desde la fundación de la escuela Escucha a Tu Cuerpo, he podido comprobar que estas heridas suelen construirse cuando entramos en contacto con entornos de aprendizaje, ya sea en la escuela o en la relación con las figuras de autoridad y los educadores.

DESCUBRIR LA CREENCIA QUE HAY DETRÁS DE UNA EXPERIENCIA DESAGRADABLE

Para descubrir cuál es la creencia que está actuando detrás de una reacción emocional ante una experiencia de tu vida profesional, aquí tienes cuatro preguntas que hacerte, y te recomiendo encarecidamente que escribas tus respuestas:

1. *¿Qué es lo que esta situación desagradable me impide **tener, hacer** y **ser?***

    La respuesta a esta pregunta revela lo que realmente desea tu ser. Lo que te impide alcanzar eso que quieres revela cuál es la necesidad que no estás satisfaciendo.

2. *Si me permito hacer y ser lo que quiero, ¿cuáles serían las consecuencias **desagradables?** Considera las consecuencias negativas para ti y para los demás.*

3. *Si se produjera esta desagradable consecuencia, ¿cómo me **juzgaría** o qué me **acusaría** de ser?*

    La respuesta a esta pregunta te dice lo que crees, es decir, la forma de ser que juzgarías si te permitieras ir hacia lo que deseas, es decir, hacia tu necesidad, que revelaste con la respuesta a la primera pregunta.

4. *Como la persona que soy hoy, ¿estoy seguro de que todo esto sigue siendo cierto para mí? ¿Quiero seguir **alimentando** esta creencia, seguir creyendo en ella?*

Si tu respuesta es afirmativa, significa que tu creencia no te está perjudicando lo suficiente como para cambiarla.

En cambio, si la respuesta es negativa, podrás abandonar esta creencia con mayor facilidad en favor de cumplir tus deseos y necesidades.

¿QUÉ HACER CON LAS CREENCIAS QUE HEMOS DESCUBIERTO QUE YA NO SON BENEFICIOSAS?

El primer paso es darle las gracias a tu creencia porque te fue útil en un momento de tu vida en el que no tenías los recursos necesarios para enfrentarte a un comportamiento que percibías doloroso. Te protegió de sentir y experimentar tu miedo.

El segundo paso es que no te culpes. Pensaste que necesitabas esa creencia para protegerte.

El tercer paso es darle las gracias a esta creencia por permitirte descubrir lo que quieres para ti ahora, lo cual te da la oportunidad de tomar una nueva decisión basada en la necesidad y ya no en el miedo. Esa creencia inicial estaba basada en una elección; necesitas tomar una decisión nueva para remplazarla.

Si ya no mantienes esta creencia, carecerá de energía para existir y se desintegrará gradualmente, convirtiéndose en un recuerdo sin carga emocional ni miedo.

Llegará el día en que ya no creamos en nada. En su lugar, sabremos exactamente lo que es bueno para nosotros, porque estaremos permanentemente conectados con nuestra esencia y en contacto constante con nuestras verdaderas necesidades, sin juicios ni temores.

¿CÓMO PUEDES REDUCIR GRADUALMENTE EL PODER DE TU EGO?

1. Toma conciencia

En cuanto experimentes cualquier emoción que te cause malestar, sabrás que es tu ego que se ha apoderado de lo que ERES. Serás capaz de ver cuándo te estás impidiendo ser tú mismo al adoptar una actitud antinatural por miedo.

En el ejemplo del niño del principio del capítulo, ahora que se ha convertido en adulto, sabrá que se está dejando guiar por su ego cada vez que se impide sentirse orgulloso de su trabajo por miedo a decepcionar a su jefe o a sí mismo.

2. Acéptate como eres

El siguiente paso es darte el derecho a ser lo que temes ser, **sin juicios ni acusaciones.** Tienes derecho a ser humano.

Por ejemplo, el niño que se convirtió en adulto tiene que aceptar que a veces se sentirá una persona decepcionante si su trabajo no corresponde al ideal de una figura de autoridad o a sus propios ideales.

¿Ves que es tu ego el que te hace creer que nunca debes defraudar a nadie, que siempre debes cumplir las expectativas de los demás?

3. Asume la responsabilidad

Es importante recordar que solo tú eres responsable de dejarte llevar por tus creencias. Tendrás que vivir con las consecuencias de dejarte llevar por tus miedos o de satisfacer tus necesidades. Para ello, es esencial que tranquilices a tu ego diciéndole que reconoces su buena intención al querer protegerte en un momento de tu vida en el que no sabías cómo enfrentarte a una actitud que no les sentaba bien a los que te rodeaban. Le das las gracias por querer ayudarte y le dices que, a partir de ahora, quieres tomar tus propias decisiones y que estás dispuesto a asumir todas las consecuencias. Así puede descansar.

Te recuerdo que no puede haber transformación sin aceptación. *Por eso tu ego necesita sentir que reconoces y aceptas que tiene buenas intenciones, aunque no correspondan a tus necesidades. Solo así el ego puede transformarse.*

En el ejemplo del niño, el adulto en el que se convierta tendrá que asumir la responsabilidad de seguir alimentando la creencia de que sentirse orgulloso es decepcionante, y vivir con la consecuencia de impedirse a sí mismo estar orgulloso de su trabajo. O, por el contrario, puede asumir la responsabilidad de enfrentar su necesidad de sentirse orgulloso de sí mismo y darse permiso de sentirse decepcionante de vez en cuando a los ojos de sus colegas. Para lograrlo, necesita aprender a apreciar las buenas intenciones de su ego y sentirse orgulloso de sí mismo sin expectativas.

A partir del próximo capítulo, veremos cómo se manifiesta el ego a través de cinco heridas emocionales que pueden tener gran impacto en nuestra vida profesional.

CAPÍTULO 3

Las 5 heridas que te impiden ser tú mismo en la vida profesional

¿QUÉ ES UNA HERIDA EMOCIONAL?

Es un dolor emocional agudo que se siente durante una relación en la que no se ha satisfecho una necesidad de ser, y reaccionamos acusándonos o juzgándonos a nosotros mismos o a la otra persona.

*Es un caos emocional que se vive de manera individual, que vivimos en soledad porque no somos conscientes de qué es lo que nos lastima tanto. La herida se creó en un momento de nuestra vida en el que no teníamos ni el conocimiento ni los recursos para afrontar ese sufrimiento. En ese momento se desencadenan los sentimientos de **rechazo, abandono, humillación, traición o injusticia.***

Cada vez que experimentamos una necesidad insatisfecha, es decir, que nos juzgamos o nos acusamos por una reacción natural, se acentúa una herida emocional que engendra miedo hacia nosotros mismos. El miedo a ser juzgados o acusados nos impide ser quien realmente somos. Decidimos adoptar una actitud adaptativa porque creemos que nuestra esencia natural (nosotros mismos) significa ser una mala persona según la propia percepción o la de quienes nos rodean. Como vimos en el capítulo anterior, así es como se construyen gradualmente nuestros sistemas de creencias y valores para ajustarse a un ideal.

Tomemos el ejemplo de un alumno que es espontáneo y le dice a su profesor que no está de acuerdo con lo que acaba de decir. Si el profesor reacciona acusando al alumno de ser descortés, no se está satisfaciendo la necesidad del alumno de ser espontáneo. Se activa una herida. Podría ser la herida de rechazo, si el alumno siente pánico ante la idea de que no se le permita ser espontáneo, pues se juzga como un mal comportamiento hacia un profesor.

Por miedo a volver a sentir ese pánico, el alumno decide dejar de ser espontáneo delante de un profesor o un superior, creyendo que serlo equivale a ser rechazado. Quince años más tarde, cuando ingresa al mercado laboral, puede seguir impidiéndose ser espontáneo con su jefe, director o colega que lo está entrenando para su nuevo trabajo, por miedo a ser reprendido de nuevo, a sentirse maleducado y rechazado. Esta persona ya no es ella misma.

Como resultado, cada vez que experimentas una emoción en tu trabajo, sale a la luz una actitud no aceptada que no has aprendido a gestionar, se trate de uno de tus comportamientos o el de alguno de tus compañeros.

Por ejemplo, supongamos que eres un trabajador autónomo y te molesta el comportamiento de uno de tus colegas. Esto se debe a que no aceptas esa actitud en ti mismo, es decir, eso que te molesta del otro es **una actitud por la que te juzgas o te acusas en el mismo grado en que juzgas o acusas a la otra persona.** El problema es que vemos más fácilmente lo que no aceptamos en los demás que en nosotros mismos.

¿Por qué lo hacemos? Porque nos dejamos dirigir por el ego, que es la base de todas esas creencias y contribuye a activar las heridas emocionales. En el capítulo anterior vimos qué es el ego, y a lo largo de este libro veremos hasta qué punto nos gobierna. Por desgracia, no somos suficientemente conscientes de que cada emoción que experimentamos proviene de una creencia que se originó entre el nacimiento y los siete años de edad.

En los libros Las 5 heridas que impiden ser uno mismo *y* La sanación de las 5 heridas, *encontrarás una descripción muy detallada de las cinco heridas y las máscaras que se asocian a cada una. En ellos se explica el vínculo de cada herida con nuestro cuerpo, nuestra mente y nuestras emociones. Estas obras ofrecen formas concretas de curar el sufrimiento asociado a estas heridas en la vida en general.*

En cambio, el libro que tienes en tus manos ofrece una aproximación específica al modo en que esas mismas heridas influyen en la forma de ser de cada uno en la vida profesional y cómo nos impiden ser nosotros mismos en ese ámbito.

No he reproducido toda la información general que ofrecen los dos libros mencionados. Si te interesa este enfoque global y detallado, te invito a leerlos.

La información que aquí se facilita pretende ofrecer un enfoque específico de las heridas emocionales en la vida laboral.

PROCESO DE INVESTIGACIÓN

La escritura de mis libros ha sido posible gracias a la perseverancia de muchos investigadores que, como yo, se atrevieron a hacer públicos los frutos de sus hallazgos a pesar de la controversia y el escepticismo que estos han suscitado. Los ha impulsado el deseo de promover la evolución del ser humano.

Entre estos investigadores, el primero al que hay que darle las gracias es el psiquiatra austriaco Sigmund Freud, por su monumental descubrimiento del inconsciente y por haberse atrevido a afirmar que lo físico podía estar relacionado con las dimensiones emocionales y mentales del ser humano.

También agradezco a uno de sus discípulos, Wilhelm Reich, quien en mi opinión ha sido el más grande precursor de la metafísica. Este hombre fue el primero en establecer realmente el vínculo entre la psicología y la fisiología, al demostrar que las neurosis no solo afectan al ámbito mental, sino también al cuerpo físico.

Posteriormente, el psicoterapeuta estadounidense Alexander Lowen, discípulo de Reich, creó el análisis bioenergético, mediante el cual demostró la importancia de las emociones y el pensamiento en la voluntad para sanar el cuerpo físico.

Fue sobre todo gracias al trabajo de John Perriakos y su compañera, Eva Brooks, que pude elaborar el planteamiento de las cinco heridas del alma, cuya influencia en tu vida profesional descubrirás en este libro. Seguí sus investigaciones con diligencia para llegar a la redacción de las cinco heridas y sus máscaras, es decir, los comportamientos adaptativos que se asocian a cada herida.

Todo lo que se describe en este libro ha sido ampliamente comprobado por los miles de personas que han asistido a mis talleres y por experiencias extraídas de mi vida profesional. Como no tengo ninguna prueba científica de lo que aquí se expone, te invito a que pruebes por tu cuenta lo que te propongo antes de rechazarlo y, sobre todo, a averiguar si puede ayudarte a mejorar tu calidad de vida en el trabajo.

LAS 5 HERIDAS QUE IMPIDEN SER UNO MISMO

Me gustó mucho aprender que todo el sufrimiento humano puede condensarse en cinco heridas, que se enumeran a continuación en orden cronológico, es decir, en el orden en que aparecen a lo largo de la vida:

1. *RECHAZO (máscara del huidizo)*

2. *ABANDONO (máscara del dependiente)*

3. *HUMILLACIÓN (máscara del masoquista)*

4. *TRAICIÓN (máscara del controlador)*

5. *INJUSTICIA (máscara del rígido)*

Los rasgos descritos en este libro pueden parecerse a lo que se describe en otros estudios acerca de las características del ser humano. Cada estudio es diferente y este no pretende abolir ni sustituir a los demás.

Adoptamos actitudes que nos impiden ser nosotros mismos, máscaras, para protegernos del sufrimiento. Cuanto mayor sea la herida, más presente estará la máscara, hasta el punto de definir por completo nuestro carácter. Estas máscaras se desarrollan desde que nacemos y hasta que cumplimos siete años. Por ejemplo, un niño que no fue deseado por sus padres padece incluso antes de nacer. A partir de entonces, mientras no seamos conscientes de ello, las máscaras siguen intensificándose. Te recuerdo que lo que experimentamos en esta vida es una continuación de las muchas vidas pasadas que nuestra alma conserva en su memoria.

Lo que experimentamos en la vida personal con la familia y el entorno, desde el momento en que somos concebidos, seguirá manifestándose más tarde en nuestra vida afectiva familiar y en nuestras amistades. Lo que vivimos en el ámbito escolar y en cualquier contexto de aprendizaje, en casa y en la escuela, nos repercutirá en la vida profesional.

Para ilustrar la idea de las heridas y sus máscaras, considera la siguiente imagen. La herida emocional puede compararse con una herida física que tienes en la mano desde hace mucho tiempo y que has ignorado, que has descuidado. En lugar de eso, prefieres ponerte un guante para no verla. Este guante equivale a la máscara. ¿Significa eso que la herida ya sanó? Te dejo adivinar la respuesta.

En muchas instancias nos sentimos rechazados, abandonados, traicionados, humillados o tratados de manera injusta. En realidad, siempre que nos sentimos heridos, es el ego el que disfruta culpando a alguien más. Intentamos encontrar siempre a un culpable. A veces decidimos que nosotros somos los culpables, cuando en realidad, esto es tan falso como que la culpa es de los demás. Volveré sobre la noción de culpabilidad más adelante en este libro.

*Como me gusta decir, **en la vida no hay villanos ni culpables. Solo hay personas que sufren,** que tienen miedo a no ser amadas y que, por lo tanto, aún no se quieren lo suficiente como para aceptarse tal como son.*

Ahora sé que cuanto más acusamos (a nosotros mismos o a los demás), más se repite la misma experiencia. La acusación hace infeliz al ser humano, mientras que cuando miramos con compasión la parte del ser humano que sufre, los acontecimientos, las situaciones y las personas empiezan a transformarse.

TU CUERPO TIENE DIFERENTES
MENSAJES PARA TI

Las máscaras que creamos para protegernos son visibles en nuestra constitución física. El cuerpo es tan inteligente que siempre encuentra la manera de hacernos saber a qué nos enfrentamos. En las siguientes secciones, descubrirás cómo reconocer estas máscaras en tu vida profesional.

Describir la influencia de las heridas en el cuerpo físico es una forma eficaz de descubrir cuáles son tus heridas, cuando el ego quiere impedir que las identifiques en tus actitudes. El cuerpo no miente. En cada capítulo dedicado a las heridas, encontrarás un test para evaluar su huella en tus actitudes y comportamiento, además de una ilustración que muestra el impacto de las heridas en el aspecto físico.

Es posible que te reconozcas en cada una de ellas y que te sorprendas al saber que las personas que sufren determinada herida actúan de ese modo como reacción a tal o cual progenitor. Antes de llegar a esta conclusión de manera apresurada, consulté a muchas personas para ver si efectivamente era así; la respuesta fue afirmativa. Descubrí que el progenitor con el que sentíamos que nos llevábamos mejor cuando éramos adolescentes es aquel con el que tenemos más asuntos pendientes. Es perfectamente humano que te cueste aceptar que el progenitor al que más quieres es también a quien le guardas más resentimiento.

La descripción del comportamiento y las actitudes asociadas a las distintas heridas puede parecer negativa. A menudo las personas me cuentan que cuando descubrieron sus heri-

das, ya fuera en mi libro o durante un taller sobre el tema, se sintieron sorprendidas e incluso desanimadas al conocer cosas desagradables sobre sí mismas. Su primera reacción fue querer deshacerse de estas heridas. Es importante que no te engañes pensando que a partir de ahora tendrás todos los trucos que necesitas para ya no tener heridas en tu vida profesional. Por el contrario, adquirirás herramientas para observar y gestionar mejor tus heridas en vez de rechazarlas. Esa es la única forma de que disminuyan hasta desaparecer.

> QUERER ELIMINAR TUS HERIDAS ES UN INDICIO DE RECHAZO Y NO DE ACEPTACIÓN.

Del mismo modo que alguien que quiere deshacerse de su exceso de peso se rechaza en lugar de aceptarse, aunque consigamos deshacernos de algo o de alguien porque no podemos aceptarlo, será solo temporal. Lo que rechazamos regresará con más fuerza, a veces de forma diferente, pero puede provocarnos el mismo sufrimiento.

Reconocer qué herida se activa y saber aceptarla te ayudará a no ponerte la máscara que se asocia a ella.

Te sorprenderá gratamente descubrir que puedes poner un bálsamo en esta herida para que te deje de doler. Este bálsamo se llama aceptación. Hay un capítulo dedicado a ello en este libro (Capítulo 10. Hacia la realización profesional). Poco a poco, las heridas disminuyen en intensidad y duelen cada vez menos cuando se activan. Para ayudarte a ser más consciente del grado de importancia de cada una de tus heridas, te daré ejemplos de heridas activadas. Ahora solo tienes que abrir tu corazón a la lectura de estos capítulos.

OBSÉRVATE Y ACÉPTATE ANTES DE TRANSFORMARTE

Cuanto más alimentamos nuestra herida, más nos duele. Cuanto más rápido y fuerte reaccionamos ante una situación, la reacción es más duradera. **Cuanto más queremos cambiar algo, más perdura. Cuanto más lo aceptemos, aunque no estemos de acuerdo con ello, más cambia.**

¿Por qué hay cada vez más suicidios y agotamiento? ¿Por qué tantas personas se hacen adictas a sustancias como el tabaco, el azúcar, el juego, el alcohol, los medicamentos o incluso las drogas, que les impiden ser conscientes de un verdadero problema en su vida laboral? ¿Por qué hay cada vez más enfermedades relacionadas con el trabajo, a pesar de los grandes avances de la ciencia y la tecnología, y de la mejora en las condiciones laborales? ¿Por qué hay cada vez más renuncias y otras formas de abandono ante circunstancias difíciles?

Es porque la gente no quiere sentir todo el dolor de su alma. Por desgracia, negar ese dolor únicamente lo empeora. Nos quedan dos opciones: **marchitarnos o florecer.**

Es importante tomar conciencia de la urgencia de conseguir el tipo de vida laboral al que todos aspiramos, una vida de realización y no de dolor. Después de tantos años observando y escuchando muchas situaciones problemáticas en un contexto profesional, me he dado cuenta de que es obvio que atraemos ciertos comportamientos de los demás en función de nuestras heridas. He llegado a comprender que todos somos portadores de al menos cuatro de las cinco heridas. **Todos sufrimos en mayor o menor medida el rechazo, el abandono, la traición y la injusticia.** *La única herida que parece no estar presente en todos es la humillación.*

Vengo de una familia numerosa. Mis padres hicieron todo lo que pudieron por sus 11 hijos. Trabajaron mucho para cuidarlos, pero no estaban tan presentes y atentos a sus necesidades como les hubiera gustado. No tenían tiempo para hacerles cumplidos ni para escuchar sus problemas. Entonces ¿por qué ocurrió que algunos de sus hijos se sentían rechazados, otros abandonados o traicionados, mientras que unos más sentían que sufrían una injusticia? Algunos también sufrieron humillaciones. Ahora sé que no era lo que hacían los padres lo que causaba el sufrimiento asociado a estas heridas, sino la percepción personal que los niños tenían de las actitudes de sus padres.

> SIEMPRE ES NUESTRA PERCEPCIÓN O
> INTERPRETACIÓN DE LOS HECHOS
> LO QUE NOS CAUSA SUFRIMIENTO,
> NO LO QUE ALGUIEN ES O HACE.

EL TRIÁNGULO DE LA VIDA

El triángulo de la vida ilustra el hecho de que los demás actúan contigo como tú actúas con ellos y como actúas contigo mismo. La intensidad del sufrimiento, los miedos y las emociones es idéntica y se experimenta en el mismo grado.

AMO A LOS DEMÁS

LOS DEMÁS ME AMAN

En la misma medida

ME AMO

Tomemos el ejemplo de un colega cuyo comportamiento es severo. Si lo acusas de ser demasiado severo, observa cómo te acusa de ser igual con él, y cómo te acusas de ser duro contigo mismo o con los demás. Por desgracia, somos muy poco conscientes de la cantidad de veces que nos acusamos a nosotros mismos. La severidad es un comportamiento no aceptado y, por lo tanto, es una actitud percibida como dolorosa. La intensidad del miedo y la emoción que esto provoca se experimentan en la misma medida.

Cuando descubres que los dos se comportan de esa manera para ocultar su vulnerabilidad y su miedo, su relación se transforma. Mantienes la calma e incluso puedes ser capaz de fijarte en sus cualidades, porque sabes que, al adoptar esa actitud, en realidad estás poniéndote una máscara. **Recuerda que cuando portas una máscara, ya no eres tú mismo. Lo mismo ocurre con los demás.** Con esto en mente, serás más tolerante y te resultará más fácil mirar a tus colegas con compasión.

Si adquieres la conciencia de que las máscaras que has creado para protegerte no son permanentes y pones en práctica los métodos sugeridos en este capítulo y en los siguientes, verás cómo disminuyen de manera gradual y, en consecuencia, tu actitud en tu vida profesional se transforma para bien. Lo mismo ocurre con tu cuerpo. Este proceso toma tiempo, pero una buena forma de evaluar tu transformación física es tomarte fotos cada año.

HERIDAS INTERRELACIONADAS

Las heridas más evidentes son la de injusticia y la de traición. Son aquellas de las que somos más conscientes y tomamos más acciones para manejarlas. En segundo lugar, están las heridas de rechazo y de abandono. *A menudo tardamos más en sentir las heridas de rechazo y abandono que las heridas de traición y de injusticia. Esta resistencia es humana porque las heridas de rechazo y abandono son más dolorosas.* Cuanto más pronto actúes sobre tus heridas de traición e injusticia en tu entorno laboral, más disminuirán por consecuencia tus heridas de abandono y rechazo.

Cuando una experiencia profesional te hace experimentar muchas emociones y despierta en ti un gran sufrimiento, es muy probable que se activen varias heridas a la vez. Para saber cuál es la más importante, basta con identificar qué máscara se activó en primer lugar. Las otras máscaras se activan después una por una.

Recuerdo una situación de este tipo que me hizo experimentar muchas emociones en el trabajo hace más de diez años. A los miembros del equipo que yo dirigía los habían recompensado por sus resultados de ventas, y el director general de la empresa me avisó que al día siguiente visitaría las oficinas y los equipos de los que yo era responsable. Yo estaba muy entusiasmada y orgullosa al respecto.

Cuando entró, señaló los resultados, preguntándome delante de todo mi equipo si eso era todo lo que yo era capaz de hacer. Recuerdo que me sentí sola, abandonada por mis jefes directos, todos del sexo opuesto. También sentí cómo aumentaba mi ira ante lo que me parecía una traición.

Para evitar que me invadiera el pánico, me puse mi máscara de rígida, a la que me había acostumbrado desde niña para quedar bien ante las figuras de autoridad, por miedo a decepcionarlas. Cuando el director general se marchó, me refugié en mi despacho, incapaz de salir durante varias horas. Me enfrenté a mi herida de rechazo, en medio de un ataque de pánico, y a mi herida de abandono, la cual me entristeció mucho. Me temblaban las manos y me faltaba el aire. Deseaba con todas mis fuerzas volverme invisible, desaparecer.

Cuatro de las cinco heridas emocionales se habían activado en mí por esta experiencia, que me permitió descubrir lo alto que había puesto el listón en mi ideal de perfección profesional. Este ideal me hacía sentir constantemente inútil e incompetente ante los hombres de mi entorno laboral. Como la pequeña Nathalie, que seguía creyéndose inútil e incompetente frente al ideal profesional de su padre, en el que solo los hombres parecían tener valor, o al menos eso era lo que percibía.

Me gustaría utilizar este ejemplo para recordar que, cuando experimentamos cualquier tipo de problema con una persona del sexo opuesto, se activan las cuatro heridas, con excepción de la humillación. Con demasiada frecuencia, nos olvidamos de considerar que la intensidad del dolor experimentado depende de la magnitud de la herida que intentamos ocultar. Esto se llama «negación». No queremos admitir que **el rechazo que sentimos ante la otra persona es un re-**

flejo de nuestro rechazo hacia nosotros mismos, de la falta de amor propio.

¿Por qué no queremos admitirlo? Porque hemos dejado que el ego tome el control de nuestra vida. Así que no es nuestro verdadero yo el que decide, sino el ego. Por lo tanto, es esencial darse cuenta de que, en cuanto se activa una herida, es señal de que ya no dirigimos nuestra vida, de que estamos dejando que el ego lo haga en nuestro lugar. Este es el origen de las dificultades que encontramos en la vida profesional.

Es algo extraña la idea de permitirse ser fiel a uno mismo en la vida profesional, ¿no?

Se me saltaban los ojos de solo pensarlo cuando emprendí el despertar de mi conciencia. Como buena persona conformista, o también podría decirse camaleónica, durante gran parte de mi vida laboral me adapté a lo que imaginaba que se esperaba de mí en el mundo del trabajo para encajar. Tenía tanto miedo de sentirme inadecuada en mi profesión que adaptarme a las expectativas de los demás me otorgaba una sensación de seguridad.

LA INFLUENCIA DEL ENTORNO

Te recuerdo que las heridas emocionales se activan una y otra vez desde la infancia. Así que cualquier actitud que se perciba como de sufrimiento en relación con el aprendizaje, el mundo laboral y la relación con los demás en el ámbito profesional es la continuación de lo que el niño no aprendió a manejar durante su formación estudiantil. Los modelos del niño en la configuración de su relación con el entorno profesional pueden ser:

- padres o personas que hayan desempeñado el papel de figura de autoridad, por ejemplo, un abuelo;

- profesores o personas que han desempeñado el papel de educadores.

Del mismo modo, la relación de los padres o de quienes han actuado como tales con el mundo laboral servirá de modelo al niño en su formación profesional.

En estos entornos de aprendizaje, cualquier actitud que el niño perciba como aceptable, es decir que al adoptarla se sienta aceptado, es una actitud que uno de sus padres también aceptaba en su propia persona y que el niño, ya de adulto, aceptará para sí, lo que quiere decir que no experimentará emoción alguna al adoptar este comportamiento. Estas actitudes no están asociadas a la noción del bien o el mal.

Por el contrario, cualquier actitud que el niño perciba como inaceptable en su entorno de aprendizaje es una actitud que uno de sus padres tampoco aceptaba en su propia persona y que el niño convertido en adulto ya no aceptará para sí mismo. Esto le generará una reacción emocional cada vez que vuelva a adoptar dicha actitud, la cual juzgará incorrecta, y esto dará lugar al sentimiento de culpa.

Tomemos el ejemplo de un niño al que le estimula acabar su tarea en el último momento. Sabe que se acepta a sí mismo, que es aceptado y que acepta a los demás siempre que este comportamiento no le provoque ninguna emoción, es decir, que no le cause miedo a ser juzgado o acusado. Sabe que se acepta a sí mismo si sus padres o educadores no lo critican por esta actitud.

Si el niño ha sentido que alguno de sus padres o profesores lo juzga por su actitud de procrastinación, es decir que esa persona teme por él, cuando sea adulto, ese niño experimentará una emoción cada que se presente su lado procrastinador. Esto puede causarle mucho estrés cuando se enfrente a una actitud que en un principio era natural en él, o a lo mejor se pasará la vida laboral anticipándose a todo por miedo a experimentar estrés si vuelve a procrastinar.

Hay tantos individuos como sistemas de creencias y de valores. Cada persona que ingresa en el mercado laboral es un niño que ha crecido en un entorno determinado.

Nuestros padres han sido nuestros modelos a seguir en cuanto a su relación con el aprendizaje y el mundo laboral, por lo que han ejercido una influencia importante de manera más o menos consciente.

El niño puede conformarse, es decir, reproducir el modelo que ha recibido, o reaccionar, es decir, ir en contra de las actitudes que sus modelos percibían como inaceptables.

Por ejemplo, si tus padres te enseñaron que tenías que trabajar duro para ser digno, o que tenías que sacar una calificación determinada para que te reconocieran, es altamente probable que llegaras a tu vida profesional con esa mentalidad. A menos que reacciones a los sistemas de creencias de tus padres y decidas adoptar exactamente el comportamiento opuesto, lo que en realidad es un acto de autosabotaje. Tu ego intenta hacerte creer que no eres como tu progenitor del mismo sexo.

Así, generación tras generación, los padres pueden sentirse consternados al ver que sus hijos van en contra de los valores y creencias que han intentado inculcarles. Y la razón principal de este tipo de reacción contraria al modelo aprendido es que los niños perciben, de forma más o menos consciente, que las enseñanzas de sus padres provienen del miedo.

La relación de tus propios padres con las figuras de autoridad a lo largo de su vida, como tú las percibiste, también influye bastante en tu carrera profesional. La relación con la autoridad puede desestabilizarse especialmente en la adolescencia, cuando los hijos, que son adultos en ciernes, empiezan a cuestionar los sistemas de creencias y de valores de sus padres o profesores.

Recuerdo a mi padre contando anécdotas en las reuniones familiares sobre cómo había sido un zoquete en el colegio y cómo le gustaba hacerles bromas a sus profesores, como cambiar la hora del reloj de la clase para que el recreo durara más. A mí me hacían mucha gracia, salvo cuando me explicaba que eso no le gustaba ni al profesor ni a mi abuelo. Su profesor le pegaba en la punta de los dedos con una regla y cuando llegaba a casa le pegaban con el cinturón. Puedo asegurarte que en la escuela primaria me convertí en una alumna dócil, obediente y rígida, que prefería sacar buenas calificaciones y portarse bien antes que hacer travesuras.

Mi intención aquí no es en modo alguno acusar a mi abuelo paterno, que tuvo que criar a cuatro hijos varones, sino más bien observar con compasión a la mujer rebelde que puedo llegar a ser, así como a la mujer conformista que fui durante mucho tiempo en el mundo empresarial.

Para concluir este capítulo, te propongo un ejercicio que te ayudará a ver la influencia que han tenido tus padres en tu vida profesional.

TEST: LO QUE APRENDIMOS DE NUESTROS PADRES EN CUANTO AL MUNDO LABORAL

Valora tu percepción de la vida profesional de tus padres, o de las personas que desempeñaban ese papel, con una calificación de 0 a 10. Considera, para efecto de la siguiente tabla, tus sensaciones de cuando eras adolescente, antes de cumplir 16 años.

0-Deficiente   10-Excelente

	Padre	Madre
Calidad de las relaciones con colegas profesionales del mismo sexo		
Calidad de las relaciones con colegas profesionales del sexo opuesto		
Gestión de las emociones		
Gestión del estrés		
Salud en el trabajo		
Asertividad		
Capacidad de evolucionar		
Conciliación de la vida laboral y familiar		
Relación con la autoridad		
Estabilidad y seguridad laboral		
Capacidad para validar las competencias y habilidades propias		
Capacidad para elogiarse y felicitarse		
Capacidad para atender sus propias necesidades		
Capacidad para respetar sus propios límites		
Capacidad para desconectarse del trabajo		

En los próximos capítulos, podrás relacionar las actitudes y los comportamientos que adoptas en tu vida profesional con la herida que se les asocia.

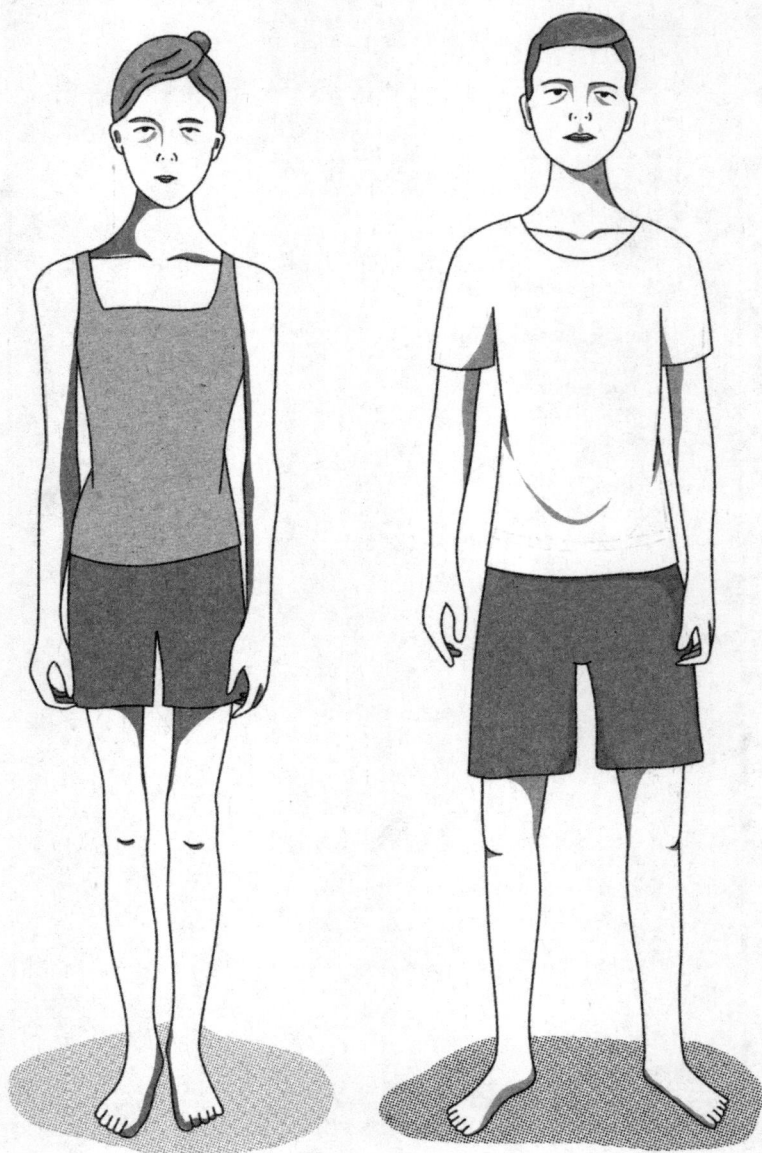

ASPECTO FÍSICO DEL HUIDIZO
(Herida de rechazo)

CAPÍTULO 4

La herida de rechazo

Máscara	Huidizo
Progenitor	Del mismo sexo
Despertar de la herida	De la concepción al primer año de vida
Cuerpo	Contraído, angosto, delgado, fragmentado
Temor más grande	El pánico

Te presento un cuestionario que te ayudará a tomar conciencia de las actitudes y los comportamientos que adoptas en tu vida profesional cuando se despierta tu herida de rechazo y te pones la máscara del huidizo. Te invito a que tomes un lápiz y una hoja de papel o saques una fotocopia de estas páginas para marcar los comportamientos en los que te reconoces y puntuarlos del 1 al 5 según su grado de importancia. Puedes repetir esta prueba periódicamente para ver cómo evolucionan estos comportamientos en tu trabajo.

Características del huidizo

Puntuación _____

☐ Me siento ajeno a lo material, a lo concreto.

☐ Me inclino más por las tareas y profesiones intelectuales.

☐ Soy perfeccionista, a veces obsesivo.

☐ Me siento insatisfecho con lo que soy.

☐ A medida que envejezco, cada vez me da más pánico.

☐ Me desvalorizo, a veces hasta el punto de pensar que soy un fracaso.

☐ Me considero inútil, que no valgo nada, que estorbo porque no soy interesante.

☐ Tengo baja autoestima.

☐ Me aíslo con facilidad, puedo parecer solitario.

☐ Me cuesta reunirme en grupo.

☐ Me siento o quiero ser invisible en situaciones sociales.

☐ Me da miedo hablar en público.

☐ A veces me resulta difícil darme mi lugar.

☐ Huyo fácilmente (en pensamiento o acción) cuando un compañero levanta la voz o se vuelve agresivo.

☐ Me preocupa cómo me miran los demás.

☐ Soy bastante reservado por naturaleza.

☐ No creo que mi presencia marque la diferencia.

☐ Creo que soy diferente a mis colegas, me considero atípico.

☐ Me siento incomprendido.

☐ Me refugio en las adicciones (alcohol, cigarros, drogas, medicamentos...).

☐ Entro en negación respecto de lo que me ocurre por dentro.

☐ Doy la impresión de estar en otra parte, «en la luna».

☐ Me siento abrumado por mis emociones cuando estoy solo.

☐ Soy un tanto ansioso, lo que me hace bueno para cumplir con mis deberes.

☐ Solo siento que existo cuando estoy muy ocupado.

> También es altamente recomendable que dos personas que te conozcan bien realicen este cuestionario, una de tu vida personal y otra de tu vida profesional. Prepárate para las sorpresas, porque el ego nos impide vernos como realmente somos. Por eso, debes mantener la mente abierta a los comentarios de tus más allegados.

Rechazar a alguien significa alejarlo, no querer tenerlo cerca.

La herida de rechazo es la más dolorosa porque la persona se siente rechazada en su derecho a existir, en su ser, su individualidad. Esta herida, como las otras cuatro, puede despertarse en diversos grados, según el individuo y sus vivencias.

La herida de rechazo la despierta el progenitor del mismo sexo, que es el modelo para aprender a querer y a amarnos. Así pues, cualquier actitud que se perciba como dolorosa en este progenitor en el ámbito del aprendizaje y el entorno profesional provocará que el niño la rechace. Lo mismo ocurre con cualquier actitud en la que se sienta rechazado en su propia relación con el aprendizaje, o cualquier actitud en la que rechace a los demás.

Por ejemplo, si a tu progenitor del mismo sexo no le gusta ser autoritario, es muy posible que tu relación con la autoridad, ya sea expresada por otros o por ti mismo, sea dolorosa.

Como vimos en el capítulo anterior, cuando se activa una herida, nos ponemos una máscara para no sufrir. Ya no somos nosotros mismos; el ego ha tomado el control de nuestra vida.

*La **máscara** que adopta la persona que se siente rechazada es la del **huidizo.*** Esta persona tiene un cuerpo contraído, angosto o delgado (cuando la herida es más importante) o algunas partes de su cuerpo son pequeñas (cuando la herida es menos importante).

Es el cuerpo de un individuo que no quiere ocupar demasiado espacio. Esta morfología hace que las personas huidizas no destaquen mucho en situaciones sociales.

Es más, es el tipo de persona que después no recuerdas haber visto en un evento, porque se esfuerza mucho por pasar desapercibida.

Esta herida se activa, por ejemplo, cuando tu solicitud de trabajo no tiene éxito y crees que es porque la empresa no te quiere por ser quien eres.

Los huidizos prefieren una oficina pequeña y cerrada para trabajar, pues hacerlo en un espacio abierto puede provocarles pánico por la posibilidad de que todas las miradas estén puestas sobre ellos.

Para **evitar sentir pánico** ante la idea de sentirse rechazado, huirá y se ocultará de distintas maneras. Por eso prefiere no apegarse a cosas materiales, ya que esto le impide huir rápidamente cuando tiene ganas de abandonar una empresa, por ejemplo. Es el caso de un empleado que abandona un puesto de trabajo sin previo aviso. Si se diera la situación de que lo despidieran, no se sorprendería, porque está convencido de que nunca estará a la altura del puesto, pues también suelen rechazarse a sí mismos. Por lo tanto, son muy autoexigentes, sobre todo en lo que respecta a cómo juzgan lo que son, más que lo que hacen. El huidizo confunde el «hacer» con el «ser».

Considera superfluas las cosas materiales y a menudo se pregunta qué es lo que hace en ese entorno laboral. Todo lo que tenga que ver con el espíritu, el intelecto, le interesa más.

Estas son las formas en que la herida de rechazo contribuye a que esta persona decida huir en lugar de ocupar su lugar en la vida laboral:

- Sienten pánico ante la idea de hacerse valer y tener que dar su opinión, sobre todo cuando hablan en público. Esto puede llevarlos incluso a olvidarse de lo que iban a decir.

- Puede ser percibido por otros como apocado, falto de personalidad y poco carismático. Prefiere callarse a atreverse a dar su opinión.

- Como no se siente aceptado tal como es, cree que es inútil y que no vale nada a los ojos de los demás. No ve lo que puede aportar a un equipo.

- Prefiere mantenerse alejado a sentir cómo se activa de nuevo su herida.

- Con frecuencia se compara con sus colegas, lo que no hace sino acentuar su herida y alimentar su sentimiento de inferioridad.

- Siente que existe cuando tiene muchas tareas que hacer.

- Por desgracia, tiene una gran capacidad para el autosabotaje. Inconscientemente, prefiere sabotearse a sí mismo antes que arriesgarse a hacer su trabajo de la forma en que le gustaría, por miedo a sentirse rechazado por su manera de llevarlo a cabo.

- Pueden percibirse a sí mismos como impostores, es decir que se sienten incompetentes cuando se les confía un proyecto. El huidizo siente que su vida profesional es un fracaso.

Por ejemplo, cuando mi directora me ofreció el puesto de responsable de comunicación en la escuela internacional para la que trabajaba, no me sentí con derecho a ello porque no tenía ningún diploma que me acreditara en ese campo. Aunque ella reconocía mi capacidad para entender intuitivamente cómo funcionaban las cosas, yo tenía miedo de no servir para ello. Ese es precisamente el empleo que tuve que abandonar por agotamiento.

¿Has notado la tendencia que tenemos de ir a buscar a un compañero que se aísla para que conviva con el resto del grupo? Muchas personas lo hacen creyendo que están ayudando al huidizo. Por desgracia, como ellos no creen en su propia valía, intentar que se unan a una fiesta o reunión cuando se sienten fuera de lugar solo aumenta su sensación de pánico.

Si supervisas a personas huidizas, te habrás dado cuenta de lo difícil que puede resultarles entablar una relación, pues les cuesta dar su opinión y no se atreven a expresarse.

Del mismo modo, si eres empleado y tienes un jefe huidizo, quizá te moleste que huya cada vez que quieres hablar con él de un tema importante.

Si trabajas por tu cuenta y llevas puesta la máscara del huidizo, es posible que sientas pánico al emprender por miedo a ser distinto a tus colegas que trabajan para una empresa.

Todos los seres humanos llevamos la herida de rechazo, pero en distinto grado, según el plan de vida de cada quien. Ser auténticos en el ámbito profesional es todo un desafío. Es la herida más profunda y dolorosa que enfrentamos en todos los ámbitos de la vida y, por lo tanto, también en el laboral. Sin embargo, es precisamente esta herida la que esta nueva era de nuestra relación con el trabajo nos invita a enfrentar. Es fundamental concedernos el derecho de ser nosotros mismos, de abrazar nuestra individualidad, incluso cuando esta no se ajusta por completo a las normas de la sociedad, el mercado laboral o las empresas.

El huidizo, que con frecuencia puede salirse fácilmente del mundo e irse al plano astral, se fija ideales que resultan casi inalcanzables. Esto lo convierte en un perfeccionista que a veces cae en la obsesión.

Las personas huidizas buscan la perfección como una forma de ganarse el cariño y la aceptación de los demás. Recibir una crítica puede ser profundamente doloroso para ellas, ya que suelen interpretar que lo que se cuestiona es algo de su ser y se sienten invalidadas. Por eso temen equivocarse.

No conocen la diferencia entre hacer y ser. *Olvidan algo o cometen un error y se juzgan por lo que SON, cuando lo que no fue perfecto es lo que hicieron. Varios líderes de mi escuela han tenido que enfrentar y trabajar intensamente en su herida de rechazo. Al inicio, les preocupaba profundamente cometer errores o pasar algo por alto. Esta herida, precisamente, es la que nos dificulta aceptar nuestra humanidad, con debilidades y defectos.*

Una persona huidiza que experimenta alguna dificultad para relacionarse en su vida profesional suele comportarse de la siguiente forma:

- Inventan excusas para los demás y se culpan a ellas mismas.

- Tienen una autoestima muy baja, lo que puede llevarlas a caer en manipulaciones cuando se enfrentan a jefes, colegas o directores que están en una posición de poder.

- Son expertas en negar la realidad. No se dan cuenta de que la negación no es más que una manifestación de su ego y de que se están engañando constantemente.

- Les cuesta mucho trabajo pedir ayuda por miedo a molestar a los demás. No se sienten lo suficientemente importantes como para merecerla.

Cualquier creencia que un niño forme antes de los 7 años y que asocie una actitud espontánea, natural y agradable con una respuesta negativa de sus profesores, padres, figuras de autoridad o incluso de sí mismo, genera una herida que se manifestará en su vida laboral como adulto. Por ejemplo, si un niño expresa espontáneamente su desacuerdo con un profesor y experimenta el dolor del rechazo porque el docente le señala que su forma de dirigirse no es correcta, este evento dejará una herida profunda. De adulto, evitará ser espontáneo en su vida profesional por temor a ser juzgado o desaprobado por sus superiores, perpetuando el dolor asociado a esa actitud desde la infancia y manteniendo activa su herida de rechazo.

Esta herida, que se agrava con el tiempo, puede incluso llegar a provocar exclusión del ámbito laboral, haciendo que la persona se sienta incapaz de reincorporarse al trabajo. Esto es especialmente común en quienes vivieron fobia escolar durante su aprendizaje y reviven esa experiencia en el entorno laboral, ya que la creencia no se ha hecho consciente.

Mientras las personas huyan de su sufrimiento, no podrán concederse el derecho a ser ellas mismas. En consecuencia, se sentirán cada vez más incomprendidas y diferentes de sus colegas, por lo que agravarán su herida aislándose de ellos. En realidad, el huidizo es una persona muy eficiente y con una gran capacidad para trabajar.

Según el concepto del triángulo de la vida que te presenté anteriormente, recuerda que, cuando te sientes rechazado por un jefe, director, colega o compañero, ellos se rechazan a sí mismos por este comportamiento en la misma medida y tú también los rechazas a ese mismo grado.

De forma similar, todas las actitudes que tus padres rechazaban de sí mismos en su relación con el trabajo o en sus relaciones profesionales, y que tú percibías como sufrimiento, también las rechazarás. Y lo seguirás haciendo hasta que te des derecho a ser así a veces, y hasta que vuelvas a conectar con la idea de que eres valioso incluso cuando eres así.

Pongamos el ejemplo de un niño que creció en una familia con padres ambiciosos, es decir, que daban mucha importancia a su carrera profesional. Si estos padres se juzgaban o se acusaban (sin ser conscientes de ello) de ser malos padres porque su ambición les parecía demasiada, es muy probable que este niño percibiera esta actitud dolorosa en ellos. Por eso, les acusará de serlo y no se dará el derecho de ser un padre o una madre con ambición cuando se convierta en adulto.

Como expliqué en el prólogo, unos días antes de firmar el contrato para ser coautora de este libro, me fracturé la muñeca derecha. Hice consciente la parte de mí que se autosaboteaba por miedo a no ser lo suficientemente buena como para escribir junto a una autora de renombre internacional por mis defectos. Esta experiencia también me hizo darme cuenta de que había juzgado a colegas míos que habían sido ascendidos a puestos altos porque, en mi percepción, tenían defectos inaceptables.

Me di cuenta de que lo que rechazaba era mi lado humano, que me había impuesto un ideal que debía alcanzar para poder sentirme con derecho al desarrollo profesional. También me ayudó a entender por qué los responsables de contratación me habían juzgado a veces como poco apta para los puestos, a pesar de que los trabajos, tareas y proyectos que me daban me permitían desarrollar todo mi potencial.

Como esta herida la activa el progenitor del mismo sexo, el huidizo buscará sentirse querido por personas del mismo sexo en su vida profesional. Esta es la forma que tiene el ego de compensar la falta de aceptación que el individuo ha experimentado en relación con quien era de niño cuando aprendía algo o en su relación con los demás. Si no son capaces de sentirse queridos, pueden acabar odiando a un compañero, a un colega, a un directivo, etcétera.

Cuando el huidizo se enfrenta a una persona del sexo opuesto, tiende a tener miedo de rechazar a este colega. Se impedirán ser ellos mismos, por ejemplo, reprimiendo sus palabras para evitar el rechazo. Si te consideras una persona con la herida de rechazo en tu entorno profesional, es importante que aceptes que, si tus colegas y jefes te rechazan, es porque tu herida está demasiado presente.

He aquí algunas actitudes que te ayudarán a detectar rápidamente la herida de rechazo en ti mismo o en alguno de tus compañeros de trabajo:

Relación con las emociones: el huidizo entra en negación y se disocia de sus sentimientos por miedo a sentir su pánico al pensar que no vale nada.

Relación con la autoridad: intenta evitar el conflicto y huye de las figuras de autoridad para no sentir ansiedad.

Relación con la supervisión del trabajo realizado: el directivo huidizo puede parecer apocado, pues evita tomar posicionamientos frente al equipo que supervisa. El empleado huidizo busca una forma de evitar el pánico cuando un jefe, un cliente o un colega le hace una observación sobre el trabajo realizado. Se desconectan de lo que sienten, puede parecer que están atrapados en su propio mundo, y enseguida huyen y se aíslan.

Relación con el lugar de trabajo: las personas huidizas prefieren trabajar desde casa, ya que así toman una cómoda distancia de sus colegas. Como tienden a escapar aislándose, esto refuerza su negación frente a sus miedos. Para ellas es esencial mantener una presencia física en la empresa, pero su ego intentará convencerlas de que trabajen tantos días como sea posible a distancia.

Relación con la calidad del trabajo: las personas huidizas invierten mucho tiempo en asegurarse de que el trabajo quede impecable. Pueden dedicar horas a afinar un solo detalle o vuelven a empezar desde cero porque dudan de sí mismas, lo que les hace perder contacto con su eficacia natural. EL HUIDIZO TIENE MIEDO DE SER ÉL MISMO EN LA FORMA DE HACER SU TRABAJO. SE COMPARA CON LOS DEMÁS Y TEME NO VALER NADA POR SER DISTINTO A ELLOS.

Afrontar las críticas propias y ajenas: una persona huidiza que recibe críticas experimenta emociones intensas, a menudo miedo visceral. Aunque se le critique por el trabajo que ha realizado, inmediatamente se sentirá criticada por lo que es como persona. Se especializa en la negación, sofocando su miedo para evitar sentir pánico por no estar a la altura de su propio ideal de perfección. En la misma medida en que teme ser criticada, le resultará difícil ofrecer críticas, aunque sean constructivas.

Estilo de comunicación: el huidizo es reconocible por su voz débil y un comportamiento pasivo y apocado. Esta persona cambia de tema y busca evitar el conflicto en cualquier situación. No se hace valer frente a los otros.

Relación con el sentimiento de impotencia: la persona huidiza experimenta momentos en los que se siente triste e impotente y en los que se demerita con facilidad.

Se siente rechazada por alguno de sus colegas, y esto le da la impresión de que no tiene derecho a ser quien es. Estas actitudes indican un sentimiento de impotencia en la vida profesional.

Relación con el compromiso: los huidizos temen comprometerse, pues eso les impide huir a su antojo.

Relación con el salario: el huidizo cree muy poco en su valía, se considera inútil y demerita sus propias habilidades. Como resultado, tenderá a aceptar un salario inferior a sus capacidades.

Relación con los compañeros: rara vez habla de sí mismo, es reservado y escucha más de lo que conversa. No participa en las discusiones y se aísla con facilidad.

Cuando una actitud natural no ha sido aceptada por nuestros padres, educadores, profesores u otras figuras de autoridad en el proceso de formación, experimentamos un profundo temor, muchas veces relacionado con el miedo a no ser amados tal como somos y a quedarnos solos. Esto hace que la herida de rechazo se active y tomamos la decisión inconsciente de reprimir esa actitud natural en nuestra vida.

Cuando se despierta una herida emocional, adoptamos conductas que nos impiden ser nosotros mismos para evitar el sufrimiento que tanto tememos. Creemos que la máscara nos protege cuando, en realidad, nos aleja de nuestras necesidades. Cuando portamos una máscara no estamos conscientes de que ya no somos nosotros mismos. El huidizo trata de convencerse de que, de hecho, cuida muy bien de sí mismo y de los demás para no volver a experimentar el dolor del rechazo.

El TEMOR más grande del HUIDIZO es el PÁNICO.
Por lo tanto:

- Piensa que no es bueno y se considera diferente de los demás. Esto puede hacerle sentir que no pertenece a ninguna categoría o grupo en el lugar de trabajo y llevarlo al aislamiento. Es un signo de que no se acepta como individuo.

- Tiene miedo de ser el centro de atención en un grupo y prefiere permanecer en segundo plano.

- Teme que se cuestione su forma de ser, lo que alimenta sus sentimientos de inferioridad e ilegitimidad.

- Demerita fácilmente su forma de ser, sin darse cuenta de que se está rechazando a sí mismo.

Las heridas emocionales tienden a profundizarse con el paso del tiempo. Si confías en que las cosas mejorarán por sí solas, en lugar de hacerte consciente de las heridas que te impiden ser tú mismo en el ámbito laboral, descubrirás que solo se arraigan y fortalecen.

Si sigue alimentando su herida, el **huidizo** se aislará cada vez más a medida que su pánico se intensifique, y sentirá que su valor como profesional va disminuyendo. Su ideal será cada vez más inalcanzable y huirá aún más; por ejemplo, cambiando de trabajo o de empresa con frecuencia, o evadiéndose con la ayuda de sustancias como el alcohol o las drogas.

Cada herida esconde una creencia (a menudo inconsciente), así como un temor principal que bloquea una necesidad esencial de la persona. En lugar de dejarte guiar por tu creencia de que no vales nada y por **tu miedo al pánico** *adoptando la personalidad del* **huidizo,** *tienes que descubrir tu gran* **necesidad de darte el derecho a existir,** *aunque no te apegues al ideal que has fijado para tu vida profesional.*

Por ejemplo, en lugar de huir durmiendo de más o bebiendo durante el fin de semana, tienes que aprender a aceptar cada vez más tus emociones en el momento en que surjan en tu entorno laboral, cuando tu ego trata de hacerte creer que no perteneces a ese lugar.

Observándote a ti mismo, aprendiendo a aceptarte y responsabilizándote cada vez más de tus heridas emocionales en tu vida profesional, comprobarás que poco a poco irán disminuyendo, es decir, adoptarás actitudes cada vez más genuinas en lugar de portar máscaras.

De este modo, descubrirás los talentos ocultos que no habías reconocido por culpa de tus heridas. Tras sanar tu herida de **RECHAZO:**

- Te darás cuenta de lo eficaz que eres y de la cantidad de trabajo que puedes hacer cuando **te das tu lugar** y reconoces **lo mucho que vales;**

- aceptarás y usarás más tu **capacidad para crear,** innovar e imaginar, con gran atención al detalle;

- redescubrirás tu capacidad para **trabajar por tu propia cuenta** y sentirte bien por ello.

Como podrás ver, tomar conciencia de los efectos nocivos que tu ego ha tenido sobre ti hasta ahora tiene grandes ventajas. En particular, saber que, a medida que las heridas disminuyan, cosecharás todos los beneficios que pueden mejorar tu calidad de vida en el trabajo.

Reconocer la propia valía, incluso cuando no se corresponde con el ideal propio ni con el de los demás, es el mayor reto para el huidizo si quiere darse el derecho a ocupar su lugar en el mundo profesional.

> RECUERDA QUE
> NO ERES LO QUE HACES.

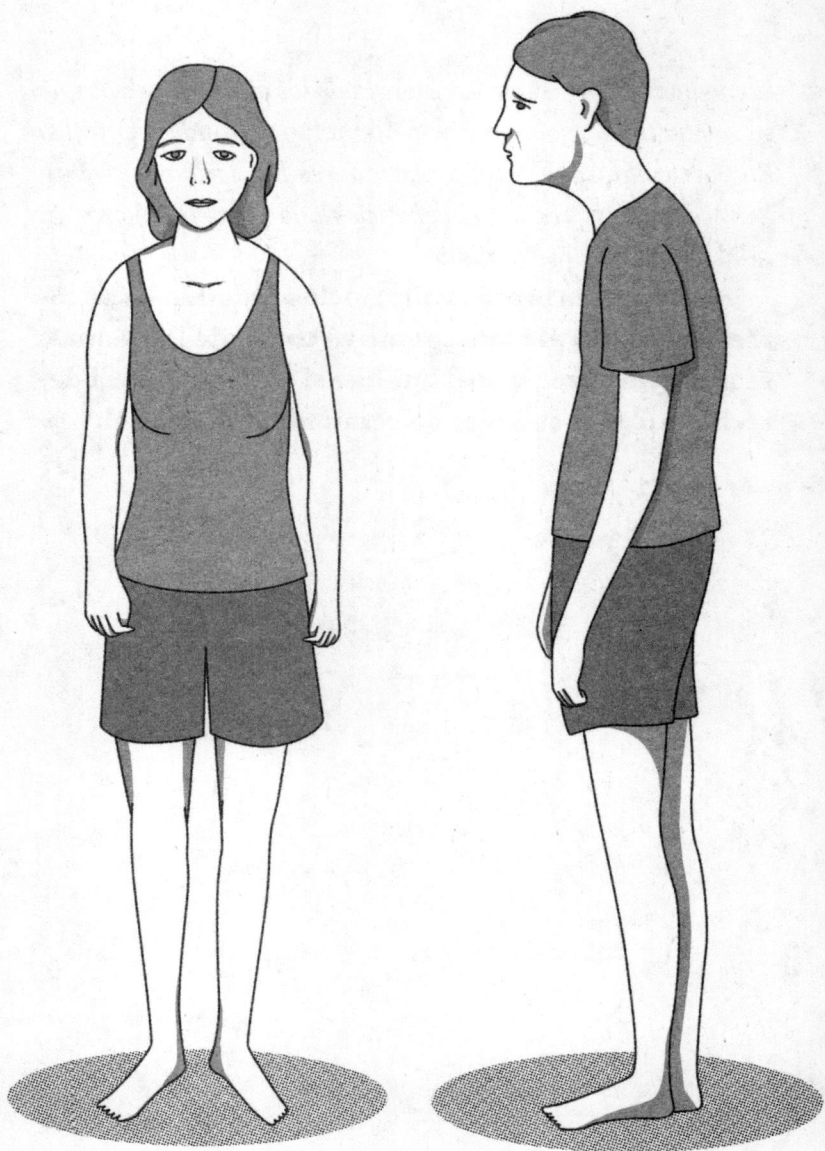

ASPECTO FÍSICO DEL DEPENDIENTE
(Herida de abandono)

CAPÍTULO 5

La herida de abandono

Máscara	Dependiente
Progenitor	Del sexo opuesto
Despertar de la herida	Entre el primer y el tercer año
Cuerpo	Largo, delgado, sin tono muscular, partes del cuerpo caídas o flácidas
Temor más grande	La soledad

Aquí tienes un cuestionario que te ayudará a tomar conciencia de las actitudes y los comportamientos que adoptas en tu vida profesional cuando se despierta tu herida de abandono y te pones la máscara del dependiente. Te invito a que tomes un lápiz y una hoja de papel o saques una fotocopia de estas páginas para marcar los comportamientos en los que te reconoces y puntuarlos del 1 al 5 según su grado de importancia. Puedes repetir esta prueba periódicamente para ver cómo evolucionan estas actitudes en tu trabajo.

Características del dependiente   Puntuación_____

☐ Me siento víctima, me compadezco, me quejo con mis colegas.

☐ Atraigo la lástima o la atención inventando dramas de forma inconsciente.

☐ Hago que las conversaciones giren en torno a mí.

☐ Necesito a alguien que esté a mi lado, que me preste atención y me dé su apoyo para realizar mis tareas.

☐ Me cuesta gestionar proyectos o tomar decisiones por mi cuenta.

☐ Pido consejos, pero no los sigo porque si soluciono mi problema me dejarán de poner atención.

☐ Me cuesta decir que no y aceptar un no por respuesta.

☐ Lloro con facilidad.

☐ A menudo me siento triste sin saber por qué.

☐ Hablo con un tono de voz infantilizado.

☐ Mi estado de ánimo es volátil, me muevo constantemente entre la alegría y la tristeza.

☐ Soy táctil, me aferro a los demás físicamente.

☐ Busco ser siempre la estrella, el centro de atención.

☐ Busco la independencia, pero al mismo tiempo dependo de la atención de otros.

☐ Me encanta hablar mucho de mí mismo dentro de un grupo.

☐ A veces me muestro incapaz de terminar una tarea para que alguien más me ayude, cuando podría hacerla por mi cuenta.

☐ Les hago favores a mis colegas esperando que me los regresen.

☐ Mis emociones me desequilibran con facilidad.

☐ Me cuesta romper una relación.

☐ Elijo soportar situaciones difíciles.

☐ Creo que, cuando mis colegas están de acuerdo conmigo, eso es prueba de que me aprecian.

☐ En presencia de una persona agresiva o enfadada, me desmorono como un niño que tiene miedo.

☐ Cuanto más mayor me hago, más me angustia estar solo.

☐ Tengo una gran fortaleza interior para ser autónomo.

> También es altamente recomendable que dos personas que te conozcan bien realicen este cuestionario, una de tu vida personal y otra de tu vida profesional. Prepárate para las sorpresas, porque el ego nos impide vernos como realmente somos. Por eso, debes mantener la mente abierta a los comentarios de tus más allegados.

Abandonar a alguien significa irse, dejarlo solo y no querer ocuparse de él.

La herida de abandono es la segunda herida más dolorosa después del rechazo, porque la persona no se siente apoyada en su ser por el afecto de las personas del sexo opuesto. Se desconecta de la gran fuerza que lleva dentro, de su capacidad para seguir adelante sola, porque experimenta un estado de carencia, una gran tristeza interior. Esta herida, como las otras cuatro, puede despertarse en diferentes grados, según la persona y la experiencia.

La herida de abandono la despierta el progenitor del sexo opuesto, que es el modelo para aprender a recibir amor y a ser amado. Así pues, cualquier actitud que hayas percibido como dolorosa para ese progenitor cuando eras joven en los ámbitos educativos y laborales repercutirá en tus propias relaciones profesionales más adelante.

Por ejemplo, tu progenitor del sexo opuesto llega a casa del trabajo quejándose con tu otro progenitor, quien lo acusa de hacerse la víctima. Es muy posible que, de adulto, te acuses de ser una víctima cuando actúes así o, como veremos más adelante, que te comportes de forma contraria para evitar parecer una víctima. De hecho, según el triángulo de la vida, te acusas de ser víctima en la misma medida en que acusas a tu progenitor del sexo opuesto y en el mismo grado en que este se acusa a sí mismo.

*La **máscara** que adopta la persona que se siente abandonada es la del **dependiente**. Te recuerdo que, cuando una persona porta una máscara, ya no es ella misma; es su ego el que ha tomado el control de su vida.*

Esta máscara se reconoce en el aspecto físico por una falta de tono muscular, que se traduce en partes del cuerpo con aspecto flácido. Esta morfología refleja la necesidad de apoyo que tiene el dependiente. También se puede identificar en las personas que se apoyan en una pared cuando están conversando de pie. Es el tipo de colega que nos pedirá ayuda cuando es perfectamente capaz de hacer lo que requiere por sí solo.

Esta herida se activa, por ejemplo, cuando los miembros de tu equipo o tus colegas del sexo opuesto están todos ocupados resolviendo pendientes importantes y no te prestan atención. Puede que empieces a dar rodeos y a quejarte con tus compañeros para conseguirla.

El dependiente preferirá compartir una oficina junto a otros compañeros. Estar en una oficina aislada o trabajar a distancia puede hacer que se sientan tristes ante la soledad.

Para **evitar sentirse solo y sin apoyo emocional,** el dependiente encontrará formas de llamar la atención, ya sea quejándose de su trabajo o de sus compañeros, o dramatizando un caso complejo que tiene que tratar, o haciendo que todo gire en torno a él en una reunión. A menudo se victimiza. Tiene la impresión de que nunca recibe suficiente, es como un pozo sin fondo. Busca pruebas de que es apreciado por los demás y, si no las recibe, se va a llorar solo a su rincón.

Sus compañeros de trabajo del sexo opuesto pueden ver que el dependiente quiere ser el centro de atención. Si tiene dificultades con colegas del mismo sexo, espera que los del sexo opuesto se pongan de su parte. No se da cuenta de que con ello está acentuando tanto su herida de abandono como su herida de rechazo. El dependiente es al que solemos referirnos con palabras como «pobrecito», pues nos despierta lástima. Su conducta puede incluso parecernos infantil.

Para llamar la atención, el dependiente pide ayuda. Si eres el supervisor de una persona así, puede sorprenderte o incluso molestarte que te pida consejos y que después no los siga. Le molesta buscar soluciones a sus problemas, pues eso implica perder tu atención. Es más, puede que incluso se vaya con tus sugerencias y no tenga fuerzas para llevar a cabo el trabajo que le has pedido. Tiene dificultades para trabajar solo en un proyecto. Puede hacerse pasar como incapaz de llevar a cabo una tarea, aunque tenga todas las habilidades necesarias. A la larga, da la impresión de ser muy perezoso.

He aquí otros comportamientos que pueden observarse cuando se activa la herida de abandono:

- Al dependiente le entristece no ser el centro de atención. En una reunión o evento profesional, hará que la discusión se centre en él, interrumpiendo a los demás para hablar largo y tendido sobre lo que le sucede.

- Le entristece la idea de que no lo inviten a los eventos porque despierta su temor a no ser importante.

- Otra característica del dependiente es ser un buen comediante cuando habla en público, a la vez que se detiene en detalles para conservar la atención el mayor tiempo posible.

- Puede parecer quejumbroso al compadecerse de sí mismo.

- Prefiere monopolizar la conversación a que lo dejen solo.

- Como no se siente querido cuando no recibe señales de apoyo, buscará constantemente pruebas de afecto. Cree que, si sus compañeros de trabajo del sexo opuesto no están de acuerdo con él, es porque no lo aprecian.

- Confunde ser apreciado con caerle bien a la gente.

- Prefiere soportar situaciones o relaciones difíciles a estar solo. Por eso, romper una relación profesional le resultará muy duro. Es posible que abandone su puesto sin decir palabra antes de enfrentarse a una renuncia.

- Se involucra en dramas y complica sus tareas. Puede llegar incluso a provocarse padecimientos para llamar la atención.

- Aunque tiene una gran capacidad de ser independiente, prefiere que lo vean como alguien incapaz que requiere apoyo. Esto puede exasperar a sus colegas del sexo opuesto si no ponen límites a sus interminables solicitudes.

- Como buen dependiente, tiene grandes expectativas para los demás y espera que sus colegas le regresen los favores que les hace. Le gusta ayudar a los demás, pero lo hace principalmente para sentirse importante y recibir cumplidos. Esto explica por qué puede, de la nada, entristecerse cuando antes estaba contento.

- Experimenta situaciones en las que no se cumplen sus propias expectativas sin acuerdos previos con sus compañeros.

Mi experiencia de *burnout* me hizo tomar conciencia de mi herida de abandono. Durante mi vida laboral, estuve rodeada de muchos colegas masculinos, pero durante mi tiempo libre y en la época siguiente, me di cuenta de que apenas quedaban hombres en mi vida, aparte de mi esposo y mi hermano. Me sentía sola e indeseable, poco interesante al ser una mujer sin empleo.

Esta es quizá una de las razones por las que enfermé gravemente durante ese periodo. Era una forma de llamar la atención, como había hecho muchas veces desde niña. Había pasado tanto tiempo intentando agradarles a los hombres a lo largo de mi carrera profesional como mujer para sentirme importante, con energía y alegre, que había desarrollado toda una estrategia inconsciente para rodearme de ellos en el trabajo.

¿Has notado la tendencia que tenemos a querer animar a un compañero que está triste? Muchas personas lo hacen creyendo que están ayudando a la persona dependiente. Por desgracia, como la persona se encuentra en un estado de falta de atención, querer ayudar a un individuo que porta la máscara del dependiente solo acentúa su sentimiento de soledad.

Si supervisas a empleados dependientes, te habrás dado cuenta de lo difícil que puede resultarles tomar decisiones sin tu apoyo.

Del mismo modo, si eres empleado y tienes un jefe dependiente, puede que te sientas molesto por el hecho de que reclame tu atención en exceso porque duda de sus decisiones o hace que todo se trate de él.

Si trabajas por tu cuenta y llevas puesta la máscara del dependiente, es muy posible que te compliques la vida para tener una gran red social fuera del trabajo o que pases mucho tiempo al teléfono para no sentirte triste cuando trabajas solo.

Todos los seres humanos llevamos la herida de abandono, pero en distinto grado, según el propio plan de vida. Avanzar de forma independiente en la vida profesional es todo un reto para quienes portan esta máscara. Y es dicha herida la que esta nueva era de nuestra relación con el trabajo nos está llevando a enfrentar a través de nuestras relaciones con colegas del sexo opuesto.

Convertirse en su propio apoyo emocional en el mundo laboral es un importante viaje interior para el dependiente. Esta persona, que llora y se entristece con facilidad, percibe un vacío en su interior que ninguno de sus colegas puede llenar. Esto es lo que los vuelve personas realmente exigentes. Los dependientes quieren apoyo para sentirse queridos y aceptados. Por lo tanto, les resulta difícil recibir una negativa. En efecto, otras personas se dan cuenta de toda la atención que reciben y pueden apreciar que sigue sin satisfacerles.

Una persona dependiente que experimenta dificultades para relacionarse en su vida profesional suele comportarse de la siguiente forma:

- Pone excusas.

- Se juzga a sí misma y llora en un rincón por su mala suerte.

- Se pregunta por qué no es tan aceptada como los otros; se compara con sus colegas.

- Busca llamar la atención a toda costa, lo que puede llevarla a caer en trampas relacionales cuando se enfrente a jefes o directivos que estén en una posición de poder.

- Es capaz de quedarse en una relación violenta.

- Se maltrata a sí misma.

- Aunque a menudo pide ayuda por miedo a la soledad, puede que también experimente dificultades para hacer auténticas peticiones de ayuda por miedo a llorar al hacerlo o por temor a recibir una negativa.

- Como le gusta que los demás adivinen lo que necesita, puede enfadarse si no se lo proporcionan.

- Al ser una persona fusional, cae fácilmente en la transferencia; es decir, convierte su dependencia emocional en una dependencia física.

Esta herida, que se agrava con el tiempo, puede incluso provocar el desarrollo de enfermedades laborales, ya que el dependiente tiene cada vez más miedo de experimentar soledad en su lugar de trabajo y de que lo consideren incapaz de cumplir con sus deberes. Si se ignora esta herida, se hace cada vez más presente con la edad, por no hablar de la creencia de que, cuanto mayor sea un trabajador, menos energía poseerá para cumplir las expectativas del entorno profesional.

En consecuencia, los trabajadores dependientes se sienten cada vez más solos. Incluso pueden sentirse angustiados ante la idea de retirarse del mercado laboral y quedarse solos, sobre todo si trabajan en una profesión en la que están en contacto con mucha gente o en la que suelen ser el centro de atención.

Según el concepto del triángulo de la vida visto anteriormente, recuerda que cuando te sientes abandonado por un jefe, director o compañero del sexo opuesto, ellos se sienten abandonados por ti en la misma medida, y tú también los abandonas en el mismo grado. Un ejemplo muy claro de esto es cuando acaparas toda la conversación y haces que gire en torno a ti.

Si tu progenitor del sexo opuesto abandonó sus proyectos profesionales por falta de apoyo y tú percibiste su sufrimiento, es posible que hayas dejado que esta experiencia defina tu vida. Mientras no hayas vuelto a conectar con la idea de que tienes la fuerza interior para avanzar de forma independiente incluso sin ayuda externa, el miedo al sufrimiento que percibiste en tu progenitor seguirá dirigiendo tu vida.

Como esta herida la activa el progenitor del sexo opuesto, el dependiente buscará sentirse querido por personas del sexo opuesto en su entorno profesional. Lo hace para compensar la falta de atención que experimentó de niño cuando aprendía algo o en su relación con figuras de autoridad del sexo opuesto.

He aquí algunas actitudes que te ayudarán a detectar rápidamente la herida de abandono en ti mismo o en uno de tus compañeros de trabajo:

Relación con las emociones: la persona dependiente es hipersensible y a menudo llora sin saber la causa.

Relación con la autoridad: los dependientes necesitan sentirse apreciados, sobre todo por las figuras de autoridad del sexo opuesto. Prefieren sufrir y someterse a ellas que estar solos.

Relación con la supervisión del trabajo realizado: el directivo dependiente puede parecer quejumbroso cuando les hace observaciones a las personas de su equipo. El empleado dependiente, por su parte, busca una forma de llamar la atención cuando un directivo, un cliente o un compañero le hace una observación sobre su trabajo. Pueden empezar a quejarse y a llorar sin motivo frente a su superior.

Relación con el lugar de trabajo: el dependiente no es muy partidario del trabajo a distancia porque refuerza su sentimiento de soledad. Pondrá en práctica estrategias para trabajar solo y a distancia lo menos posible. Por otra parte, también recurrirá a tácticas como encender la radio, escuchar música o pasar mucho tiempo al teléfono o en videoconferencias. Algunas personas incluso encienden la televisión mientras trabajan para sentirse acompañadas.

Relación con la calidad del trabajo: las personas dependientes pueden perder el tiempo pidiendo y esperando ayuda de los demás. También pueden hacer un trabajo mediocre si no se sienten apoyadas por sus compañeros o jefes, al no estar en contacto con su fuerza natural para trabajar solas. *EL DEPENDIENTE TEME CONFIAR EN SÍ MISMO, PUES ESTÁ CONVENCIDO DE QUE LOS DEMÁS SON MÁS FUERTES Y CAPACES QUE ÉL EN TODO.*

Afrontar las críticas propias y ajenas: al recibir retroalimentación, las personas dependientes experimentan emociones muy intensas. Inmediatamente pensarán que es porque no las aprecian o porque les falta algo. Se quejarán, se compadecerán de sí mismas e incluso llorarán para llamar la atención. En la misma medida, les costará hacer críticas, incluso constructivas, porque consideran que no criticar es un signo de aprecio.

Estilo de comunicación: los dependientes suelen tener un tono de voz infantil. La persona interrumpe a otras personas o suspira de la nada cuando le falta atención. Se quejan y exigen constantemente.

Relación con el sentimiento de impotencia: los dependientes tienen momentos durante el día en los que se sienten tristes e impotentes. Es muy probable que hayan experimentado la falta de apoyo de alguno de sus compañeros de trabajo y que esto les haya dado la impresión de que no les quedan fuerzas para seguir adelante. Estas actitudes indican un sentimiento de impotencia en la vida profesional.

Relación con el compromiso: el dependiente teme quedarse solo si se desentiende o no se compromete.

Relación con el salario: los dependientes tienden a sentir que les falta algo y temen no poder cubrir sus necesidades o llevar a cabo su trabajo por sí solos. En consecuencia, o bien reciben un salario inferior a sus capacidades, o bien dependen de ayudas económicas externas para llegar a fin de mes (ya sea del seguro de desempleo, de su cónyuge, de un familiar, de asistencia social). También pueden pensar que nunca tendrán suficiente dinero y quejarse por ello.

Relación con los compañeros: se apresuran a hablar de cualquier cosa que se les ocurre, sobre todo sucesos dramáticos para llamar la atención. Hablan mucho de ellos mismos. Buscan la compasión de los demás. Hacen amigos con facilidad.

Cuando una actitud natural no ha sido aceptada por nuestros padres, educadores, profesores u otras figuras de autoridad en el proceso de formación, experimentamos un profundo temor, muchas veces relacionado con el miedo a no ser amados tal como somos y a quedarnos solos. Esto hace que la herida de abandono se active y tomamos la decisión inconsciente de reprimir esa actitud natural en nuestra vida.

Cuando se despierta una herida emocional, adoptamos conductas que nos impiden ser nosotros mismos para evitar el sufrimiento que tanto tememos. Creemos que la máscara nos protege cuando, en realidad, nos aleja de nuestras necesida-

des. Cuando portamos una máscara no estamos conscientes de que ya no somos nosotros mismos. A los dependientes les gusta hacerse los independientes y decirle a todo el que quiera escuchar lo bien que se sienten estando solos y sin necesidad de nadie para llevar a cabo su trabajo.

El TEMOR más grande del DEPENDIENTE es la SOLEDAD. Por lo tanto:

- No verá solución a sus problemas, lo que puede desencadenar en que se sienta inseguro. En este caso, es como si cayera en un gran agujero negro, señal del vacío interior que siente ante la falta de apoyo que ha tenido desde su infancia.

- Tiene miedo de buscar soluciones y prefiere permanecer en una posición infantilizada para evitar hacerse responsable.

- Tiene miedo de recibir un no por respuesta, porque alimenta su miedo a la soledad y su sentimiento de no ser apreciado.

- Abandona fácilmente sus propios proyectos, ya sean personales o profesionales, sin darse cuenta de que se está abandonando a sí mismo.

Las heridas emocionales tienden a profundizarse con el paso del tiempo. Si confías en que las cosas mejorarán por sí solas, en lugar de hacerte consciente de las heridas que te impiden ser tú mismo en el ámbito laboral, descubrirás que solo se arraigan y fortalecen. El dependiente siempre estará buscando más atención o apoyo de sus compañeros porque su miedo a la soledad se intensificará y la idea de ya no recibir atención le producirá aún más tristeza.

Si sigue alimentando su herida, el **dependiente** se retraerá cada vez más, se apartará para que alguien venga a buscarlo y así poder recibir alguna forma de apoyo. Puede deprimirse por tener tantas expectativas incumplidas, o enfermar, que es una forma inconsciente de llamar la atención y provocar lástima. Puede que le resulte cada vez más difícil cambiar de trabajo, o que con mayor frecuencia se le considere poco apto para algún puesto.

Cada herida esconde una creencia (a menudo inconsciente), así como un temor principal que bloquea una necesidad esencial de la persona. En lugar de dejarte guiar por tu creencia de que te hace falta algo para que la gente te aprecie y por **tu miedo a la soledad** *adoptando la personalidad del* **dependiente,** *tienes que descubrir tu gran* **necesidad de reconocer tu fuerza interior,** *aunque no cuentes con apoyo ni ayuda en tu vida profesional.*

Por ejemplo, en lugar de abandonar un proyecto que debes hacer por tu cuenta, acepta poco a poco que, cuando sientes tristeza y vacío interior, es en realidad tu ego el que te hace creer que no puedes terminarlo sin apoyo. Así podrás continuar con este proyecto o emprender otro que te convenga más.

Observándote a ti mismo, aprendiendo a aceptarte y responsabilizándote cada vez más de tus heridas emocionales en tu vida profesional, comprobarás que poco a poco irán disminuyendo, es decir, adoptarás actitudes cada vez más genuinas en lugar de portar máscaras.

De este modo, descubrirás los talentos ocultos que no habías reconocido por culpa de tus heridas. Tras sanar tu herida de **ABANDONO**:

- Experimentarás tu gran **fuerza interior** para seguir adelante con tus proyectos cuando te apoyes a ti mismo;

- sabrás **pedir ayuda** únicamente cuando la necesites, no para llamar la atención;

- te darás cuenta de lo **tenaz y perseverante** que puedes ser para conseguir lo que quieres;

- te convertirás en tu propio **maestro;**

- aumentará tu **alegría de vivir.**

Como podrás ver, tomar conciencia de los efectos nocivos que tu ego ha tenido sobre ti hasta ahora tiene grandes ventajas. En particular, saber que, a medida que las heridas disminuyan, cosecharás todos los beneficios que pueden mejorar tu calidad de vida en el trabajo.

Reconectar con su fuerza interior para seguir adelante, aunque se halle solo y sin el apoyo de sus colegas del sexo opuesto, es sin duda el mayor reto del dependiente para desarrollar su autonomía en el mundo profesional.

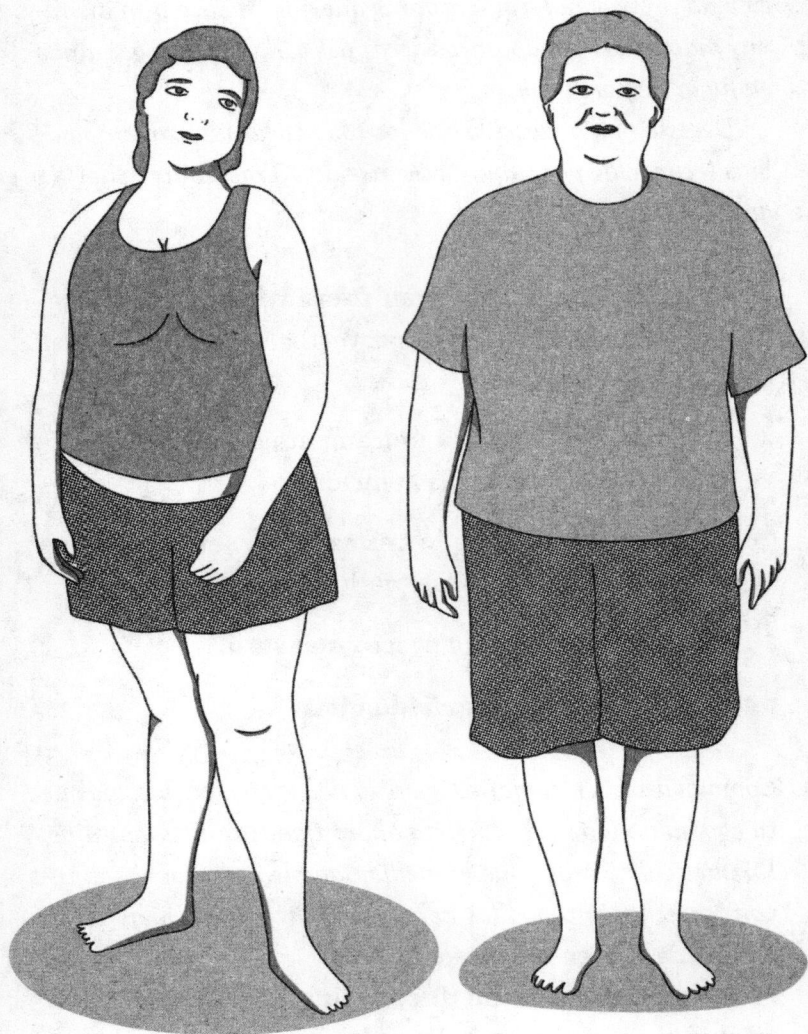

ASPECTO FÍSICO DEL MASOQUISTA
(Herida de humillación)

CAPÍTULO 6

La herida de humillación

Máscara	Masoquista
Progenitor	Cualquiera de los padres
Despertar de la herida	Entre el primer y el tercer año
Cuerpo	Con sobrepeso o redondo, con cuello gordo o joroba
Temor más grande	La libertad

Aquí tienes un cuestionario que te ayudará a tomar conciencia de las actitudes y los comportamientos que adoptas en tu vida profesional cuando se despierta tu herida de humillación y te pones la máscara del masoquista. Te invito a que tomes un lápiz y una hoja de papel o saques una fotocopia de estas páginas para marcar los comportamientos en los que te reconoces y puntuarlos del 1 al 5 según su grado de importancia. Puedes repetir esta prueba periódicamente para ver cómo evolucionan estos comportamientos en tu trabajo.

Características del masoquista   Puntuación _____

☐ Soy lento.

☐ Soy fusional e hipersensible.

☐ Soy penoso, suelo comportarme con cautela en el trabajo.

☐ Me siento juzgado y observado por el guardián de la moral de la empresa.

☐ Hago todo lo posible para ser digno de ese guardián.

☐ Creo que, para ser suficiente en el trabajo, tengo que aliviar el sufrimiento de mis compañeros, clientes, etcétera.

☐ Me impongo el deber de servir a mis colegas.

☐ Antepongo las necesidades de mis colegas a las mías.

☐ Me cuesta dejarme maternar y cuidar.

☐ Justifico a mis compañeros de trabajo.

☐ Me contengo al hablar, pienso que no tengo derecho de dañar a los demás.

☐ Me abstengo de experimentar placer con los sentidos.

☐ Tengo miedo de sentirme avergonzado y que me reprendan si me permito sentir placer.

☐ Tuve desventuras sexuales de niño.

☐ Me impido ser libre porque no he aprendido a manejar mi sensualidad y tengo miedo de perder el control.

☐ Me ocupo de los demás para no ser libre.

☐ Me sacrifico por mis compañeros para sentirme moralmente digno.

☐ Cargo mucho sobre mis espaldas.

☐ Me creo imprescindible para los demás, los materno e infantilizo.

☐ No escucho mis necesidades, aunque sé muy bien cuáles son.

☐ Me siento sucio y asqueado de mí mismo.

☐ Me premio con comida, pero me siento culpable y avergonzado por ello en lugar de sentir placer.

☐ Me desbordo y abuso de mis sentidos.

☐ Hago que mis colegas se rían de mí; al reírme de mí mismo, me humillo.

☐ Pienso en pequeño en los proyectos que emprendo.

☐ De naturaleza servicial, hago buenas obras movido por el miedo.

> También es altamente recomendable que dos personas que te conozcan bien realicen este cuestionario, una de tu vida personal y otra de tu vida profesional. Prepárate para las sorpresas, porque el ego nos impide vernos como realmente somos. Por eso, debes mantener la mente abierta a los comentarios de tus más allegados.

La humillación es el acto de sentirse rebajado, degradado. No te sientes a la altura de las expectativas de los demás.

La herida de humillación, en mi resumen de las cinco heridas, es especial porque concierne solo a la relación que la persona tiene con DIOS, o con cualquier imagen de perfección divina. Así que, cuando esta herida se activa, no es por su relación con otra persona, sino por su percepción de sí misma en relación con DIOS. Es como si constantemente viera el ojo de DIOS allá arriba vigilando su forma de vivir en el mundo físico. Esta herida, como las otras cuatro, puede despertarse en diferentes grados, dependiendo de la persona y de la experiencia de vida.

Es importante distinguir entre el sentimiento y la herida. Puedes experimentar una situación humillante en tu vida sin sufrir la herida de humillación. Recuerda que **es el comportamiento que adoptas en respuesta a una situación lo que activa la herida.** *Las actitudes enumeradas en la tabla de características del masoquista te ayudarán a identificar si a veces adoptas estos comportamientos en tu vida profesional.*

La herida de humillación es diferente de las demás porque, por un lado, no todos los seres humanos la sufren y, por otro lado, se experimenta en la relación con uno mismo frente a un poder superior.

Esta herida la activa uno u otro progenitor, o incluso ambos. A menudo, el progenitor del mismo sexo también porta esta herida. El niño, en el descubrimiento y aprendizaje de los sentidos, percibe que su progenitor se avergüenza de él, lo reprime, lo desprecia, lo controla. Por ejemplo, cuando el niño aprende a comer, tira comida por todas partes y entonces su progenitor le dice que es muy sucio. El niño se siente HUMI-LLADO.

*La **máscara** que adopta la persona que experimenta la herida de humillación es la del **masoquista**. Te recuerdo que, cuando una persona porta una máscara, ya no es ella misma, es su ego el que ha tomado el control de su vida.*

Esta máscara se reconoce en el aspecto físico por las curvas. Por eso, una persona con una herida grave de humillación engorda cada vez más. La cara es redonda, los brazos redondos, el vientre y la espalda redondos; es decir, tan anchos como profundos. Cuanto más redondas son las partes del cuerpo, más marcada es la herida. Esta morfología es una manifestación de la vergüenza que siente el masoquista respecto de sí mismo. Este es el tipo de persona que tiene una espalda grande, tanto física como mentalmente, porque carga mucho sobre ella para ayudar a los demás.

Esta herida se activa, por ejemplo, cuando vas a una reunión de trabajo y te sientes humillado por la forma en que la persona con la que te vas a reunir mira tu aspecto físico. Te dices que es normal que te mire así porque tienes sobrepeso. Te avergüenzas de ti mismo.

Por otro lado, la persona que lo experimenta no tratará de humillar a los demás como respuesta. La persona restringe su libertad para disfrutar de la vida con sus sentidos porque ella misma se sintió restringida y controlada en su libertad para usar sus sentidos cuando era más joven. Más tarde, al no saber cómo manejar sus sentidos, vuelve a restringirse o se desborda.

Como a los masoquistas les avergüenza ocupar demasiado espacio, les atraen las cosas pequeñas. Preferirán un espacio

LAS 5 HERIDAS QUE TE IMPIDEN SER TÚ MISMO EN EL TRABAJO

de trabajo pequeño, un coche pequeño, etc. De hecho, utiliza regularmente la palabra «pequeño» en sus comentarios. Se ve a sí mismo más pequeño de lo que es (tanto física como mentalmente), mientras que sus colegas lo consideran importante y especial. Incluso tiende a pensar en menor escala cuando emprende algún proyecto profesional.

Para **evitar sentirse avergonzado** ante la idea de querer disfrutar más de sus sentidos, el masoquista dedicará su tiempo a cuidar de sus compañeros. Prefiere sacrificar sus propias necesidades, ya que esto le deja menos tiempo para los placeres sensoriales.

Por otro lado, sabe lo que necesita, pero teme pasarse de la raya o desbordarse si se permite ser libre: no desea comer demasiado, salir demasiado de fiesta con los amigos después del trabajo, etcétera.

Teme no tener límites y sentirse avergonzado de serlo ante el guardián de la moralidad, su jefe, su director o sus colegas. Es el caso de los empleados que, por ejemplo, se dedican a atender la recepción telefónica de la empresa mientras sus colegas salen a una fiesta organizada por su jefe.

Los masoquistas se sienten culpables cuando obtienen placer de lo que hacen o de lo que poseen, cuando disfrutan de las cosas materiales.

He aquí otros comportamientos que pueden observarse cuando se activa la herida de humillación:

- Como no se cree merecedor de libertad, el masoquista se castiga o humilla. Podría pensarse que disfruta humillándose.

- El colega masoquista no intentará juzgarte o acusarte como reacción a la mirada o al comentario humillante que percibe de ti. Esta herida se la inflige uno mismo. Estará de acuerdo con tu comentario y no te lo reprochará porque cree lo que se dice de él.

- El masoquista se pregunta con frecuencia qué puede hacer para aliviar el sufrimiento del mundo y de sus colegas para sentirse moralmente digno. Es como si viera una figura que representa a Dios y que lo vigila constantemente. Sus colegas terminan preguntándose cuándo se ocupará por fin de sí mismo.

- Recibe los cumplidos, especialmente los de sus superiores, como una alabanza divina porque significa que ha sido digno y útil en su trabajo.

- Prefiere esconderse para comer antes que avergonzarse de comer por placer delante de sus colegas. La comida es una de sus formas de gratificarse y recompensarse, solo que al hacerlo se siente culpable. Por eso engorda.

- No es raro que se manche la ropa en una comida de negocios, acusándose de ser muy sucio. Es otra forma de castigarse provocando un incidente humillante.

- Escucha tan poco sus necesidades nutricionales como sus necesidades profesionales.

- Con frecuencia se compara con sus colegas, lo que refuerza su sentimiento de vergüenza.

- Por desgracia, aunque conoce sus propias necesidades, prefiere ocuparse de las de los demás. Puede acabar infantilizándolos o comportándose como su madre. Se percibe como indispensable para el equipo e intenta resolver todos los problemas.

- Puede actuar como amortiguador entre dos colegas conflictivos. Se responsabiliza de sus compañeros de trabajo y de las cosas que no le incumben. Por eso se hace cargo de muchas cosas, por un lado, para no ser libre y, por otro, para ser digno.

- Disfruta desempeñarse en puestos en los que gestiona tareas que aligeran la carga de su jefe, su supervisor o sus compañeros.

- Se siente tan responsable de la felicidad o infelicidad de los demás que intenta hacer felices a todos.

- Se avergonzaría si no hubiera hecho nada por ayudar a un compañero. Le gusta decir lo mucho que disfruta cuidando de los demás, cuando en realidad se trata de una actitud adaptativa ante la falta de tiempo para disfrutar de su propia vida.

- Su falsa humildad esconde orgullo, porque su ego le hace creer que es superior por saber mejor que sus socios lo que ellos necesitan.

- Es hipersensible a los estados de ánimo de sus compañeros de trabajo y busca arreglar rápidamente los conflictos de los que se siente culpable.

- Se trata de una persona que puede parecer LENTA pero que tiene una gran cantidad de energía atrapada en su interior.

¿Has notado la tendencia que tenemos a querer darle una lección moral a un colega que se olvida de sí mismo mientras cuida de los demás? Son los que no son masoquistas quienes hacen esto, creyendo que están ayudando a la otra persona. Por desgracia, como no se conceden a sí mismos el derecho a ser libres, intentar que se ocupen de su propia felicidad en el trabajo cuando no pueden manejar sus sentidos acentúa el sentimiento de humillación del masoquista.

Si supervisas a personas masoquistas, te habrás dado cuenta de lo difícil que puede resultarles liberarse de todas las limitaciones y obligaciones que se autoimponen y que les impiden tener más tiempo para sí mismas.

Del mismo modo, si eres empleado y tienes un jefe masoquista, puede que te sientas asfixiado por el hecho de que confunda dirigir con tratarte maternalmente.

Si trabajas por tu cuenta y llevas puesta la máscara del masoquista, es muy posible que te avergüences de comprarte ropa bonita o cenar en buenos restaurantes con los ingresos de tu negocio. El masoquista teme que lo vean como alguien que disfruta en exceso de las bondades de la vida.

Ser uno mismo en la vida profesional es todo un reto. Esta herida es particular y es ella la que, en la nueva era de nuestra relación con el trabajo, nos invita a disfrutar de los placeres. El masoquista, que a menudo se esconde de la mirada de los demás por vergüenza, se guarda para sí las cosas humillantes que ha vivido en el trabajo. Esto los convierte en chivos expiatorios.

Recibe con naturalidad críticas sobre su aspecto físico porque se siente indigno. Por otra parte, le resulta fácil utilizar las críticas que recibe para hacer reír a quienes lo rodean, ocultando así la vergüenza de la humillación.

Una persona masoquista que experimenta dificultades para relacionarse en su vida profesional suele comportarse de la siguiente forma:

- Guardará silencio o se humillará por vergüenza.

- Le cuesta mucho pedir ayuda porque quiere hacer todo lo posible, lo que le deja menos tiempo libre.

- En realidad, se encarcela, se castiga y sufre, pues necesita demostrar que es una persona buena y caritativa a los ojos de DIOS o de las autoridades supremas.

Esta herida, que se agrava con el tiempo, puede llevar incluso a la persona a dejar el trabajo, al sentirse incapaz de defenderse de los reproches de sus superiores o de sus colegas. Este puede ser el caso de las personas que han sufrido de abusos durante su etapa de crianza y que los reviven en el mundo empresarial hasta que la creencia se haga consciente.

Mientras la persona masoquista se avergüence de escuchar sus deseos y necesidades físicas (sensualidad y

LA HERIDA DE HUMILLACIÓN

sexualidad), no podrá concederse el derecho a ser libre. En consecuencia, se sentirá cada vez más humillada. Acabará convenciéndose de que es una basura a pesar de ser tan entregada a todos los que la rodean. En realidad, es una persona hedonista con alma de misionera.

Todas las actitudes relativas al trabajo de las que tus padres se avergonzaban humillándose y que tú percibías como sufrimiento serán inaceptables para ti. Esto provocará que no te permitas ser como ellos ni sentirte orgulloso de ser quien eres.

Como esta herida se produce ante la máxima autoridad, Dios, la conciencia universal, el guardián de la moral, el masoquista tratará de ser digno de ella en su vida profesional para compensar la falta de respeto que experimentó de niño cuando se avergonzaba de entregarse a sus sentidos.

He aquí algunas actitudes que te ayudarán a detectar rápidamente la herida del masoquista en ti mismo o en uno de tus compañeros de trabajo:

Relación con las emociones: el masoquista es una persona hipersensible que se fusiona con las emociones de los demás para anticiparse a su sufrimiento y poder aliviar su carga.

Relación con la autoridad: los masoquistas tienen una relación especial con el guardián de la moral y harán cualquier cosa para sentirse dignos de las figuras de autoridad, en particular poniéndose a su servicio.

Relación con la supervisión del trabajo realizado: el directivo masoquista puede parecer condescendiente con sus empleados, pues desea realizar las tareas en lugar de dejárselas a ellos. El empleado masoquista busca la manera de ser digno de la autoridad suprema cuando un directivo, un cliente o un colega le hace una observación sobre el trabajo realizado. Se siente avergonzado e indigno a los ojos del código moral si comete algún error. Puede humillarse ridiculizando el trabajo que ha hecho, antes de que su supervisor le haga algún comentario.

Relación con el lugar de trabajo: a los masoquistas puede asustarles la idea de trabajar a distancia, ya que les da demasiada libertad. A menudo pueden empezar a picotear entre comidas cuando trabajan desde casa.

Relación con la calidad del trabajo: el masoquista se preguntará mucho sobre la cantidad de trabajo que tiene que hacer o la cantidad de trabajo que hace en lugar de sus colegas. *TIENE MIEDO DE NO SER DIGNO DEL GUARDIÁN DE LA MORAL (DIOS). TIENE LA IMPRESIÓN DE ESTAR SIEMPRE VIGILADO, POR LO QUE SE IMPIDE A SÍ MISMO TENER TIEMPO PARA DISFRUTAR.*

Afrontar las críticas propias y ajenas: los masoquistas que reciben críticas en su entorno profesional experimentan emociones intensas. Inmediatamente se avergüenzan de sí mismos. Pueden llegar a humillarse haciendo que los demás se rían de ellos por las críticas que reciben. En la misma medida, les puede resultar difícil ofrecer críticas, incluso constructivas, porque se sienten indignos de hacerlas.

Estilo de comunicación: puedes reconocer a un masoquista por su voz melosa y maternal, sobre todo cuando quiere ayudar a otra persona. Escuchan atentamente porque se sienten obligados a encontrar una solución a los problemas de los demás.

Relación con el sentimiento de impotencia: el masoquista se avergüenza más fácilmente ante los guardianes de la moralidad en su empresa, ya sea el director, su jefe, etc. Esta actitud es indicativa de un sentimiento de impotencia en la vida profesional.

Relación con el compromiso: el masoquista se avergonzaría de no haber sido capaz de sacar a su empresa de un callejón sin salida por no comprometerse o por desentenderse.

Relación con el salario: los masoquistas pueden tener miedo de ganar mucho dinero. Temen excederse gastándolo para complacerse a sí mismos, así que lo gastarán para complacer a los demás. Si ganan poco o no reciben una gratificación equitativa con sus colegas, pensarán que es normal porque creen que no se lo merecen. También pueden creer que ganar mucho dinero es poco espiritual.

Relación con los compañeros: el masoquista se convence de que todo lo que hace por los demás le produce placer y de que, al servir a otros, está haciendo caso de sus propias necesidades. Es excelente para excusar situaciones o personas que lo han humillado. Siempre está dispuesto a ayudar a sus colegas en detrimento de lo que él requiere.

Cuando una actitud natural no ha sido aceptada por nuestros padres, educadores, profesores u otras figuras de autoridad en el proceso de formación, experimentamos un profundo te-

mor, muchas veces relacionado con el miedo a no ser amados tal como somos y a quedarnos solos. Esto hace que la herida de rechazo se active y tomamos la decisión inconsciente de reprimir esa actitud natural en nuestra vida.

Cuando se despierta una herida emocional, adoptamos conductas que nos impiden ser nosotros mismos para evitar el sufrimiento que tanto tememos. Creemos que la máscara nos protege cuando, en realidad, nos aleja de nuestras necesidades. Cuando portamos una máscara no estamos conscientes de que ya no somos nosotros mismos.

El TEMOR más grande del MASOQUISTA es la LIBERTAD. Por lo tanto:

- Tiene miedo de hacer peticiones y comunicarse de manera asertiva, porque teme que sus colegas tomen el control sobre él y coarten su libertad, igual que se la coartaron a él cuando era niño.

- Teme herir a sus compañeros de trabajo por atender sus necesidades antes que las de ellos. No quiere que piensen que es egoísta.

Las heridas emocionales tienden a profundizarse con el paso del tiempo. Si confías en que las cosas mejorarán por sí solas, en lugar de ser consciente de las heridas que te impiden ser tú mismo en el ámbito laboral, descubrirás que solo se arraigan y fortalecen.

Si sigue alimentando su herida, el **masoquista** siempre cargará más sobre sus hombros para no ser libre, ponién-

LA HERIDA DE HUMILLACIÓN

dose al servicio de los que le rodean. Experimentará cada vez más la incomprensión de sus colegas, que se sentirán demasiado infantilizados. Se intensificará su sentimiento de ser considerado indigno por sus superiores o de que se dé por hecho que es servicial y le carguen todo a la espalda.

*Cada herida esconde una creencia (a menudo inconsciente), así como un temor principal que bloquea una necesidad esencial de la persona. En lugar de dejarte guiar por tu creencia de que mereces **humillarte** y por tu **miedo a la libertad** adoptando la personalidad del **masoquista,** tienes que descubrir tu gran **necesidad de dejarte llevar por tus sentidos en diferentes ámbitos.** Debes permitirte disfrutar los placeres de la vida, incluso si te excedes, para que tu vida profesional no se vea perjudicada.*

Por ejemplo, en lugar de querer ayudar a toda costa a tus colegas cuando tenías contemplado salir a divertirte, debes tomarte un momento para reflexionar antes de aceptar ayudarlos. No escuches a tu ego, pues intentará hacerte creer que eres indigno si no los ayudas.

Observándote a ti mismo, aprendiendo a aceptarte y responsabilizándote cada vez más de tus heridas emocionales en tu vida profesional, comprobarás que poco a poco irán disminuyendo, es decir, adoptarás actitudes cada vez más genuinas en lugar de portar máscaras.

De este modo, descubrirás los talentos ocultos que no habías reconocido por culpa de tus heridas. Tras sanar tu herida de HUMILLACIÓN:

141

- Te darás cuenta de la capacidad que tienes en tantas áreas que podrás experimentar **reequilibrando** tu sentido del servicio;

- te darás cuenta de que conoces **tus necesidades** y podrás **respetarlas** cada vez más para desarrollarte profesionalmente;

- disfrutarás **ayudando** a los demás, siempre respetando su libertad y tus propias necesidades;

- valorarás y pondrás cada vez más tu **generosidad** y tu capacidad de conciliación y organización **al servicio de tu vida** profesional y no de la de los demás.

Como podrás ver, tomar conciencia de los efectos nocivos que tu ego ha tenido sobre ti hasta ahora tiene grandes ventajas. En particular, saber que a medida que las heridas disminuyan, cosecharás todos los beneficios que pueden mejorar tu calidad de vida en el trabajo.

Darse el derecho a ser libre, tomándose el tiempo de comprobar sus necesidades antes de decir que sí o de ocuparse de sus colegas es, sin duda, el mayor reto para el masoquista si quiere darse el derecho a sentirse digno y orgulloso de sus logros en el ámbito profesional.

ASPECTO FÍSICO DEL CONTROLADOR
(Herida de traición)

CAPÍTULO 7

La herida de traición

Máscara	Controlador
Progenitor	Del sexo opuesto
Despertar de la herida	Entre los dos y los cuatro años
Cuerpo	Exhibe fuerza, pecho abultado en los hombres y caderas fuertes en las mujeres, algo de barriga con la edad
Temor más grande	La separación, la negación

Aquí tienes un cuestionario que te ayudará a tomar conciencia de las actitudes y los comportamientos que adoptas en tu vida profesional cuando se despierta tu herida de traición y te pones la máscara del controlador. Te invito a que tomes un lápiz y una hoja de papel o saques una fotocopia de estas páginas para marcar los comportamientos en los que te reconoces y puntuarlos del 1 al 5 según su grado de importancia. Puedes repetir esta prueba periódicamente para ver cómo evolucionan estas actitudes en tu trabajo.

Características del controlador   Puntuación _____

☐ Doy la impresión de ser una persona con una fuerte personalidad que se impone a sus colegas del sexo opuesto.

☐ Quiero demostrar que soy fuerte para no sentirme vulnerable frente a otros.

☐ Actúo para demostrar que soy responsable.

☐ Ocupo mucho espacio en una reunión.

☐ Busco ser especial e importante para compañeros de trabajo del sexo opuesto.

☐ Soy desconfiado, no revelo detalles sobre mi vida personal.

☐ Temo ser vulnerable si hablo de mis defectos y que mis colegas se aprovechen de mí.

☐ Me impresiona la gente rica o famosa del mundo de los negocios.

☐ Busco distinciones y reconocimientos de mis superiores.

☐ Estoy muy apegado a mi reputación.

☐ Puedo perjudicar la reputación de los demás si la mía se empaña.

- [ ] Miento para salir de situaciones complicadas y mantener mi imagen.

- [ ] No tolero a los mentirosos.

- [ ] Soy impaciente con mis colegas que trabajan más lento.

- [ ] Cuando delego tareas, espero que se hagan a mi manera y a mi ritmo.

- [ ] Tengo muchas expectativas, soy exigente con mis compañeros.

- [ ] Controlo las tareas que me encomiendan porque me falta confianza.

- [ ] Me anticipo para tener mayor control.

- [ ] Soy desconfiado y escéptico, no me fío fácilmente de la gente.

- [ ] Odio cuando uno de mis colegas deshace mis planes.

- [ ] No me gustan las sorpresas ni las situaciones inesperadas.

- [ ] Creo que soy indispensable y que mis compañeros no tendrían éxito sin mí.

- [ ] Soy manipulador en mis relaciones.

- [ ] Mi sentido del humor siempre me hace resaltar.

- [ ] Manipulo a las personas para obtener pruebas de su afecto.

- [ ] Puedo llegar a ser agresivo.

- [ ] Saco conclusiones precipitadas.

- [ ] Actúo y aprendo con rapidez.

- [ ] Estoy convencido de que tengo la razón, les impongo mi punto de vista a mis colegas y deseo tener la última palabra.

☐ Soy rencoroso en mis relaciones, pongo fin a una relación de colaboración bloqueando todo contacto.

☐ Tengo un temperamento colérico.

☐ Critico a mis colegas dependientes.

☐ Me cuesta cumplir mis promesas y compromisos y siempre tengo las mejores excusas para no hacerlo.

☐ Me enfado cuando los demás se alejan de mí.

☐ Tengo dotes de liderazgo, expresadas de forma controladora, porque confundo dar órdenes con gestionar.

También es altamente recomendable que dos personas que te conozcan bien realicen este cuestionario, una de tu vida personal y otra de tu vida profesional. Prepárate para las sorpresas, porque el ego nos impide vernos como realmente somos. Por eso debes mantener la mente abierta a los comentarios de tus más allegados.

Traicionar a alguien significa dejar de serle fiel, es decir, romper los compromisos que se habían acordado en una relación. **La herida de traición oculta la herida de abandono.** *La persona se siente traicionada cuando las personas del sexo opuesto no cumplen sus expectativas, que en realidad equipara con las muestras de afecto hacia ella. Debido a que su confianza ha sido destrozada, hará cualquier cosa para no depender de nadie y controlar a los demás. Teme sentirse vul-*

nerable si deja relucir sus defectos. Esta herida, al igual que las otras cuatro, puede activarse en diversos grados, dependiendo de la intensidad de la herida de abandono subyacente.

La herida de traición la despierta el progenitor del sexo opuesto, que es el modelo para aprender a recibir amor y a ser amado. El niño se siente traicionado por este progenitor cuando no responde a su necesidad de afecto tal como él desearía. Utilizará medios de control con este progenitor seduciéndolo o amenazándolo para conseguir lo que quiere.

Por ejemplo, uno de tus padres aprendió a conseguir lo que quiere de las personas del sexo opuesto, durante su formación y después en el trabajo, a través de tácticas manipuladoras. Al percibir, de niño, que tu progenitor se comporta así, es muy posible que adoptes el mismo comportamiento en tu vida profesional.

*La **máscara** que adopta el individuo que se siente traicionado por personas del sexo opuesto es la del **controlador,** que puede portarse de forma **solapada** o **agresiva.** Te recuerdo que, cuando una persona porta una máscara, ya no es ella misma, es su ego el que ha tomado el control de su vida.*

Esta máscara se reconoce en el aspecto físico a través de una morfología que emana fuerza, mostrando poder con hombros más anchos que las caderas en los hombres, y caderas fuertes o más anchas que los hombros en las mujeres. Esta morfología permite al controlador parecer más imponente. También es el tipo de persona que irradia un gran carisma.

Esta herida se activa, por ejemplo, cuando alguien del sexo opuesto, que forma parte del equipo que diriges, quiere marcharse y haces todo lo posible por impedírselo. Si acaba yéndose para incorporarse a otra empresa, te sientes traicionado por él. Puedes incluso llamarlo traidor.

Los controladores prefieren trabajar en un despacho grande, que refleje su estatus de persona importante en la empresa. No les gusta trabajar en las mismas condiciones que el resto de sus compañeros.

Para **evitar sentirse vulnerable** y exponer sus debilidades, el controlador buscará dominar a sus colegas del sexo opuesto de diferentes maneras. Por ello, manipulará de forma solapada a través de la seducción o con agresividad imponiéndose con firmeza. Es el caso de los empleados que quieren acceder rápidamente a un puesto de mayor responsabilidad para no tener que depender de un jefe.

No soportan quedar como tramposos y que no les crean, porque desean fervientemente que confíen en ellos. Por otro lado, como este tipo de colega es dominante incluso en su manera de comunicarse, es capaz de decir cualquier cosa para mantener el control; por ejemplo, se compromete a realizar una tarea, pero no la lleva a cabo. Seduce con hermosas palabras, pero no cumple lo que promete. Esto lo hace parecer deshonesto e hipócrita a los ojos de sus colegas, pero siempre encuentra buenas excusas para continuar haciéndolo. Si no consigue lo que quiere, puede darles la espalda y marcharse. Es incluso capaz de colgarles durante una conversación telefónica.

A los controladores les gusta que los miren y no soportan que los consideren ordinarios o, peor aún, pasar desapercibidos. Por eso se visten con colores llamativos o inusuales para ir al trabajo.

Los controladores necesitan demostrar de lo que son capaces en la vida profesional. Suelen tener muchos talentos y se entregan a su trabajo con devoción.

He aquí otros comportamientos que pueden observarse cuando se activa la herida de traición:

- Los controladores se enfadan cuando no se cumplen sus expectativas de sentirse especiales e importantes en público. Por eso, puede ser que levanten la voz y adopten un aspecto intimidatorio.

- El controlador puede entonces mostrarse fuerte e imponente, con la esperanza de que reconozcan su personalidad y carisma.

- Le gusta ser el primero en llevarse el mérito. En realidad, teme sentirse rechazado.

- No soporta las actitudes que considera cobardes, aunque será el primero en denunciar el comportamiento inadecuado de un colega que considera perjudicial para la empresa. Puede que incluso lo haga sin hablar antes con el colega en cuestión.

- Es intolerante con sus compañeros dependientes.

- Prefiere mentir a sentir que pierde prestigio si no domina un tema.

- Como teme sentirse vulnerable si expone sus debilidades, tendrá dificultades para mostrarse tal y como es ante sus colegas. Por el contrario, los animará a abrirse para utilizar sus debilidades y controlarlos mejor.

- Irradia la energía de un líder en un grupo o equipo. Prefiere ponerse al frente que pasar a segundo plano por miedo a dejar de ser importante y también por miedo a que lo controlen.

- Quiere tener la última palabra e imponer su punto de vista, incluso si eso significa mentir en lugar de admitir que está equivocado. Si lo hace en presencia de colegas que también son dominantes, puede romper en discusiones en plena reunión. Tiene la necesidad de mostrar su fuerza.

- Sabe dirigir. Por desgracia, a veces es autoritario. No sabe expresar su autoridad de manera natural.

- Confunde ser asertivo con ser agresivo. Esto conduce a experiencias de dominación y sometimiento en lugar de situaciones que benefician a todas las partes involucradas.

- El empleado controlador aprende rápido, lo que lo lleva a ser un trabajador veloz. Sin embargo, también interrumpe a los demás cuando están hablando porque se anticipa a lo que van a decir, aunque no le gusta que lo interrumpan a él.

- Le molesta entrenar a nuevos empleados, se impacienta y siente que pierde el tiempo. Quiere que todo el mundo aprenda tan rápido como él.

- Se trata de una persona exigente consigo misma, porque sentirse vulnerable le resulta doloroso.

- Es más exigente con el sexo opuesto que consigo misma cuando se trata de la calidad de su trabajo.

- Le gusta tener responsabilidades, pues así se siente importante.

- Le agrada ganarse la confianza de los demás.

- Con frecuencia, a la persona controladora le cuesta comprometerse por miedo a perder el control y dañar su reputación de profesional competente.

- Un directivo controlador tenderá a menudo a controlar el trabajo de su equipo para asegurarse de que se hace bien, es decir, a su manera. En este sentido, es desconfiado.

- Si delega sus labores y está convencido de que es algo que considera fácil, será aún más exigente con sus empleados.

- Puede enfadarse particularmente si ve que uno de sus colegas del sexo opuesto no hace nada.

- Quiere que se le considere fiable, responsable y valiente.

- Le gusta decir a quien quiera escucharlo lo responsable que es, sin darse cuenta de que a menudo es irresponsable mintiendo o culpando a los demás de sus errores.

- Si se siente traicionado, o si un compañero de trabajo se atreve a perjudicarlo, es capaz de arruinar su reputación.

- Si su herida de traición está más pronunciada, tenderá a mantener relaciones laborales basadas en la lucha de poder.

- Le cuesta pedir ayuda por miedo a parecer vulnerable. Por lo tanto, es alguien que tiene expectativas sin haberlas planteado de manera previa y que con frecuencia parece tenderles trampas a sus colegas.

- Hace peticiones solapadas de ayuda porque quiere que sus colegas adivinen lo que desea. Esto hace que se sienta importante.

- Para la persona controladora, una petición es una orden; no se plantea llegar a un acuerdo teniendo en cuenta las necesidades de la otra persona. Puede parecer voluble cuando intenta seducirte para que le hagas un favor e inmediatamente se vuelve agresiva si te niegas.

- Los controladores, que necesitan estar en primer plano, protegen bastante su reputación profesional. Se dejan impresionar fácilmente por las personas ricas o famosas del mundo profesional.

Nota: Esta herida provoca muchas más conductas que las aquí enlistadas. Es la que se activa con mayor frecuencia en el ámbito profesional.

¿Has notado la tendencia que tenemos a veces a querer convencer a un colega controlador cuando sabes que está equivocado? Mucha gente lo hace, pensando que está ayudándolo a reconocer su error. Por desgracia, como no se permiten estar equivocados, intentar que cedan aumenta sus sentimientos de ira. Es mejor buscar una conciliación y expresarles que respetas su punto de vista pese a no compartirlo.

Si supervisas a empleados controladores, tal vez te hayas dado cuenta de lo fácil que les resulta manipular, chantajear, amenazar e incluso indignarse para conseguir lo que quieren.

Del mismo modo, si eres empleado y tienes un jefe controlador, quizá te moleste que intente hacerte sentir culpable cuando no cumples sus expectativas o cuando no te adhieres a su sistema de creencias. Podría ser el caso, por ejemplo, si no haces el trabajo que te ha pedido lo suficientemente rápido para su gusto. Es impaciente con las personas que considera lentas e intolerante con las que no hacen el trabajo exactamente como le gusta.

Si trabajas por tu cuenta y llevas puesta la máscara del controlador, es muy posible que estés molesto por no haber sido reconocido por todo lo que has conseguido hasta ahora en tu profesión.

Todos los seres humanos llevamos la herida de traición, pero en distinto grado, según nuestro plan de vida. Exponer nuestra vulnerabilidad en la vida profesional es todo un reto. Esto es lo que la nueva era de nuestra relación con el trabajo nos está llevando a expresar a través de nuestra capacidad de liderar sin utilizar la fuerza, de guiar en vez de controlar.

Una persona controladora que experimenta dificultades para relacionarse en su vida profesional suele comportarse de la siguiente forma:

- Acusa a los demás y piensa que sus compañeros de trabajo son los culpables del conflicto.

- Intentará manipular solapadamente o con diversos grados de agresividad para conseguir sus fines.

- Acaba mintiendo en lugar de aceptar su parte de responsabilidad.

- Quiere ser la ganadora, la más fuerte.

Esta herida, que se agrava con el tiempo, puede llevar incluso a ser destituido de un puesto de mando. Un directivo muy controlador puede llegar a manipular a través de la culpa o atacar las inseguridades de sus empleados. Como expresa su poder de forma dolorosa al querer controlarlos, puede parecer que comete acoso laboral para conseguir lo que quiere.

Este puede ser el caso de personas que han tenido los mismos comportamientos y actitudes durante su formación escolar y que los reviven en el mundo empresarial porque aún no son conscientes de su sistema de creencias.

Mientras el controlador haga todo lo posible por evitar la separación, no podrá enfrentar su miedo a ser vulnerable y sentirse repudiado. Así que hará todo lo posible por no depender de sus colegas. Acaba sufriendo cada vez más por las renuncias de compañeros de trabajo que ya no quieren seguir entrando a su juego, lo que agrava su herida de traición.

En mi carrera empresarial, tuve un jefe de sector al que se le encomendó la tarea de reorganizar la red de sucursales que se le había confiado. Trabajamos juntos en las dos sucursales regionales que yo dirigía, hasta que me enteré por un miembro de mi equipo que el jefe de sector había propuesto un plan de trabajo diferente del que me había presentado. Tenía tanto miedo de que renunciara que prefirió mentirme antes que dejarme ir. Al final, ese hecho preciso fue lo que motivó mi decisión de abandonar el puesto. Ahora me doy cuenta de que yo era tan desconfiada como él en aquella situación, por miedo a perder el control y a dejarme embaucar por un colega del sexo opuesto. Ambos tuvimos la experiencia de atraer nuestros temores.

Del mismo modo, un controlador es alguien que se esfuerza por no abandonar una actividad profesional. Esto es especialmente cierto en el caso de los empresarios que se endeudan para evitar cerrar su negocio. Les cuesta tomar decisiones, es decir, comprometerse con acciones que pudieran no permitirles mantener el control. Después, puede suceder que cambien rápidamente de parecer.

Ya sean empleados, gerentes, directores o trabajadores autónomos, los controladores se anticipan y planifican todo, porque no les gustan las sorpresas. Les cuesta dejarse llevar y por eso no saben vivir en el presente. Tienen expectativas sobre cómo deben salir las cosas en el futuro. Un controlador preferirá llegar a tiempo a las reuniones de trabajo, pero también es capaz de hacerte esperar solo para tener la última palabra.

Le gusta ocuparse de los asuntos de los colegas que considera más débiles, porque eso alimenta su necesidad de sentirse fuerte. Sin embargo, no le gusta que alguien se ocupe de los suyos ni que lo vigilen, mientras que él parece tener ojos en la nuca y sabe todo lo que ocurre en su entorno laboral. Da su opinión de cualquier cosa, sobre todo sin que nadie se la pida. En cambio, si te atreves a dar tu opinión sin que él te la pida, o si empiezas a hablar por él o a inmiscuirte en sus asuntos, por ejemplo, al abrir su correspondencia, ¡cuidado!

En realidad, se trata de alguien que tiene una gran capacidad de liderazgo, que solo se manifestará una vez que disminuya su herida de traición y, por lo mismo, la intensidad de la máscara asociada. Todos los controladores deben aspirar a convertirse en buenos líderes.

De acuerdo con el concepto del triángulo de la vida comentado anteriormente, recuerda que, cuando te sientes traicionado por un jefe, director o colega, ellos se sienten traicionados por ti en la misma medida y tú también te traicionas en la misma medida.

Todas las actitudes de control que tu progenitor del sexo opuesto haya tenido en su relación laboral con personas del sexo opuesto al suyo, así como las que hayas experimentado en tu propia formación y que hayas percibido como dolorosas, te sirvieron como modelo de sufrimiento.

Como esta herida la activa el progenitor del sexo opuesto, el controlador se sentirá querido por las personas del sexo opuesto de su vida profesional cada vez que cumplan sus expectativas. Si no se sienten queridos, pueden acabar encolerizándose, ya sea con un colega, un compañero o un directivo.

Cuando se enfrenta a una persona de su mismo sexo, es más fácil que la persona controladora confíe en ella y acepte delegar su trabajo. Si te identificas con la herida de traición en tu vida profesional, es importante que aceptes que, si tus colegas del sexo opuesto te traicionan, es decir, no cumplen tus expectativas de acuerdo con tus deseos, es porque tu herida está demasiado acentuada y tu nivel de exigencia es alto.

He aquí algunas actitudes que te ayudarán a detectar rápidamente la herida de traición en ti mismo o en alguno de tus colegas:

Relación con las emociones: las personas controladoras pueden ser vistas como insensibles a las necesidades de los demás al controlarlos para que cumplan sus expectativas. No quieren sentirse vulnerables por miedo a parecer débiles.

Relación con la autoridad: si se enfrentan a una figura de autoridad que consideran más fuerte que ellas, pueden parecer cobardes y echarse para atrás.

Relación con la supervisión del trabajo realizado: el directivo controlador puede parecer desconfiado en extremo al ejercer un mayor control sobre el trabajo de sus compañeros. El empleado controlador busca la manera de tener la última palabra, incluso si eso significa mentir por miedo a ser percibido como vulnerable cuando un directivo, cliente o colega le hace una observación sobre el trabajo realizado. Quiere parecer fuerte y capaz, y puede parecer manipulador para mantener su reputación.

Relación con el lugar de trabajo: el controlador puede preferir el trabajo a distancia para no sentir que depende de un jefe. Al mismo tiempo, puede negárselo a sus empleados o colegas si ellos solicitan esta modalidad, porque no confía en su capacidad para trabajar solos.

Relación con la calidad del trabajo: el controlador será más exigente con sus colegas que consigo mismo en cuanto a la calidad de su trabajo. Piensa que lo sabe todo y a menudo trabaja demasiado rápido, pues cree que eso lo hará quedar bien. Se preocupa más por impresionar a sus compañeros que por vigilar la calidad de su propio trabajo. *TEME PARECER DÉBIL SI NO LOGRA TRABAJAR CON SUFICIENTE RAPIDEZ POR SÍ SOLO.*

Afrontar las críticas propias y ajenas: los empleados que llevan una máscara de fortaleza, como los controladores, hacen críticas fácilmente a otros para no parecer débiles, pero son reacios a recibirlas.

Estilo de comunicación: la persona controladora puede reconocerse por una voz alta e imponente, porque interrumpe a otros y es desconfiada. Manipula y culpa a sus colegas de trabajo para conseguir sus fines.

Relación con el sentimiento de omnipotencia: el controlador experimenta momentos de ira a lo largo del día. Es muy probable que haya experimentado una falta de importancia o de reconocimiento por parte de alguno de sus compañeros de trabajo del sexo opuesto y que esto le haya hecho sentirse vulnerable. El controlador solapado intentará manipular sutilmente a la otra persona para que cumpla sus expectativas. El controlador agresivo lo hará por la fuerza. Estas actitudes indican un sentimiento de omnipotencia en la vida profesional.

Relación con el compromiso: el controlador teme que se le considere cobarde o débil si se desentiende cuando tiene dificultades para cumplir una promesa, aunque siempre tiene una buena razón para hacerlo.

Relación con el salario: la persona controladora está tan desesperada por sentirse importante que puede ponerse en modo seductor o agresivo para obtener un aumento de sueldo, una prima o un bono. Puede recurrir a mentir, engañar o estafar a un cliente o a la empresa para conseguir más dinero.

Relación con los compañeros: los controladores hacen amigos fácilmente entre sus colegas gracias a su lado seductor. En cambio, si se sienten o se creen traicionados por uno de sus colegas, pueden herirlo con facilidad. Dependiendo de la gravedad de su herida, pueden hacerlo de forma muy insidiosa o agresiva. No les gusta que los demás los controlen.

Cuando una actitud natural no ha sido aceptada por nuestros padres, educadores, profesores u otras figuras de autoridad en el proceso de formación, experimentamos un profundo temor, muchas veces relacionado con el miedo a no ser amados tal como somos y a quedarnos solos. Esto hace que la herida de traición se active y tomamos la decisión inconsciente de reprimir esa actitud natural en nuestra vida.

Cuando se despierta una herida emocional, adoptamos conductas que nos impiden ser nosotros mismos para evitar el sufrimiento que tanto tememos. Creemos que la máscara nos protege cuando, en realidad, nos aleja de nuestras necesidades. Cuando portamos una máscara no estamos conscientes de que ya no somos nosotros mismos. El controlador está convencido de que nunca miente, de que siempre cumple sus compromisos profesionales y de que no teme a sus colegas.

El TEMOR más grande del CONTROLADOR es la SEPARACIÓN. Por lo tanto:

- Teme relegar su vida profesional a un segundo plano o sentirse repudiado. Hará lo que sea necesario para ser importante, aunque eso signifique mentirle a su jefe, a su gerente o a sus colegas.

- Se enfadará mucho si se siente manipulado o le mienten. Niega el hecho de estar manipulando y a menudo se miente a sí mismo, convencido de que sus motivos siempre son válidos. Le resulta tan doloroso no tener el control que prefiere manipular a los demás para que esto nunca suceda.

- Teme mucho ser visto como un cobarde y poco digno de confianza. Quiere tener la última palabra con sus colegas del sexo opuesto porque cree que, si no están de acuerdo con él, es porque no es lo bastante importante.

Las heridas emocionales tienden a profundizarse con el paso del tiempo. Si confías en que las cosas mejorarán por sí solas, en lugar de hacerte consciente de las heridas que te impiden ser tú mismo en el ámbito laboral, descubrirás que solo se arraigan y fortalecen.

Si sigue nutriendo su herida, el **controlador** será cada vez más manipulador y autoritario. Estará resentido y les guardará rencor a los colegas que no cumplen sus expectativas. En lugar de hacer gala de sus dotes de liderazgo, será percibido por sus colegas o empleados cada vez más como un mandón, como alguien que juega a ser un mandamás, rayando en el acoso.

*Cada herida esconde una creencia (a menudo inconsciente), así como un temor principal que bloquea una necesidad esencial de la persona. En lugar de dejarte guiar por tu creencia de que eres débil y cobarde y por tu **miedo a la separación** adoptando la personalidad del **controlador,** tienes que descubrir tu gran **necesidad de permitirte ser vulnerable,** aunque temas que tus colegas se aprovechen de ello en tu vida profesional.*

Por ejemplo, en lugar de querer controlar a tus colegas a toda costa, tienes que tomarte el tiempo necesario para sentir cuánto miedo tienes de ser vulnerable al confiar en ellos, sobre todo cuando tu ego te haga pensar que podrían aprovecharse de ti.

Observándote a ti mismo, aprendiendo a aceptarte y responsabilizándote cada vez más de tus heridas emocionales en tu vida profesional, comprobarás que poco a poco irán disminuyendo, es decir, adoptarás actitudes cada vez más genuinas en lugar de portar máscaras.

De este modo, descubrirás los talentos ocultos que no habías reconocido por culpa de tus heridas. Tras sanar tu herida de **TRAICIÓN**:

- Te darás cuenta de que tienes grandes dotes de **liderazgo**. Puedes **guiar** a tus compañeros de trabajo en lugar de intentar controlarlos, reconociendo al mismo tiempo la importancia de sus talentos;

- tu **fuerza** será apreciada por sus cualidades tranquilizadoras;

- tus dotes de interpretación y oratoria pueden expresarse de forma más natural, en lugar de solo para llamar la atención;

- tu **capacidad para delegar**, gestionar varias cosas a la vez y decidir con rapidez será apreciada y ayudará a tus colegas a ganar confianza en sí mismos;

- descubrirás que puedes lograr grandes cosas y **soltar** cada vez más el control.

Como podrás ver, tomar conciencia de los efectos nocivos que tu ego ha tenido sobre ti hasta ahora tiene grandes ventajas. En particular, saber que, a medida que las heridas disminuyan, cosecharás todos los beneficios que pueden mejorar tu calidad de vida en el trabajo.

Entrar en contacto con su lado vulnerable, aunque tema que sus colegas se aprovechen de él, es sin duda el mayor reto para el controlador, si quiere otorgarse el derecho a restablecer su autoridad natural en el mundo profesional.

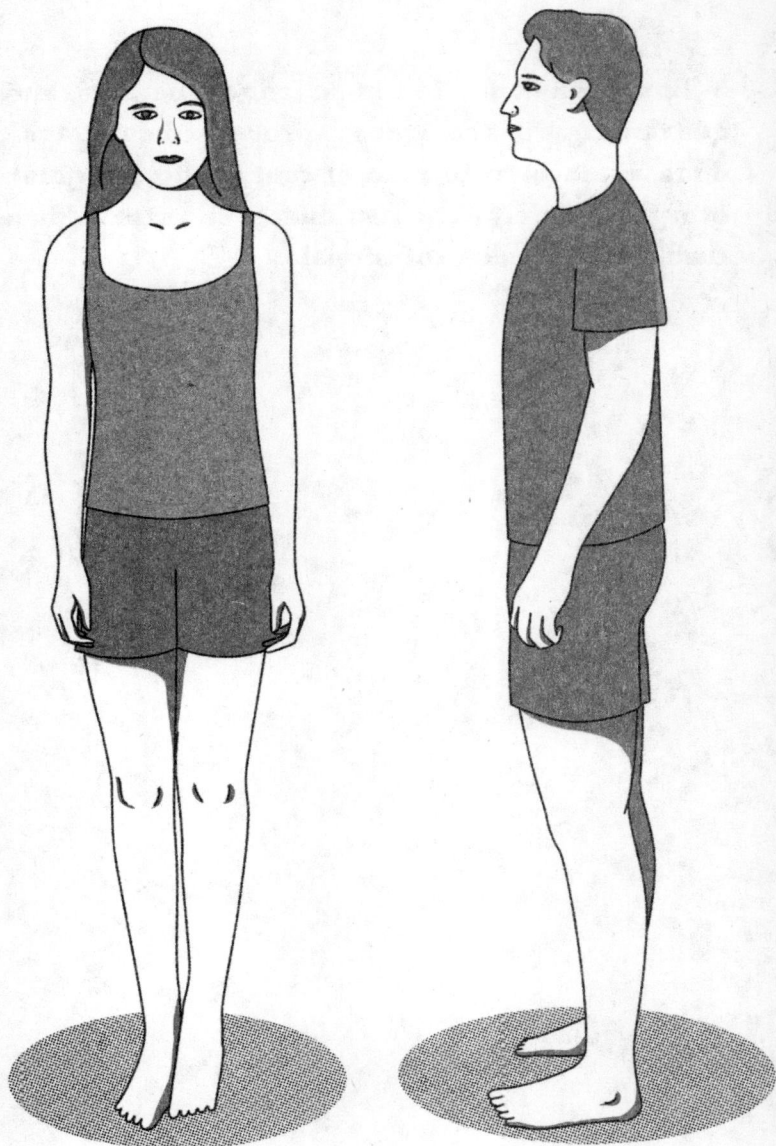

ASPECTO FÍSICO DEL RÍGIDO
(Herida de injusticia)

CAPÍTULO 8

La herida de injusticia

Máscara	Rígido
Progenitor	Del mismo sexo
Despertar de la herida	Entre los cuatro y los seis años
Cuerpo	Erguido, rígido, bien proporcionado, cintura estrecha, vientre plano
Temor más grande	La frialdad

Aquí tienes un cuestionario que te ayudará a tomar conciencia de las actitudes y los comportamientos que adoptas en tu vida profesional cuando se despierta tu herida de injusticia y te pones la máscara del rígido. Te invito a que tomes un lápiz y una hoja de papel o saques una fotocopia de estas páginas para marcar los comportamientos en los que te reconoces y puntuarlos del 1 al 5 según su grado de importancia. Puedes repetir esta prueba periódicamente para ver cómo evolucionan estas actitudes en tu trabajo.

Características del rígido   Puntuación _____

☐ Soy perfeccionista.

☐ Soy eficiente para ser perfecto según un ideal.

☐ Me autosaboteo cuando todo va demasiado bien.

☐ Puedo ser sarcástico, intransigente y testarudo.

☐ Puedo parecer controlador con los demás cuando se cuestiona mi ideal.

☐ Me desconecto de mi sensibilidad porque no sé cómo gestionarla.

☐ Soy frío en el trato, me cuesta mostrar afecto.

☐ Doy la impresión de ser insensible, de que nada me afecta.

☐ Tengo miedo de perder el control de mis emociones.

☐ Me resulta difícil profundizar mi relación con mis colegas.

☐ Soy irascible, pero me controlo.

☐ Soy demasiado optimista, entusiasta, positivo.

☐ Me muestro muy activo incluso cuando estoy agotado.

☐ A menudo me justifico o contraataco.

☐ Todo debe ser justo y debe estar justificado.

☐ Interrumpo cuando las cosas no son justas.

☐ Critico a los que no trabajan según mis ideales.

☐ Exagero una acusación.

☐ Me cuesta pedir ayuda.

☐ Disimulo mis nervios y mi sensibilidad riendo o sonriendo sin motivo.

☐ Mi tono de voz es seco, cortante.

☐ La vida parece perfecta, no tengo ningún problema profesional.

☐ Ningún problema es demasiado grave.

☐ Dudo de mis elecciones profesionales.

☐ Me comparo, soy envidioso.

☐ Me resulta difícil obtener ayuda o reconocimiento si trabajo más o menos que mis compañeros.

☐ No respeto mis límites, me exijo mucho.

☐ Mi trabajo tiene que revisarse varias veces para que yo quede satisfecho.

☐ Quiero que me aprecien por lo que hago, quiero rendir bien en el trabajo.

☐ Me cuesta detenerme si aún no he concluido mis labores.

☐ No me permito faltar al trabajo por motivo de enfermedad y evito tomar medicamentos.

☐ Tengo dificultad para sentir dolor o frío.

☐ Soy injusto conmigo mismo.

☐ Maltrato mi cuerpo físico.

☐ Me controlo mucho para ser perfecto.

☐ Me gusta el orden y el trabajo organizado.

☐ Me cuesta celebrar mis éxitos sin sentirme culpable o necesitar una justificación.

☐ Solo me permito disfrutar si he trabajado mucho.

☐ Me apego más a los datos duros que a los sentimientos.

☐ Racionalizo.

☐ Le doy importancia a mi aspecto físico, me gusta usar ropa que me sienta bien.

> También es altamente recomendable que dos personas que te conozcan bien realicen este cuestionario, una de tu vida personal y otra de tu vida profesional. Prepárate para las sorpresas, porque el ego nos impide vernos como realmente somos. Por eso, debes mantener la mente abierta a los comentarios de tus más allegados.

La injusticia es la percepción de que existe una falta de justicia en la apreciación, el reconocimiento y el respeto de los derechos y méritos propios.

La herida de injusticia oculta una herida de rechazo
porque la persona, al no reconocer su valor por lo que es, hará
lo que sea para sentirse perfecta en cuanto a lo que hace o
posee. Ha bloqueado la expresión de su individualidad y esto
le parece injusto. Esta herida, al igual que las otras cuatro,
puede despertarse en diferentes grados, dependiendo de la
intensidad de la herida de rechazo subyacente.

La herida de injusticia la despierta el progenitor del mis-
mo sexo, que es el modelo para aprender a amarnos y a dar
amor. Por lo tanto, si el progenitor del mismo sexo se ha des-
conectado de sus sentimientos y es incapaz de expresar lo que
siente en la vida profesional, es probable que sus hijos hagan
lo mismo.

Por ejemplo, si tu progenitor del mismo sexo no des-
cansaba hasta terminar su trabajo y tú sentías su cansan-
cio, es muy posible que hayas adoptado esta actitud en tu
vida laboral. Así es como la herida de injusticia te lleva a
adoptar una actitud rígida en lugar de permitirte tener límites en el mundo laboral. Si a veces procrastinas y eso te
provoca emociones intensas, eres como ese padre o madre que tampoco se concedía el derecho a procrastinar.
Esto se debe a que, en vez de entender este comportamiento en tu progenitor, te hiciste como él para aprender
a aceptarlo.

La máscara que adopta la persona que experimenta la in-
justicia es la del rígido. Puede manifestarse en la forma de
rebeldía *o* **complacencia** *con la autoridad. Te recuerdo que,*
cuando una persona porta una máscara, ya no es ella misma;
es su ego el que ha tomado el control de su vida.

171

Esta máscara se reconoce en un cuerpo físico que da la impresión de estar perfectamente proporcionado o tiende a estarlo. Esta morfología es la de un cuerpo recto con partes que pueden parecer rígidas (cuello, espalda, etc.). Además, es el tipo de persona que cruza los brazos a la altura del plexo solar para desconectarse de lo que siente.

Es el aspecto de un individuo que quiere parecer recto y perfecto. La persona rígida hace todo lo posible por tener un vientre plano, aunque sea apretándose el cinturón o llevando ropa ajustada. Las personas rígidas prefieren la ropa negra u oscura para no sentir. El color negro tiende a bloquear el intercambio de energía entre dos personas.

Esta herida se activa, por ejemplo, cuando has hecho todo lo posible por cumplir los criterios de contratación de una empresa, sobrepasando tus límites y desconectándote de tus emociones para conseguir ese puesto. Has sido injusto contigo mismo al rechazarte de esta manera.

La persona herida por la injusticia preferirá un escritorio bonito y bien organizado, ni más pequeño ni más grande que los de sus compañeros. Trabajar en un lugar desordenado es difícil para el rígido.

Para **evitar sentir la frialdad** de sus compañeros de trabajo ante la idea de hacer algo que no le parece correcto, la persona rígida rendirá en el trabajo, a veces sobrepasando sus límites. Se impide sentir lo que le pasa por dentro por miedo a perder el control de sus emociones delante de sus compañeros. Esto puede hacerla parecer desalmada, aunque sea muy sensible.

A la persona rígida, que prefiere estar más en la mente que en el sentimiento, le cuesta escuchar lo que le dice su cuerpo físico y sentir dolor. No tiene tiempo que perder sintiendo lo que le pasa por dentro. Esto es lo que la convierte en una persona que puede parecer fría y dura.

El rígido rara vez pide permiso por enfermedad y puede que rechace el medicamento cuando lo necesita. Quiere resolver sus problemas por sí mismo porque no quiere demostrar que está teniendo dificultades.

Ha construido un ideal de perfección en su vida profesional y no admite que la perfección en «el hacer» sea imposible para un ser humano. Está tan centrado en el rendimiento que se olvida de voltear a su interior y reconocer lo que siente. Confunde rigidez con disciplina.

Necesita que su trabajo sea perfecto para sentirse digno y no puede realizar tareas que percibe como incorrectas. Es muy doloroso para el rígido recibir una crítica, pues siente que es injusto no ser reconocido por la calidad de su trabajo, cuando él es el primero en ver errores en el de sus compañeros. Solo presta atención a los defectos.

Por eso le cuesta dar y recibir cumplidos, porque nunca es lo bastante perfecto. Piensa que podría haberlo hecho mejor, dada la excelencia de sus aptitudes.

Las personas cuya vida profesional está marcada por una herida de injusticia son las más propensas a sufrir agotamiento laboral o *burnout*.

He aquí otros comportamientos que pueden observarse cuando se activa la herida de injusticia:

- El rígido suele preguntarse qué tienen que ver los sentimientos con el trabajo. Le interesa más todo lo que tenga que ver con el conocimiento y la información.

- Experimenta ira ante la idea de sentirse imperfecto en lo que hace, ya sea acusando a otros en modo de rebeldía o acusándose a sí mismo de no ajustarse a lo que él u otros parecen esperar de él.

- Cuando habla en público, teme no ser claro. Esto puede llevarlo a hablar con rapidez, sequedad, frialdad e incluso dureza.

- Con sus colegas, puede mostrarse sarcástico, intransigente y testarudo.

- Tiende a justificarse o a contraatacar en lugar de contactar con su miedo a sentir la frialdad de sus colegas.

- Sus gestos son vivos, dinámicos, rígidos y carentes de flexibilidad.

- A menudo aprieta la mandíbula, a veces incluso mientras habla.

- Como quiere ser apreciado a través de la profesión que ejerce, se valorará a sí mismo a través de lo que hace.

- Con frecuencia se compara con sus colegas para evaluar si está rindiendo bien y recibiendo lo que es justo en relación con los demás. Por ejemplo, a los empleados rígidos les costará aceptar que ellos y sus compañeros no cobren lo mismo por el mismo trabajo, nivel educativo y años de experiencia.

- Si es un directivo herido por la injusticia, hará todo lo posible por ser imparcial.

- El rígido no se siente apreciado en su justo valor.

- Por desgracia, aunque todo vaya bien en su vida profesional, la persona rígida puede llegar a auto-sabotearse si siente que recibe injustamente más que los demás.

- Además, si recibe un aumento de sueldo, un ascenso o cierra un trato con un cliente, el empleado rígido teme que se le exija mucho a cambio.

- El rígido es perfeccionista porque busca ser justo y merecedor. No es consciente de hasta qué punto esta creencia guía su vida y le juega malas pasadas.

- Su ideal de perfección es tal que puede repetir una tarea sin estar nunca satisfecho de su trabajo. Tiene tendencia a ver los detalles negativos, incluso cuando lo que hace roza la excelencia. Por eso le cuesta tanto pedir ayuda, pues prefiere hacerlo todo a su manera. No es consciente de que está siendo injusto consigo mismo.

- A menudo utiliza la expresión «no entiendo». Le pide a la gente que repita lo que ha dicho para asegurarse de que entendió bien y con frecuencia repite dos veces lo que dice para asegurarse de que lo entiendan.

- Pide ayuda como último recurso porque hace todo lo posible por resolver los problemas por sí mismo. Le gusta que lo consideren ingenioso e independiente.

- Se impone muchas cosas sin comprobar si realmente responden a una necesidad suya.

Hasta que me convertí en jefa de comunicación, era una colega y jefa a la que le costaba delegar. Me tensaba solo de pensar que las tareas no se gestionaban adecuadamente. Los miembros del equipo de comunicación que creé me ayudaron a aprender a delegar con confianza. Me sentí orgullosa de mí misma por aceptar mis límites y descubrir formas de trabajar que ampliaron mucho mi perspectiva.

¿Has notado la tendencia que tenemos a querer razonar con un colega que tiene exigencias elevadas y busca la perfección? Muchas personas lo hacen creyendo que están ayudando a la persona rígida. Por desgracia, como no se concede a sí misma el derecho a tener límites, intentar que rebaje su autoexigencia aumenta su frialdad y su ira, porque no siente que se reconozcan sus méritos. Necesita reconocer sus límites por sí misma.

Si supervisas a empleados rígidos, te habrás dado cuenta de lo superficiales que pueden parecer sus relaciones profesionales, porque les resulta difícil hablar de sus sentimientos. A las personas rígidas les cuesta aceptar que son poco realistas. Si un miembro de tu equipo que porta la máscara del rígido está convencido de que tiene razón, se justificará ante ti hasta que se la otorgues. Los rígidos temen a la autoridad porque creen que siempre tienen razón.

El rígido requiere explicaciones claras y precisas sobre el trabajo que le encargas y parecerá hacer un sinfín de preguntas, como en un interrogatorio, para entender lo que no le parezca justificado o preciso de tu parte. Si es un rígido propenso a la rebeldía, puede llegar a desafiar tu autoridad corrigiendo cualquier cosa que digas que no le parezca correcto.

Del mismo modo, si eres empleado y tu jefe es rígido, puedes sentirte impotente ante el grado de exigencia, o incluso severidad, respecto de la calidad del trabajo que espera de ti. Si tú también portas esta máscara, puede que pongas una gran sonrisa o te eches a reír sin motivo para ocultar tus emociones. Una solución es hacer todo lo posible por mostrar calidez en el trato para que el rígido deje atrás su frialdad.

Si te sientes incómodo delante de ese jefe, puede que incluso empieces a ruborizarte de vergüenza. O puedes fingir que estás de acuerdo con él mientras te sientes enfadado por dentro (como un rígido complaciente), o bien, decidir hacer lo que te dé la gana (como un rígido rebelde).

Si trabajas por tu cuenta y llevas puesta la máscara del rígido, es muy posible que quieras rendir al máximo para prestar un servicio que raya en la excelencia. Te desvelas al grado del insomnio hasta que tu trabajo esté terminado conforme lo requiere tu ideal.

Al realizar sus tareas según sus propios criterios de perfección, las personas rígidas no son conscientes de ser injustas consigo mismas y con sus colegas. Pueden ser percibidas como autoritarias porque son intolerantes respecto de las opiniones de los demás.

Todos los seres humanos llevamos la herida de injusticia, pero en distinto grado, según nuestro plan de vida. Todo depende del grado de la herida de rechazo que se niega y que está oculta tras la injusticia. Aceptar tener límites y reconocer la propia sensibilidad en la vida profesional es todo un reto. Esta es la herida que esta nueva era de nuestra relación con el trabajo nos lleva a enfrentar, para alejarnos de la creencia de que tenemos que rendir perfectamente para merecer el puesto que ocupamos.

Una persona rígida que experimenta dificultades para relacionarse en su vida profesional suele comportarse de la siguiente forma:

- Se acusa a sí misma de no cumplir el nivel de exigencia de la otra persona o acusa a la otra persona de no cumplir el suyo.

- La ira le impide sentir su verdadera necesidad, dando a su ego aún más control.

En las últimas semanas antes de que me dieran de baja por agotamiento, mi agenda estaba tan llena que podía tener dos o tres reuniones de trabajo simultáneamente.

Le había dicho a mi jefa que había llegado al límite de sus exigencias sobre mi carga de trabajo.

En aquel momento no era consciente de que lo que veía en ella no era más que un reflejo de lo que yo misma me exigía. Tenía tanto miedo de perderme un trato importante, de no participar en todas las cuestiones estratégicas, que lo aceptaba todo. Me enfadaba con mi jefa, pero sobre todo conmigo misma, acusándome de ser incapaz de decir que no y de poner límites.

Esta herida, que se agrava con el tiempo, puede incluso llevar al autosabotaje en el desarrollo profesional. La persona se exige tanto a sí misma que puede llegar a cerrarse a cualquier crítica constructiva sobre el trabajo realizado, después de haber invertido tanto en sus labores. La persona rígida es capaz a veces de criticar a un colega, y a veces de darse la oportunidad de ser justa, aunque haga una crítica en su interior.

Las personas rígidas son las más propensas a sufrir estrés por falta de tiempo porque siempre tienen una larga lista de deberes. Creen que cada minuto que se ahorren les ayudará a estar menos estresadas o les permitirá añadir otra tarea a su larga lista.

No les gusta llegar tarde a una cita profesional, pero lo hacen frecuentemente porque siempre tienen algo que hacer en el último momento, o porque tardan mucho en prepararse con el fin de estar perfectas.

En general, las personas que sufren estrés por la gestión del tiempo en el trabajo también lo han sufrido en la escuela, sobre todo cuando se trata de gestionar su tiempo para las evaluaciones. Del mismo modo, ser evaluado en el trabajo puede convertirse en una fuente importante de estrés cuando debería simplemente ayudarles a superarse.

Cuando he dado charlas a adolescentes, muchos de ellos me han contado lo estresados que se sentían ante la idea de sacar calificaciones que no se correspondían con el ideal de sus padres, cuya frialdad temían en esos casos.

La relación con los sistemas de evaluación en la escuela y en la vida laboral despierta la herida de injusticia en muchas personas, ya que se comparan con sus compañeros, bloqueando la expresión de su individualidad. Por ejemplo, si eras muy buen estudiante en Ciencias y tus calificaciones en Literatura eran más bajas, es posible que sintieras que era injusto que tus padres esperaran que sacaras las mismas calificaciones en ambas asignaturas, a pesar de que te desenvolvías mejor en una de ellas.

Mientras la persona rígida se desconecte de su sensibilidad y, por lo tanto, de sus límites, no podrá permitirse no alcanzar su nivel de exigencia, el cual aumenta cada vez más. Así es como puede pasar de ser muy optimista a ser una persona cada vez más envidiosa, incluso sarcástica con sus colegas que tienen éxito.

Acaba teniendo dificultades en sus relaciones, ya sea con sus superiores, colegas o compañeros de trabajo, lo que agrava su herida. En realidad, se trata de alguien muy sensible pero que intenta reprimirlo porque no sabe gestionar sus emociones.

A la gente rígida no le gusta que la consideren afortunada en su vida profesional, porque va en contra de su creencia de que hay que trabajar duro para ganarse el reconocimiento y el respeto de los compañeros. Solo así se permite regalarse cosas bonitas, premiarse a sí misma. Es más, se siente atraída por lo bello y lo noble. Le impresionan las personas con títulos profesionales de alto nivel.

Según el concepto del triángulo de la vida que hemos visto, recuerda que, cuando te comportas con frialdad hacia un directivo, un colega o un compañero, ellos son fríos contigo en la misma medida y tú eres frío contigo mismo en la misma medida. A las personas rígidas les cuesta aceptarse a sí mismas como personas frías. Por eso sonríen a menudo y con todo el mundo, para ocultar mejor su frialdad.

Del mismo modo, todas las actitudes que tus padres han adoptado para cumplir determinado nivel de exigencia, ya sea suyo o de su mundo profesional, y que has percibido como sufrimiento, no han sido aceptadas por ti. Estas conductas seguirán sin ser aceptadas hasta que te des a ti mismo el derecho a ser así a veces, y hasta que aceptes la idea de que tienes derecho de poner límites y ser imperfecto en lo que haces.

Como esta herida la activa el progenitor del mismo sexo, la persona rígida se esforzará más por sentirse querida por colegas del mismo sexo en su vida profesional para compensar la falta de aceptación de su individualidad. Trata de conseguirlo ya sea adaptándose si es complaciente o rebelándose al esperar que los demás se amolden a su sistema de creencias y valores.

Si te reconoces en la herida de injusticia en tu entorno laboral, es importante que aceptes que, si tus compañeros, tus colegas, tus jefes son fríos contigo, es porque tu herida de injusticia es demasiado grande.

He aquí algunas actitudes que te ayudarán a detectar rápidamente la herida de injusticia en ti o en alguno de tus compañeros de trabajo:

Relación con las emociones: las personas rígidas son vistas como frías e insensibles, cuando en realidad son altamente sensibles. Aun así, no muestran nunca sus emociones, porque vulnerarse significa ser imperfectas.

Relación con la autoridad: el rígido complaciente se adaptará a las figuras de autoridad, como el buen alumno frente al profesor, mientras reprime la ira que siente. El rígido rebelde se opondrá hasta que la figura de autoridad le dé la razón.

Relación con la supervisión del trabajo realizado: el directivo rígido parecerá muy exigente en cuanto a la precisión del trabajo realizado. Los empleados rígidos buscan la manera de evitar el trato frío cuando un directivo, un cliente o un colega les hace una observación sobre el trabajo realizado. Se justificarán o se rebelarán contra la otra persona.

Relación con el lugar de trabajo: los empleados rígidos son quizá los más inclinados a trabajar a distancia. Sin embargo, esto puede despertar su miedo a no construir relaciones de cercanía con sus colegas debido a la distancia física.

Relación con la calidad del trabajo: el rígido será muy exigente consigo mismo en cuanto a la precisión del trabajo realizado y lo será en la misma medida con sus compañeros. Esto les dificulta pedir ayuda, ya que no está en contacto con sus límites naturales. *TEME PARECER IN-CAPAZ, LO QUE LO HACE SENTIRSE RECHAZADO POR SUS COLEGAS*, aunque no se percate de ello.

Afrontar las críticas propias y ajenas: una persona rígida que recibe críticas experimenta mucho estrés. Aunque se le critique por el trabajo que ha hecho, inmediatamente se sentirá criticada por lo que es. No puede entender la frase «no eres lo que haces». El rígido complaciente se justificará para evitar sentir pánico por no corresponder a un ideal de perfección. En la misma medida, tendrá dificultades para ofrecer críticas, incluso si son constructivas. Los empleados que llevan la máscara de la fortaleza, como el rígido rebelde, critican con facilidad, por miedo a ser imperfectos o incapaces, pero son reacios a recibir críticas.

Estilo de comunicación: el rígido se reconoce por un tono de voz seco o golpeado. La persona se justifica y discute. Se cuida de que lo que dice sea correcto, lo que a menudo le lleva a repetir lo que acaba de decir sin que nadie se lo pida.

Relación con el sentimiento de impotencia/omnipotencia: los empleados rígidos pueden experimentar muchos momentos de ira a lo largo del día. Es muy probable que hayan experimentado una falta de valoración de sus derechos y méritos con alguno de sus compañeros de trabajo y que no sepan cómo poner límites. La persona rígida que reacciona de forma sumisa a la autoridad se enfadará consigo misma y se acusará de no ocupar su lugar. El rebelde se enfadará con sus colegas del mismo sexo. Pueden sentirse todopoderosos, imponiendo su sistema de creencias hasta sentirse apreciados y reconocidos. Este comportamiento indica un sentimiento de impotencia (complaciente) o de omnipotencia (rebelde) en la vida profesional.

Relación con el compromiso: a las personas rígidas les cuesta comprometerse porque a menudo tienen miedo de tomar la decisión equivocada o incluso de ser injustas por ello.

Relación con el salario: el empleado rígido exigirá que su salario sea el previsto en el contrato colectivo y que esté de acuerdo con la política de la empresa. Si descubre que cobra más o menos que uno de sus homólogos, se mostrará frío y lo considerará injusto. Se inclinará a comparar sus tareas, lo que hace y las horas que trabaja con sus colegas para comprobar si le pagan lo que vale. Pondrá el grito en el cielo si se da cuenta, por ejemplo, de que una persona que trabaja menos cobra lo mismo que él.

Relación con los compañeros: si porta una máscara complaciente, la persona rígida intentará ser amable con todo el mundo, pero no confiará en nadie fácilmente. Como es muy eficaz, puede que ayude con facilidad a las personas que tienen el comportamiento que considera «correcto». En cambio, si porta la máscara de rebelde, el rígido será más difícil de abordar, pues le gusta ser el jefe y tener la última palabra hasta que todo sea justo y esté perfecto conforme a sus estándares.

Cuando una actitud natural no ha sido aceptada por nuestros padres, educadores, profesores u otras figuras de autoridad en el proceso de formación, experimentamos un profundo temor, muchas veces relacionado con el miedo a no ser amados tal como somos y a quedarnos solos. Esto hace que la herida de injusticia se active y tomamos la decisión inconsciente de reprimir esa actitud natural en nuestra vida.

Cuando se despierta una herida emocional, adoptamos conductas que nos impiden ser nosotros mismos para evitar el sufrimiento que tanto tememos. Creemos que la máscara nos protege cuando, en realidad, nos aleja de nuestras necesidades. Cuando portamos una máscara no estamos conscientes de que ya no somos nosotros mismos. A las personas rígidas les gusta tener credibilidad y decirle a todo el mundo lo justas que son, que su vida profesional es perfecta y que les agradan a todos sus colegas.

El TEMOR más grande del RÍGIDO es la FRIALDAD.
Por lo tanto:

- Hará todo lo posible por ser justo, imparcial, cordial y educado con los demás.

- Puede autosabotearse para evitar parecer un aprovechado a los ojos de sus colegas (bonos, salarios, reconocimiento, ascensos…) si recibe más que ellos. Debe encontrar muchas justificaciones válidas para aceptar más.

- Está tan ocupado en el «hacer» que a menudo teme quedarse sin tiempo.

- Tiene tanto miedo de tomar la decisión equivocada, de pasar por alto un asunto importante, que le cuesta comprometerse. Cuando se ve obligado a hacerlo, se estresa más a causa del tiempo.

- Teme no ser claro cuando se comunica o de no hacerlo en el momento adecuado. Por eso suele repetir lo mismo dos veces.

- Por otra parte, teme decir demasiado, ir demasiado lejos, perder el control y disgustar a alguien, particularmente a sus superiores.

- Teme que sus colegas del mismo sexo descubran sus defectos.

- No le gusta sentirse imperfecto, así que tiene miedo de cometer errores.

- Se justifica o contraataca cuando recibe críticas o le encuentran algún defecto. Se controlará para no repetir este comportamiento en el futuro.

- Tiene miedo de no ser lo suficientemente amable o de parecer frío. Esto le sucede a menudo porque se desconecta de sus emociones por temor a vulnerarse.

Las heridas emocionales tienden a profundizarse con el paso del tiempo. Si confías en que las cosas mejorarán por sí solas, en lugar de hacerte consciente de las heridas que te impiden ser tú mismo en el ámbito laboral, descubrirás que solo se arraigan y fortalecen.

Si sigue alimentando su herida, el **rígido** se cerrará cada vez más en sus criterios de perfección y aumentará su intolerancia con sus colegas o consigo mismo. Se aislará cada vez más en lo que tiene que hacer en detrimento de la calidad de sus relaciones profesionales. Puede llegar al agotamiento laboral o síndrome de *burnout*.

*Cada herida esconde una creencia (a menudo inconsciente), así como un temor principal que bloquea una necesidad esencial de la persona. En lugar de dejarte guiar por tu creencia de que eres imperfecto y por tu **miedo a la frialdad** adoptando la personalidad del **rígido,** tienes que descubrir tu gran **necesidad de mostrar tu sensibilidad** y de permitirte tener límites, aunque tengas miedo de no rendir lo suficiente en tu vida profesional.*

Por ejemplo, en lugar de esforzarte tanto por hacer un trabajo a la perfección, sobrepasando tus límites, tienes que darte el derecho de cometer errores o descuidos de vez en cuando. Llegarás a aceptar que la perfección en el mundo material no existe.

Observándote a ti mismo, aprendiendo a aceptarte y responsabilizándote cada vez más de tus heridas emocionales en tu vida profesional, comprobarás que poco a poco irán disminuyendo, es decir, adoptarás actitudes cada vez más genuinas en lugar de portar máscaras.

*De este modo, descubrirás tus talentos ocultos, que no reconociste lo suficiente cuando se activaron tus heridas. Tras sanar tu herida de **INJUSTICIA:***

- Verás que tienes una **gran capacidad de trabajo,** siendo consciente de tus **límites** y de los de tus colegas.

- Redescubrirás tu capacidad para realizar trabajos que requieran **precisión sin estrés.**

- Serás cada vez más capaz de **simplificar** tu vida en el trabajo y hacer frente a proyectos difíciles.

- Tu **entusiasmo** volverá a equilibrarse.

- Sabrás **qué decir o hacer** en el momento oportuno y con las personas adecuadas.

- Descubrirás tu gran **sensibilidad** y te convertirás en una persona más perspicaz, con facilidad para comprender lo que los demás no expresan.

Como podrás ver, tomar conciencia de los efectos nocivos que tu ego ha tenido sobre ti hasta ahora tiene grandes ventajas. En particular, saber que a medida que las heridas disminuyan, cosecharás todos los beneficios que pueden mejorar tu calidad de vida en el trabajo.

Aceptar los propios límites y abrazar la propia sensibilidad en la vida profesional es sin duda el mayor reto para los rígidos, para que puedan darse el derecho de poner su gran capacidad de trabajo al servicio de su creatividad.

CAPÍTULO 9

Las principales fuentes de dificultades en el trabajo

En los capítulos anteriores, aprendiste sobre los comportamientos influidos por los miedos asociados a nuestras heridas emocionales. Por desgracia, la mayoría de las personas ni siquiera es consciente de ello. Todo esto explica las principales fuentes de dificultades encontradas en la vida profesional, ya sea en las relaciones interpersonales o con nosotros mismos.

Ten en cuenta que estas conductas solo aparecen cuando permitimos que el ego tome el control de nuestra vida porque una o varias de nuestras heridas se han despertado. Cuanto más importante es una herida, más a menudo se manifiesta y más dolorosa es para el alma. Por eso tenemos que ocuparnos de ellas si queremos vivir en la alegría y la paz interior, en vez de centrarnos en el dolor.

Veamos ahora por qué estas heridas están directamente relacionadas con las principales fuentes de dificultades que puedes toparte en tu vida profesional.

ESTILO DE COMUNICACIÓN

Los conflictos, tanto en el ámbito profesional como en la vida en general, suelen surgir cuando una herida emocional se despierta y afecta nuestra capacidad de comunicarnos de manera efectiva.

Estas heridas nos desconectan de nuestra esencia y nos llevan a reaccionar impulsivamente. Adoptamos actitudes que no solo nos perjudican, sino que también nos afectan en las relaciones profesionales, pues tendemos a juzgar o culpar a los demás, o incluso a nosotros mismos. Esto puede desencadenar conflictos relacionales, ya que la otra persona, al sentirse acusada, también podría reaccionar desde su propia herida emocional.

En la mayoría de los casos, ambas partes desconocen que comparten el mismo miedo a **ser algo que no desean ser.** Es un fenómeno magnético. Por ejemplo, es muy posible que ambos teman ser juzgados como incompetentes. Si ambas personas optaran por una actitud responsable, podrían expresar abiertamente sus miedos y necesidades insatisfechas. Este libro tiene como propósito ofrecer herramientas concretas para ayudar a los lectores a convertirse en personas más responsables en sus relaciones y en su comunicación.

Tanto si portas una máscara de impotencia (la máscara del huidizo, el dependiente o el masoquista) como si llevas una máscara de fortaleza (la máscara del controlador o la del rígido), en cuanto te pones la máscara, tu forma de comunicarte ya no será natural, porque estará regida por tu ego con sus sistemas de creencias y de valores. En otras palabras, te dejarás guiar por lo que tu ego percibe como bueno o malo. Recuerda que el ego, aunque es una construcción humana e ilusoria, está firmemente convencido de que nos ayuda a sufrir menos.

Imagina el caso de dos colegas que trabajan en el mismo equipo y no logran ponerse de acuerdo. Si ambos adoptan máscaras de fortaleza, es probable que, mientras ninguno ceda, el conflicto escale en intensidad, manifestándose a través de la ira y las acusaciones mutuas. Esta situación podría llevar al jefe a intervenir y separarlos. Si tú ocupas este rol, lo ideal es recomendarles que se tomen un respiro y organizar una reunión cuando ambos se hayan calmado.

Intentar analizar lo sucedido mientras las emociones siguen a flor de piel y las máscaras permanecen intactas no permitirá abordar el verdadero problema. En ese estado, el ego domina la situación, bloqueando la posibilidad de conectar con el miedo subyacente que desencadenó la reacción inicial.

Cuando el conflicto se da entre un empleado que porta una máscara de impotencia y un directivo con una máscara de fortaleza —o viceversa, ya que ambas dinámicas son posibles—, quien lleva la máscara de impotencia tenderá a someterse ante la otra persona, aunque eso signifique aguantar una situación desagradable. Así es como perdura una relación de perdedor-ganador, domi-nado-dominante.

La persona que lleva la máscara de fortaleza puede continuar reaccionando de manera hostil ante la falta de reacción de su colega si siente que su mérito o importancia no están siendo reconocidos, según la herida emocional que se haya activado. El resultado es una relación profesional que dista mucho de ser responsable, con cada uno atrapado en su propio miedo.

Con la llegada de nuevas generaciones al mercado laboral, una tendencia emergente está transformando la comunicación en el ámbito profesional. Muchas personas se sienten inquietas al notar cómo los patrones de interacción basados en trampas relacionales comienzan a adquirir vida propia.

Si formas parte de esta nueva generación, o si estás a cargo de alguna persona que pertenezca a ella, te invito a leer el libro Las 5 heridas que impiden ser uno mismo.

En los capítulos anteriores sobre las heridas emocionales, analizamos las formas en que las personas se comunican bajo la influencia de cada una de las máscaras.

Para medir el impacto de las heridas emocionales en la forma de comunicarnos en el trabajo, tomemos el ejemplo de un director de empresa **huidizo.** Se trata de un excelente profesional que se ha desarrollado en la empresa gracias a sus competencias técnicas. Es un experto en su campo que tiene dificultades para relacionarse y ocupar su lugar como directivo. Si trabajas en su equipo, percibirás su talento técnico, pero te sentirás perdido ante su forma de comunicarse.

En cuanto quieras zanjar un desacuerdo con un jefe así, es probable que invente excusas como que no tiene tiempo para hablar contigo, pues está demasiado ocupado refugiándose en la parte técnica de sus labores. Este tipo de directivo adopta el comportamiento de una persona huidiza, incapaz de adoptar una postura. De hecho, sienten pánico ante la idea de hacerlo porque no pueden ocupar su lugar como líderes.

Es posible que haya sido un alumno con un gran talento, pero que desarrolló una relación conflictiva con la autoridad al sentirse rechazado al interactuar con alguno de sus profesores. Tal vez decidió escapar de estas situaciones para evitar revivir ese sufrimiento, transformándose en un líder apocado.

Para comunicarse de manera eficaz, necesita reconectar con la necesidad subyacente a su herida de rechazo. Esto implica reconocer su propio valor, incluso frente al temor que le provoca afirmarse y hacerse escuchar.

Si trabajas con empleados huidizos, es importante que aceptes que les resulta difícil expresarse y que evites tratar de «sonsacarles información», lo que les daría aún más ganas de huir. Puedes decirles que comprendes que les resulta difícil comunicarse, sin acusarlos, pero sin dejar de expresar tus deseos y necesidades. También los puedes apoyar haciéndoles preguntas que los lleven a expresar su desacuerdo.

Te doy otro ejemplo, esta vez de un colega que porta la máscara del **dependiente.** Lo reconocerás por la forma lastimera en que pide ayuda. Puede que multiplique sus solicitudes simplemente para llamar tu atención, aunque, conociéndolo, sabes que es capaz de hacer todo el trabajo solo.

En mi primer empleo que tuve tras superar un periodo de agotamiento, compartía oficina con un colega varón. En ese momento, no me di cuenta de que mi herida de abandono había tomado el control de mi vida profesional. Aún puedo escucharme pidiéndole ayuda con voz quejumbrosa. Aunque trabajábamos en un espacio reducido, por dentro me sentía profundamente sola. Él era una persona que prefería mantenerse en su burbuja para concentrarse. A veces le hacía preguntas únicamente para aliviar mi sensación de soledad. Podía percibir su irritación, mientras que él, sin duda, captaba mi necesidad de atención. Sin darme cuenta, al actuar de esa manera, no hacía más que profundizar mi propia herida de abandono. Ni siquiera sabía que era una empleada dependiente en mi trabajo. Sentía que hacía todo lo posible por no serlo, porque de joven había aprendido que no estaba bien ser así, pero me comportaba de la manera contraria. ***El ego tiene una gran capacidad para ver, oír y sentir solo lo que le conviene.***

Si tienes una herida de abandono y quieres lograr comunicarte de manera eficaz, tienes que aceptar que a veces eres dependiente, por ejemplo, compartiendo con tus compañeros tu miedo a trabajar solo. De esta forma, puedes avanzar hacia la independencia de manera gradual.

Si trabajas con este tipo de empleado, es importante que entiendas que intentar buscar soluciones a sus quejas no solucionará nada, porque lo único que quiere es tu atención. No tienes por qué aguantarlo, puedes poner tus límites y llegar a un acuerdo, como escucharlo unos minutos y luego pasar al asunto profesional que quieres tratar. También puedes decirle que sabes que necesita atención y que te gustaría dársela, pero que estando en el trabajo no es el momento adecuado para hacerlo.

Tomemos el ejemplo de un asesor autónomo o de un jefe de departamento que se ha puesto la máscara del **masoquista.** Si lo consultas o le pides ayuda, puedes sentir que te trata maternalmente y te sorprenderá ver hasta qué punto hace todo lo posible, incluso en exceso, para evitar que sufras.

Si tienes una herida de humillación y deseas lograr comunicarte de manera eficaz, es necesario tener en cuenta las necesidades de cada persona con la que laboras antes de responderle.

Si trabajas con un colega de este tipo, es importante entender que siente la necesidad de resolver los problemas de los demás y de tratarlos maternalmente, incluso cuando no se le ha pedido ayuda. Regañarlo o sermonearlo no será útil; más bien, lo dejará confundido respecto a por qué no valoras su intervención, pues necesita sentir que es bien recibida. Para mejorar la comunicación con un masoquista, expresa tus sentimientos, deseos y necesidades de manera clara y, al mismo tiempo, reconoce y agradece sus buenas intenciones.

En el caso de un directivo **controlador,** su equipo puede sorprenderse al descubrir cómo manipula a los demás para lograr sus objetivos. Esto puede manifestarse de manera solapada, usando un tono encantador o prometiendo recompensas, o de forma más agresiva, alzando la voz y amenazando si no se cumplen sus órdenes.

Para comunicarse eficazmente, este tipo de líder necesita reconectar con la necesidad asociada a su herida de traición. Para aceptar su lado vulnerable, que es el mayor desafío de esta herida, el controlador debe aceptar el miedo de que sus expectativas puedan ser rechazadas.

Si trabajas con esta clase de empleados, es fundamental aceptar que si insistes en tener la razón frente a este tipo de interlocutor solo agravará los conflictos. En lugar de ello, reconoce cómo te sientes durante la discusión y sugiere retomarla en otro momento. Esto te dará el tiempo necesario para asumir tu parte de responsabilidad y, si es necesario, hacer de espejo. Más adelante profundizaremos en el concepto del «efecto espejo».

Consideremos ahora el caso de dos colegas **rígidos** que trabajan en el mismo equipo. Si uno de ellos se siente cuestionado respecto a la precisión de una tarea que debe realizar, podría reaccionar justificándose en un tono seco o cortante o, si adopta un rol rebelde, contraatacar acusando al otro.

Para lograr una comunicación efectiva, es esencial que reconecte con la necesidad asociada a su herida de injusticia. Para aceptar sus propios límites en estas situaciones, que es el mayor desafío de esta herida, el rígido debe aceptar su sensibilidad.

Cuando trabajes con una persona de este perfil, es importante que comprendas que es perfeccionista y que a menudo tiene expectativas poco realistas de sí misma, en lugar de acusarla o culparla para intentar que cambie.

LOS PELIGROS DE LOS DISTINTOS ESTILOS DE COMUNICACIÓN

Existen diversas razones por las que nos comunicamos con los compañeros de trabajo.

Una de ellas es **compartir información.** Esto puede incluir hacer un balance del progreso de un proyecto, comentar los aprendizajes de una conferencia, divulgar las últimas novedades sobre las actividades de la empresa, entre otras. En este caso, el proceso de comunicación implica a un emisor, quien habla, y a un receptor, quien escucha.

Otra motivación frecuente es **solicitar ayuda.** Por ejemplo, un profesional independiente que organiza un evento para promocionar su negocio podría pedir apoyo a un colega o a un proveedor con experiencia en áreas donde aquel carece de conocimientos.

Finalmente, la comunicación puede estar motivada por la necesidad **de obtener información** a través de preguntas. Por ejemplo, un gestor de proyectos asignado a una nueva tarea por su jefe puede necesitar aclaraciones sobre ciertos aspectos. En este caso, hacer preguntas específicas y legítimas le permitirá obtener la información necesaria para cumplir con su trabajo de manera efectiva.

En todos estos intercambios, existe siempre la posibilidad.de caer en trampas comunicativas, algo que también ocurre en la vida personal.

La comunicación se vuelve peligrosa cuando detrás de los deseos de interactuar se esconden expectativas que exceden lo acordado inicialmente. Por ejemplo, imagina que estás presidiendo una reunión y un miembro de tu equipo, con la máscara de rígido rebelde o de controlador agresivo, te hace una pregunta. Puede que lo haga porque lo que acabas de decir contradice su sistema de creencias o valores, a los que, sin saberlo, esperaba que te adaptaras. Si esto activa una herida en ti, podrías reaccionar con pánico, justificándote o contraatacando, en lugar de conseguir que reflexione sobre lo que despertó su duda.

Otra trampa común en la comunicación es necesitar ayuda, pero no expresarlo con claridad. Por ejemplo, un directivo controlador podría esperar que anticipes sus necesidades y, si no lo haces, culparte por ello, a pesar de no haberte pedido nada de manera explícita. Es posible que solo haya insinuado lo que quería, pero sin declarar que espera alguna contribución clara de tu parte. En estos casos, es crucial evaluar con precisión qué quiere y necesita en esa situación para evitar malentendidos.

Del mismo modo, a un empleado huidizo le costará pedirte ayuda porque no cree merecerse tu apoyo. Por lo tanto, le resultará muy difícil hacer peticiones y puede encontrarse en una posición incómoda para llevar a cabo sus labores diarias.

Llegar a acuerdos claros con este tipo de empleados es una situación en la que todos salen ganando, porque ambas partes pueden expresar sus deseos y necesidades. Es más, ante un huidizo, cuanto más puedas confirmarle su valor añadido en un proyecto, más seguro se sentirá de expresarse.

Por último, otra trampa en el arte de la comunicación es la de darle consejos a un colega que no te ha pedido nada y que solo ha venido a compartir una experiencia contigo.

Esta trampa puede deberse a dos motivos. La primera es que hayas percibido que este colega parecía experimentar emociones intensas al hablar contigo y te daba la sensación de que requería ayuda. Es en estas situaciones cuando podemos encontrarnos con la máscara del masoquista, por lo que es importante que verifiques bien si alguien te está pidiendo ayuda o la necesita.

La segunda razón es que hayas aprendido a dar consejos sin que te lo pidan y que de momento no sepas hacer otra cosa. Muy a menudo, la necesidad de apoyar a la otra persona o de sentirse útil o importante es lo que motiva este comportamiento, pues nuestra parte controladora se siente obligada a salvar a los demás.

Si quieres mejorar la comunicación en tu vida profesional de forma eficaz, te sugiero que le preguntes a la persona de antemano si necesita ayuda, o si aceptaría que le compartieras tu opinión sobre lo que le aqueja. Incluso puedes expresarle que te causa cierta dificultad tener que preguntarle, pero que lo prefieres a dar tu ayuda sin que sea requerida.

Si te pones a dar consejos antes de plantearte siquiera la pregunta, te invito a que te cuestiones, ya pasado el encuentro, cuál es el temor que sientes si no consigues rescatar a la otra persona. Eso te permitirá observarte en las siguientes ocasiones y darte permiso de ser así por el momento al tiempo que asumes tu responsabilidad. Te recuerdo que solo aceptándote tal como eres podrás cambiar de actitud. **Sin aceptación no hay transformación.**

Personalmente, soy una de esas personas que no soporta que le den consejos sin que se los pida. Me siento infantilizada y, por lo tanto, incapaz. Tengo que reconocer que a veces siento la tentación de hacerlo, por miedo a sentirme inútil o indiferente ante la otra persona, pero me detengo por miedo a que sienta que demerito sus capacidades.

En resumen, lo que puede hacer compleja la comunicación en la vida profesional son las expectativas no expresadas, motivadas por temores hacia uno mismo, como obtener una respuesta negativa o quedarse solo.

ACTITUDES EN EL TRABAJO ALIMENTADAS POR LOS MIEDOS

En los capítulos anteriores vimos las actitudes y los comportamientos que las heridas emocionales pueden llevarnos a adoptar en la vida laboral para protegernos de nuestros temores. Ahora analizaremos las consecuencias de ello en las relaciones profesionales.

Como cada herida oculta una parte de nosotros que está sufriendo, no solo nos impide ser nosotros mismos en la vida profesional, sino que también crea expectativas en las relaciones laborales. En lugar de responsabilizarnos de nuestras necesidades insatisfechas, utilizamos estrategias para conseguir que los demás satisfagan nuestras necesidades.

Como los niños que un día fuimos, y que sentían que no eran suficientes para sus padres, educadores y profesores durante su etapa de formación, los adultos en que nos hemos convertido continúan alimentando esa falta de aceptación y tendiendo trampas para que sus colegas la satisfagan.

OBSTÁCULOS PARA LAS RELACIONES EN LA VIDA PROFESIONAL

Al igual que con las emociones, la cuestión no es si caeremos en una trampa relacional en la vida laboral, sino cuándo ocurrirá.

¿Te enfrentas a veces a luchas de poder en tu trabajo? Los seres humanos tendemos a ponernos trampas unos a otros, pero, lamentablemente, rara vez somos conscientes de ello. Las relaciones son complejas, y las trampas relacionales suelen ser la raíz de nuestras dificultades laborales.

Veamos ahora las tres dificultades más comunes en nuestras relaciones interpersonales, ya sea con directivos, clientes o colegas.

1. CULPA

¿Te has dado cuenta alguna vez de que la gente tiende a buscar a alguien a quien culpar cuando tiene una experiencia que le parece inaceptable, ya sea en su vida profesional o personal?

Querer culpar a alguien implica acusarlo de algo para que se sienta defectuoso. Intentamos que los demás se sientan culpables en circunstancias en las que nosotros mismos nos sentiríamos de esa manera. Si recuerdas lo que aprendiste con el triángulo de la vida, te culpas, culpas a los demás y los demás te culpan a ti en la misma medida.

Tomemos el ejemplo de alguien que ha olvidado algo importante. Si lo acusas de estar demasiado distraído, esto implica que cuando tú haces esto (olvidar algo), te acusas y los demás te acusan de lo mismo. Por desgracia, es muy posible que no seas consciente de hasta qué punto la ley de atracción actúa siempre sobre todos y de lo que ocurre en tu interior. Solo si asumimos nuestra responsabilidad, es decir, si nos concedemos el derecho de ser humanos y de olvidar de vez en cuando las cosas, en lugar de acusarnos de estar distraídos, podremos detener este círculo vicioso.

Responsabilidad significa saber que todo lo que nos ocurre empieza por nosotros. Lo que no aceptamos de los demás es *en realidad un reflejo de lo que no aceptamos de nosotros mismos. A esto le llamamos el **efecto espejo**. Para descubrirlo, tenemos que fijarnos solo en lo que los demás son según nuestro juicio y no en lo que hacen. Todas las nociones espirituales están al nivel del «ser», no del «hacer» ni del «tener». Al final de este capítulo encontrarás un ejercicio que te ayudará a tomar conciencia de lo que te reflejan tus colegas en tu entorno de trabajo.*

La culpa es el denominador común de todas las heridas emocionales. O nos sentimos culpables, es decir, juzgamos o acusamos nuestras actitudes como incorrectas según los sistemas de creencias y valores que tengamos, o acusamos a otros, ya sea a nuestro jefe, nuestros colegas, proveedores, clientes, etcétera.

En lugar de asumir la responsabilidad de lo que percibimos como desagradable en el transcurso de la jornada laboral, intentamos culpar a los demás tendiéndoles trampas relacionales. Mientras no nos pongamos en contacto con nuestro sufrimiento, no podremos hacernos responsables de manera compasiva por las emociones que experimentamos.

Durante mucho tiempo en mi carrera empresarial, me sentía culpable cuando caía enferma y tenía que pedir una licencia por enfermedad. En la misma medida, intentaba, más o menos sutilmente, que mis colegas se sintieran culpables cuando se ausentaban por motivos de salud.

En consecuencia, atraía a jefes a los que les parecía difícil aceptar ausencias por enfermedad y así me lo hacían saber. Me concentraba en el hacer, por lo que me creía indispensable, y me exigía tanto que cualquier falta me resultaba inaceptable a mí también.

Mi cuerpo me transmitía que estaba sufriendo, pero no le hice caso. Así que no aceptaba faltar al trabajo por miedo a quedar en segundo plano y ser considerada débil y frágil. Los demás tampoco me aceptaban así y yo no los aceptaba a ellos. He aquí otro ejemplo del triángulo de la vida y del efecto espejo.

También he observado que otro de los mecanismos de culpabilización, sobre todo entre directivos y ejecutivos, era el tiempo dedicado al trabajo. Cuántas veces he oído a gente decirles a sus colegas: «¿Ya te vas?» o «¿Te tomaste el día libre?». Esto es típico de personas que llevan la máscara de un rígido rebelde (herida de injusticia) y que no respetan sus propios límites ni los de los demás. Muchas creencias perjudiciales tienen que ver con el tiempo que se pasa en el trabajo para que lo juzguen a uno un buen empleado. En realidad, no se trata tanto de trabajar mucho o no, sino de observar si lo haces por temor a tus emociones o si lo haces por amor a ti mismo.

2. INSEGURIDAD

Otra manera de tender trampas en las relaciones laborales es hacer que nuestros colaboradores se sientan inseguros para conseguir nuestros fines. Hay que decir que, en el mundo profesional, abundan los mecanismos para generar inseguridades. Entre el miedo a no tener suficiente dinero, a que nos den las gracias, a no conseguir un ascenso, a no tener suficientes clientes para facturar, etc., hay muchos temores más o menos inconscientes que habitan en nosotros. Pueden utilizarse para conseguir que nuestros colegas cumplan nuestras expectativas, haciéndoles sentir inseguros sobre aspectos materiales, financieros o afectivos. O también pueden ser utilizados por nuestros iguales para tendernos este tipo de trampas en las relaciones profesionales.

Mi deseo de desarrollar mi carrera estaba alimentado en gran medida por mi temor a la inseguridad financiera y, por lo tanto, a sentirme indefensa, dependiente y sumisa. Esto me llevó a cumplir muchas de las expectativas de mis colegas cuando eran exactamente lo contrario de lo que yo realmente necesitaba.

Por ejemplo, me sentía insegura por no cumplir las expectativas de los jefes que me pedían que me quedara hasta tarde en el trabajo, por miedo a no poder optar a un ascenso. Estaba convencida de que para merecer un puesto había que trabajar duro y, como resultado, atraía a personas que tenían las mismas expectativas sobre mí. Al final, todo se reducía a lo que me daba miedo: ser sumisa.

No era consciente de lo injusta que estaba siendo conmigo misma. Sentía mucha ira contra mí. Me acusaba de no ser capaz de hacer lo que necesitaba, de ser sumisa. También sentía mucha rabia hacia mis superiores, a los que acusaba de ser demasiado exigentes. De hecho, me sometía a las creencias de mi ego siendo igualmente exigente conmigo misma, por miedo a que no me ascendieran si no me quedaba trabajando hasta altas horas de la noche.

Hay muchas formas de hacer que un compañero de trabajo se sienta inseguro, y todas ellas despiertan miedos y heridas en cada uno de ellos.

Tomemos el caso de un directivo que lleva la máscara del controlador y quiere que su colega del sexo opuesto, que lleva la máscara del dependiente, cumpla sus expectativas sin previo acuerdo. Puede hacerle sentir inseguro, por ejemplo, dejando de hablarle hasta que acceda a su petición. El miedo a sentirse aislado de su jefe es muy difícil y doloroso para un empleado con la herida de abandono. Entonces, se activará su máscara de dependencia.

Esto se convierte en una forma eficaz de hacer que este tipo de colega se sienta inseguro.

Una amiga de la infancia me contó una vez cómo la habían recluido en el armario de una oficina sin ventanas cuando descubrió que su jefe directo del sexo opuesto estaba malversando el dinero que había recaudado para ayudar a personas necesitadas. De esa manera intentó hacerla sentir insegura.

Las personas que llevan máscaras de controlador solapado o agresivo para protegerse de su herida de traición son las más propensas a tender trampas para que sus colegas se sientan inseguros.

3. SOBORNO

Las trampas en las relaciones se pueden tender de otras formas que no sean haciendo que la gente se sienta culpable o insegura. ¿Cuántas personas sobornan para conseguir sus fines?

Por eso se reguló en Francia la profesión de visitador médico. Los laboratorios farmacéuticos empleaban a personas (delegados) para visitar a los médicos durante todo el día. Cuanto más recetaban estos a sus pacientes, más les ofrecían viajes u otros lujosos regalos.

El famoso «sillón de los ascensos» ha llevado a muchos empleados a aceptar mantener relaciones íntimas con sus superiores para conseguir un mejor puesto. El movimiento #MeToo ha puesto de manifiesto el alcance de esta práctica y, en consecuencia, las creencias que se tienen al respecto.

Una vez más, no se trata de juzgar, sino simplemente de observar determinados comportamientos y asumir las consecuencias. Todas son experiencias para ayudarnos a avanzar hacia actitudes cada vez más responsables.

Las personas más propensas a caer en las trampas de las relaciones son las que dejan que su herida de rechazo, abandono o humillación se apodere de ellas con demasiada frecuencia. No son conscientes de que se están tendiendo esas trampas a sí mismas al dejarse influir por sus heridas emocionales y, por lo tanto, por su ego.

> RECUERDA QUE ACUSAMOS A LOS DEMÁS DE SER LO QUE NO ACEPTAMOS DE NOSOTROS MISMOS.

Dado que la tendencia actual en el mundo laboral nos invita a aceptarnos tal como somos en lugar de seguir adaptándonos o controlándonos, te invito a observarte a través de las actitudes y los comportamientos que adoptas para tenderles trampas relacionales a tus colegas. *Si te resulta difícil verte a ti mismo poniendo esas trampas, haz una lista de las que te ponen los demás.*

Considerando el triángulo de la vida, recuerda que te amas en la misma medida que amas a los demás y que los demás te aman a ti, incluidas las partes de ti que te llevan a tender trampas. Del mismo modo, si pones trampas a tus colegas, estos tienden a hacerte lo mismo. *Espejito, espejito, dime qué es lo que no puedo reconocer de mí mismo...*

Estas actitudes dolorosas solo esperan que desarrolles compasión por esas partes de ti mismo, ya sea que te veas como el ganador o el perdedor, el sumiso o el dominante.

> SIN ACEPTACIÓN NO HAY TRANSFORMACIÓN.

Recuerda que las personas que han sido tus modelos en lo que se refiere a tu forma de quererte a ti mismo (es decir, si te aceptas o no) y de querer a los demás (aceptándolos o no) en tu vida profesional son tus padres y los educadores y profesores que tuviste durante tu infancia y adolescencia. Ellos, a su vez, se vieron influidos por sus propias heridas.

EXPECTATIVAS SIN ACUERDOS PREVIOS

Como acabamos de ver, las dificultades para relacionarse que aparecen en el entorno laboral ocultan a menudo expectativas inconscientes, ya sea en forma de comunicación inadecuada o de trampas.

Estas expectativas, para las que no se han establecido acuerdos previos, son fuente de emociones intensas en la vida profesional. Nos hacen depender afectivamente de nuestros colegas.

Hay varias formas de expectativas que crean dependencia emocional:

La aprobación o la opinión de otros: *La idea de que nuestros colegas nos aprecian cuando tienen la misma opinión o están de acuerdo con nosotros puede causar muchas expectativas y emociones. Si te reconoces en esta forma de expectativa, es porque no confías en tu opinión dentro del trabajo. ¿Será que temes cometer errores? ¿Cambias de opinión en función de lo que piensen tu jefe o tus compañeros? Es muy posible que te falte autoestima en estas circunstancias.*

El reconocimiento y agradecimiento: *La persona que depende del reconocimiento en su vida profesional es la que cree que nunca hará lo suficiente para que la aprecien. Se dedica sobre todo a ser reconocida. En cuanto la reconocen, se siente querida y llena de energía. Su carencia afectiva se satisface momentáneamente.*

El tema del reconocimiento en el mundo laboral *surge con regularidad, como forma de motivar a los empleados en las empresas y también como medio de mejora, ya que muchos empleados no se sienten suficientemente reconocidos (según sus expectativas, a menudo inconscientes). Si te reconoces en este tipo de expectativas y te causan emociones, te invito a que te observes y te aceptes.*

Los halagos: *La persona que necesita cumplidos para sentirse valorada es aquella que no se cree suficientemente buena en el trabajo. Tienden a cuestionarse constantemente y se comparan con sus colegas, a quienes consideran más competentes. Suelen esforzarse por impresionar a los demás. Si te identificas con este tipo de expectativas, te invito a reflexionar sobre tu capacidad para recibir cumplidos, ya que es probable que te resulte difícil aceptarlos.*

La presencia: *Algunas personas tienen dificultades para realizar sus tareas de manera independiente, especialmente cuando trabajan a distancia y están alejadas de sus compañeros. Se sienten fácilmente rechazadas, abandonadas y desconectadas. Cuando están solas, pierden el interés por su trabajo, se aburren y pueden intentar dar la impresión de ser incapaces de trabajar sin compañía para no quedarse solas. En cambio, cuando están con otras personas, se reconectan* *con su energía y motivación para completar sus tareas. Si te reconoces en este tipo de expectativas, observa si buscas distraerte con música para evitar la sensación de soledad o si pasas tiempo hablando por teléfono con colegas cuando estás solo en la oficina.*

__La atención:__ Algunas personas dependen no solo de la presencia de los demás, sino también de su atención, lo que refleja un mayor grado de dependencia. Estas personas hacen todo lo posible por ser escuchadas y atendidas. Si te reconoces en este tipo de expectativas, ¿te das cuenta de que te sientes valorado por la atención que recibes, ya sea de tu jefe, colegas o compañeros de trabajo? ¿Te es posible prestarte la misma atención a ti mismo? ¿Te cuesta saber cuándo dejar de hablar o cuándo salir de la oficina de tus compañeros? Es probable que, en esos momentos, te sientas como una molestia.

__Ser útil:__ Si sientes la necesidad de ser útil en tu trabajo, es probable que te creas indispensable para la felicidad de los demás. ¿Sueles atraer a tu oficina a colegas con problemas recurrentes que dependen de ti? ¿Te sientes tentado a realizar las tareas de tus colegas hasta el punto de olvidarte de ti mismo? ¿A veces te quejas de que quienes te rodean se aprovechan de ti? Si es así, observa cómo este tipo de expectativas te ayudan a llenar el vacío creado por la falta de amor propio.

__Ser dirigido o dominado:__ Algunas personas no se sienten bien en su trabajo a menos que otros las dirijan. Esto no necesariamente implica sumisión. Para este tipo de empleados, recibir instrucciones claras sobre qué hacer, cómo hacerlo y por qué hacerlo es una forma de sentirse valorados. Carecen de confianza en sus propias decisiones, lo cual afecta su *autoestima. Necesitan el reconocimiento y la dirección de los demás para llenar esa carencia afectiva.*

Todas estas formas de expectativa en la vida profesional revelan una dependencia emocional subyacente. Tal vez te sientas tentado a rechazar estas palabras, convencido de que no eres una persona dependiente, ya que te esfuerzas por ser lo opuesto, incluso al grado de haber optado por el estatus de trabajador autónomo.

Sin embargo, todo ser humano experimenta carencias, y esas carencias dan lugar a expectativas vinculadas a heridas emocionales. Tus padres, educadores y profesores, quienes fueron tus modelos de aprendizaje, también vivieron sus propias carencias. Todo niño experimenta privaciones reales que le causan sufrimiento y, a menudo, llega a pensar que la culpa es suya, creyendo que le falta algo esencial para ser querido.

Como resultado, adoptan comportamientos que no son naturales para ellos e incluso pueden buscar distracciones físicas para compensar las carencias emocionales. Siempre existe una conexión entre la dependencia emocional y la dependencia física, ya sea a través del alcohol, las drogas, el juego, el trabajo, etcétera.

Así, mientras siga sin ser consciente de ellas y no las acepte, el adulto en que se convierte esa persona arrastrará esas carencias a su vida profesional.

ACTITUDES DEFENSIVAS

El ser humano es inteligente y, sobre todo, complejo. Puede ser muchas cosas y, al mismo tiempo, su opuesto: a veces activo, a veces perezoso; a veces veloz, a veces lento; a veces paciente, a veces impaciente... La naturaleza humana, como la naturaleza en general, se encuentra en un equilibrio dinámico entre polaridades opuestas.

La dificultad que enfrentamos para ser nosotros mismos en la vida profesional radica en las actitudes que no somos capaces de aceptar por miedo a enfrentarnos a ellas. Estas actitudes las hemos clasificado como buenas o malas, según los propios sistemas de valores y creencias, dependiendo de cómo las hayamos percibido en las personas que nos han servido de modelo.

Es posible que hayas reaccionado ante el lado estricto y autoritario de un profesor, mientras que al mismo tiempo te hayas sentido afectado por el lado laxo y sumiso de uno de tus padres. Al llegar al mercado laboral, puede que te cueste adoptar cualquiera de estas actitudes contrarias.

Ahora veremos cómo algunas de estas conductas pueden ser difíciles de equilibrar en la vida profesional, cuando se activan nuestras heridas emocionales.

La escucha: entre la pasividad y la interrupción

Ya conoces el impacto de las heridas emocionales en nuestra forma de comunicarnos. La calidad de la escucha en las relaciones profesionales también puede verse muy influida por uno o varios miedos sobre nosotros mismos. Cuando una o varias heridas emocionales se despiertan en una experiencia, nuestra capacidad de escucha pasa por el filtro del ego, es decir, de nuestras creencias que nos impiden oír la verdad. En este caso, escuchamos lo que el ego cree escuchar o comprender.

La persona que lleva la máscara del **huidizo** (herida de rechazo) en el trabajo escucha pasivamente porque su ego le hace creer que la otra persona le está diciendo que no pertenece o que no tiene suficiente valor tal como es. Puede parecer que está ausente, que mira hacia otro lado, lo que es una forma de desconectarse de lo que escucha para evitar sentirse rechazada. Cuando se porta esta máscara, es habitual oír a compañeros de trabajo decir: «¿Me estás escuchando?». El huidizo se ensimisma en sus pensamientos.

La persona que porta la máscara del **dependiente** (herida de abandono), en una situación profesional, interrumpe para llevar el tema hacia sí. Utilizará lo que escucha para relacionarlo con su propia experiencia y así llamar la atención. Puede mostrar cierto aburrimiento al escuchar a los demás.

La persona que porta la máscara del **masoquista** (herida de humillación) escucha a sus colegas mientras piensa en lo que podría hacer para ayudarles a sufrir menos. Busca soluciones en lugar de estar plenamente presente ante la persona a la que escucha. Escucha con la intención de adoptar un comportamiento maternal.

La persona que porta la máscara del **controlador** (herida de traición) escucha con escepticismo y desconfianza. No puede confiar en sus compañeros de trabajo del sexo opuesto y necesita tomar el control. Mientras escucha, cuestiona lo que dice la otra persona, para luego contradecirla. Esto la lleva a interrumpir más o menos sutilmente, según su perfil (solapado o agresivo), en lugar de esperar a que la otra persona termine de expresarse.

La persona que porta la máscara del **rígido** (herida de injusticia) busca confirmar la exactitud y la claridad de la información proporcionada por sus colegas. Luego, se justifica o cuestiona lo que se dice, en función de si es de perfil complaciente o rebelde. Los rígidos tienen poca empatía con sus interlocutores.

Para saber en qué punto te encuentras en cuanto a tu capacidad de escuchar, ya sea a tus superiores, a tus compañeros o a los miembros de tu equipo, te invito a que te observes durante los próximos días para saber qué comportamientos adoptas y, sobre todo, qué emociones experimentas a raíz de ellos. Según el tipo de interlocutor profesional, nuestra capacidad de escucha puede variar debido al miedo inconsciente.

Relación con la autoridad: autoritativo – autoritario – permisivo

Como has leído, las trampas en las relaciones profesionales se alimentan de **luchas de poder, ya sea para so-**

meter a la otra persona o para permitir que otros te dominen.

Uno de los aspectos más presentes en el ámbito profesional es la relación con la autoridad. Las luchas de poder se intensifican según lo que el ego percibe que está en juego. Las relaciones con figuras de autoridad, superiores, colegas, compañeros, proveedores, clientes, entre otros, forman parte de este proceso. De hecho, cualquier relación vinculada con nuestra capacidad para pasar a la acción en el trabajo puede verse influida por heridas emocionales.

La autoridad es el derecho de mandar, ser obedecido y ejercer una forma de poder. Se requiere cierto grado de autoridad para dirigir, dar instrucciones y liderar, ya sea un padre, un profesor, un director de empresa o incluso un líder de un país. En resumen, cualquier persona encargada de guiar a otras.

Quienes saben gestionar su autoridad de manera adecuada no tienen dificultades para ser aceptados en este rol. Lo hacen sin necesidad de imponerse. Su autoridad se gana de forma natural. Bien gestionada, se ejerce respetando las opiniones de los demás. Si alguien no está de acuerdo con su estilo de dirección, pueden colaborar para encontrar un enfoque con menos consecuencias negativas. De esta manera, la autoridad se ejerce con **sabiduría.**

Por otro lado, manejar mal la autoridad significa imponerla de manera absoluta, sin tolerar la contradicción. Se trata de exigir obediencia solo para satisfacer el ego, ejerciendo poder de forma controladora, rígida y severa, sin nin-

*gún respeto por los demás. Estos abusos de autoridad tienen su raíz en el **miedo hacia uno mismo**.*

*Este comportamiento se conoce como **autoritarismo**, no como autoridad. El autoritarismo surge del orgullo, que esconde una profunda herida de rechazo. Este rasgo de carácter se presenta en individuos que no toleran la jerarquía de nadie. La relación que tuvimos con las figuras de autoridad en la infancia, como nuestros padres, profesores y educadores, actúa como modelo para nuestra relación con la autoridad en la vida profesional.*

Por ejemplo, una persona que ha crecido con padres autoritarios puede reaccionar negativamente ante cualquier forma de autoridad en su vida profesional. Como consecuencia, puede perder el enfoque y ser incapaz de utilizar sus cualidades de liderazgo. Es el caso de los controladores agresivos, quienes confunden demanda con orden.

Es interesante observar cómo los niños de hoy en día resisten con fuerza a figuras autoritarias como padres, profesores y, más tarde, jefes. De forma intuitiva, detectan rápidamente la diferencia en el trato de la autoridad. No pueden respetar a alguien que no muestra respeto por los demás.

Cabe recordar que aquellos que intentan imponer su autoridad lo hacen con la intención de aparentar fortaleza y ocultar su vulnerabilidad. Al reconocer esta dinámica, es importante sentir compasión por ellos, pues detrás de su comportamiento se encuentra el sufrimiento y el miedo del niño rechazado que una vez fueron.

En resumen, tener autoridad, como cualquier otra actitud humana, puede ser tanto beneficioso como perjudicial. Todo depende de la motivación y de cómo se utilice esta autoridad. Si se ejerce con la intención de ayudar o de guiar con liderazgo, se convierte en un activo valioso y positivo.

Por el contrario, si se utiliza para dominar, controlar o intentar cambiar a los demás, no tiene ningún beneficio. En lugar de conseguir obediencia, alienará a aquellos a su alrededor. Esta actitud puede desencadenar una alta rotación de personal dentro de un departamento o empresa. El autoritarismo que busca sumisión y obediencia nunca es positivo para ningún negocio.

Si has reaccionado o sigues reaccionando al autoritarismo de alguno de tus padres, educadores o profesores, es posible que, de manera inconsciente, hayas adoptado comportamientos opuestos en tu vida profesional. **La antítesis del autoritarismo es la sumisión y la laxitud.**

Mientras que el individuo autoritario toma sus necesidades como órdenes para imponerse, guiado por el miedo a sí mismo, el individuo sumiso y laxo es aquel que deja de lado sus propias necesidades y se somete a las de los demás. Si te consideras una persona sumisa, es probable que ser nombrado director de departamento te genere muchas emociones relacionadas con tu capacidad para ejercer tu autoridad natural.

Como siempre, no se trata de ser laxo o sumiso, ya que todos podemos adoptar estas actitudes en algún momento de nuestra vida por muchas razones válidas. Se trata, más bien, de observar cuándo optamos por serlo debido al miedo de ser lo contrario, es decir, autoritarios. Cuando estas actitudes se adoptan por miedo, es común que la persona se oculte detrás de una máscara de impotencia, como la del huidizo, el dependiente o el masoquista.

Ante un jefe autoritario, una persona **huidiza** preferirá negar lo que siente y, en consecuencia, se desvalorizará inconscientemente. Un directivo **dependiente** puede soportar el lado autoritario de uno de los miembros de su equipo, aunque le entristezca. El colega **masoquista** puede ser visto como el chivo expiatorio de sus colegas autoritarios. Lo aguantan porque están convencidos de que sufrir es normal.

En resumen, la persona con autoridad sabe que tiene una personalidad de liderazgo. La utiliza comunicándose con claridad, teniendo en cuenta las necesidades de todos, siendo una guía para sus colaboradores profesionales y ofreciéndoles opciones, sin querer imponer a toda costa sus creencias y valores personales. De este modo, la autoridad es positiva, inspira respeto en los subordinados porque pueden sentir que es beneficiosa para ellos, por ejemplo, al ayudarles a desarrollar sus competencias. En cambio, las personas autoritarias dan órdenes, imponen su voluntad y se complacen en someter a los demás. Esto es negativo porque el subordinado se siente disminuido y manipulado.

Cuando recibí el puesto de directora de sucursal por primera vez, tuve una discusión con mi director de sector sobre el impacto que tenía mi estatus en mi forma de ejercer la autoridad. De hecho, varios meses antes de mi ascenso, me había encaminado en una trayectoria para convertirme en directora de sucursal solo en las tareas, sin ningún cambio oficial de puesto.

Me había dado cuenta de lo mucho que las personas cambiaron su actitud hacia mí entre el momento en que estaba en proceso de que me nombraran y cuando realmente me nombraron. Era como si mi autoridad se hubiera legitimado por mi condición de «verdadero» directivo. Me di cuenta de que necesitaba un título para sentirme legítima en mi autoridad.

Este directivo me había explicado que ahora tenía poder para imponer sanciones y que esto suponía una gran diferencia para el personal. Me sentí sorprendida al descubrir que lo que definía la autoridad era el poder de sancionar, es decir, de reprender, advertir o despedir a un miembro de mi equipo. Un bonito efecto espejo para mi sistema de creencias.

Desde la infancia, había aprendido que para ser buena persona era esencial amoldarse a la autoridad, ya fuera la de mis padres, profesores o cualquier otra figura. También adopté la creencia de que ser inconformista, y por lo tanto rebelde, conllevaba castigos severos.

Con estas percepciones entré en el mundo laboral. Y por eso me sentí mucho más asentada y legítima en mi puesto directivo cuando me nombraron oficialmente. Mi creencia de que la autoridad equivale al poder de castigar me había seguido hasta mi ascenso a directora de sucursal. Hoy, soy capaz de expresar mi autoridad actuando para conseguir mis deseos y necesidades, escuchando al mismo tiempo las de mis colegas para llegar a acuerdos, sin necesidad de un título o estatus específico que me confiera legitimidad y poder de sanción.

Por mi parte, puedo compartir que siempre he sido una persona al mando desde muy joven, lo que para mí era sinónimo de ser una líder. En el convento, las monjas me ponían a menudo al frente de diferentes actividades. Aprendí a ser una líder amable, a utilizar bien mi autoridad incluso a esa edad, porque para mí era importante no perder a mis amigas por el solo hecho de tener que dirigirlas. Esta experiencia ha sido muy beneficiosa a lo largo de mis distintas carreras, y más concretamente en la creación y el desarrollo de Escucha a Tu Cuerpo. Siempre me he sentido respetada por todos mis empleados, y estoy muy agradecida por haber podido aprender a utilizar mi autoridad adecuadamente incluso antes de entrar en el mercado laboral.

En conclusión, un individuo con autoridad no es autoritario; utiliza el poder que ha adquirido en su campo para ayudar a los demás. Este tipo de persona es capaz de escuchar y considerar las sugerencias de sus subordinados. Sopesa los pros y los contras y puede aceptar fácilmente nuevas ideas de los demás cuando ve que son inteligentes, pero no teme perder su papel de líder. Si no hubiera tenido esta capacidad de escucha, la escuela Escucha a Tu Cuerpo no tendría el éxito que ahora posee simplemente por mis ideas. Incluso muchas veces he cambiado de opinión cuando uno de mis empleados me ha aconsejado hacer algo más inteligente. Esto nunca me ha impedido seguir ejerciendo mi autoridad. Es muy agradable trabajar en equipo cuando cada miembro se siente incluido y siente que sus ideas se respetan. Además, tengo que admitir que ser una líder así es mucho más fácil y productivo.

Relaciones de poder: dominación – sumisión

Las relaciones basadas en la dominación y la sumisión son características de las luchas de poder que pueden surgir en la vida profesional y en la vida en general.

Te recuerdo que cuando los empleados llevan una de las máscaras de la impotencia (huidizos, dependientes, masoquistas), son más proclives a someterse. Cuando los empleados llevan las máscaras de la fuerza (rígidos, controladores), están más inclinados a querer dominar a los demás. Incluso, puede suceder que te sometas a las figuras de autoridad de tu lugar de trabajo y, al mismo tiempo, quieras dominar a tus homólogos. Todo depende de la máscara que portes.

Estas formas de relacionarse en el entorno laboral se han ido construyendo en función de los modelos que tuvimos de niños durante nuestro proceso de formación, como nuestros padres, profesores y educadores, o los compañeros de escuela.

Puede que hayas sufrido *bullying* de niño y hayas decidido, por miedo, que ya no quieres sentirte sumiso y entonces hayas intentado dominar a toda costa en tus relaciones profesionales.

Lo que es importante tener en cuenta es que esa relación es el resultado de un miedo sobre ti mismo: el miedo a ser débil, impotente, mezquino o desobediente.

Recuerda que, cuando te gobierna el miedo, ya no eres tú mismo, es tu ego el que manda. Como tu ego ignora por completo tus necesidades reales, no puede ayudarte a escucharlas.

La toma de conciencia que genera este tipo de relación es necesaria para descubrir lo que no consideras aceptable de ti. **Sin aceptación, no hay transformación.**

Independientemente de la fase en la que te encuentres en tus relaciones profesionales, lo más importante es partir de ese lugar preciso, observarte como una persona que a veces puede ser dominante y a veces puede ser dominado y darte cuenta de cómo te hace sentir esto. Así es como, poco a poco, puedes volver al equilibrio.

Como ocurre con cualquier actitud no aceptada, no se trata de controlar tu comportamiento para dejar de ser dominante o sumiso, sino de observar cómo te sientes cuando adoptas esas posturas. *Identificar los miedos subyacentes a esos sentimientos será clave para que logres llegar a la aceptación.*

En el ámbito profesional, es común alternar entre ser líder y ser subordinado. Esto es completamente normal.

He observado que estas actitudes generan emociones en personas que tuvieron padres que no aceptaban su rol de dominante o dominado frente a figuras de autoridad. *Es evidente que estas personas tampoco aceptaban que sus padres fueran así.*

CUANTO MENOS ACEPTAMOS UN ASPECTO DE NOSOTROS MISMOS, MÁS LLEGAMOS A SERLO.

Relación con las emociones:
insensibilidad – hipersensibilidad

Las máscaras que portamos cuando se activan las heridas emocionales nos apartan de nuestra sensibilidad natural, sumergiéndonos en un vaivén entre la insensibilidad y la hipersensibilidad.

Mientras que la hipersensibilidad es la manifestación de una emocionalidad extrema, que puede llevar a las personas a sentirse abrumadas por lo que perciben en su interior, la insensibilidad es característica de quienes se han desconectado de lo que sienten, pensando que son inmunes al sufrimiento asociado a las heridas.

Una forma de ayudarte a identificar a las personas que se desconectan de su sensibilidad en su vida profesional es prestar atención al color de la ropa que llevan. Los colores oscuros son como un filtro protector para evitar sentir y percibir. Después de mi periodo de agotamiento, me quedé atónita al darme cuenta de que mi armario estaba formado principalmente por ropa negra. En aquel momento no era consciente de que era una forma de desconectarme, de evitar sentir las emociones de los demás y dejar traslucir las mías.

Para experimentar cómo te sientes en tu estado natural durante tu jornada laboral, te invito a que lleves un atuendo de colores claros durante un día. Obsérvate. Es muy posible que te sientas algo incómodo o expuesto, como si la gente pudiera leerte.

Otra forma de averiguar lo sensible o insensible que eres es consultar con tus compañeros si quieren ayudarte dicién-

dote cómo te perciben en esa área. Puedes contarles que estás trabajando para conocerte mejor. Una buena idea es que te otorguen una puntuación de 0 a 10 para cada aspecto, insensible e hipersensible.

Relación con los sentimientos de poder: impotencia – omnipotencia – humildad – falsa humildad

Como ya te he mencionado, dependiendo de las heridas emocionales que se hayan despertado en su vida profesional, las personas adoptan actitudes que van desde sentimientos de impotencia hasta sentimientos de omnipotencia. **El sentimiento de impotencia es característico de las heridas de rechazo, abandono y humillación.** Las personas reaccionan pasivamente al juzgarse a sí mismas. Sienten que no tienen legitimidad, fuerza o dignidad para actuar.

A menudo me he sentido impotente ante jefes rígidos rebeldes o controladores agresivos en mi carrera empresarial. Me sentía incapaz y me juzgaba a mí misma por serlo, pues no podía hacerme valer frente a ellos ni mucho menos podía responderles. Me sentía frágil cuando deseaba sentirme fuerte y me atemorizaba sentirme incómoda, o incluso mezquina, al hacerme valer. No podía entrar en contacto con mi poder interior. **Llevaba la máscara del HUIDIZO.**

El sentimiento de omnipotencia es característico de las heridas de injusticia y traición, sobre todo,

225

en rígidos rebeldes y controladores agresivos. Estas personas reaccionan de forma exagerada, acusan a los demás y quieren controlarlos. Se niegan a reconocer sus propios límites y su vulnerabilidad.

Asumir un cargo directivo o ejecutivo en una empresa implica a menudo ponerse máscaras de poder. Si te reconoces en un sentimiento de omnipotencia durante tu jornada laboral, te invito a que tomes un momento para preguntarte qué habrías temido para ti en esa situación si no te hubieras puesto la máscara, es decir, si hubieras sido tú mismo.

El sentimiento de omnipotencia da lugar al orgullo, que se observa en una persona que teme no valer nada. Ya sea el orgullo intelectual, que le lleva a pensar que sabe más y tiene más conocimientos que sus compañeros, o el orgullo espiritual, que le hace creer que está por encima de los demás en su evolución personal.

Te recuerdo que la herida de rechazo es común a todos los seres humanos y es también la más dolorosa. Es tan importante pero tan sutil que no nos damos cuenta de que está detrás de todas las demás heridas. Por eso es humano caer a veces en el orgullo, que es una forma de que el ego no sienta el dolor del rechazo que estamos experimentando.

Te invito a que te observes y aceptes esta parte de ti. Sin aceptación, no hay transformación. *Al dar poder a nuestro orgullo, este puede aumentar, lo que provocará que cada vez seas más rechazado por tus colegas.*

Cuanto más aprendamos a observarnos y aceptar el lugar en el que nos encontramos, más progresivamente recuperaremos el equilibrio de nuestro poder interior.

Quizá al leer estas palabras estés pensando que no eres un individuo orgulloso. ¿Será que estás haciendo todo lo posible por no serlo, cayendo en una falsa humildad?

Las máscaras de impotencia, en particular la del dependiente, pueden llevarnos a empequeñecernos de manera voluntaria, con la esperanza de que otros nos enaltezcan. Se trata de una **falsa humildad**. Un ejemplo claro es el de un directivo que recibe elogios de su dirección por el trabajo realizado por su equipo y por él mismo. Si al dirigirse a su equipo afirma que no tiene nada que ver, esperando que le respondan lo contrario, y minimiza sus logros, cualquier emoción que experimente será un reflejo de esa falsa humildad.

Una persona verdaderamente humilde es modesta, no alardea de sus logros ni de sí misma y está dispuesta a reconocer sus debilidades o errores. Al recibir un cumplido, es capaz de decir un sencillo «Gracias, qué amable», sin sentirse superior a los demás.

Relación con la supervisión del trabajo realizado: control – dimisión

¿Te genera emociones la idea de tener que rendir cuentas en tu trabajo, ya sea ante tus superiores, tus clientes, tus compañeros o incluso tu familia? Las heridas emocionales pueden dificultar la relación con toda clase de supervisión en la vida profesional.

Algunos directivos tienden más a controlar que a supervisar el trabajo de su equipo. Creen que para dirigir deben ser controladores. Esta actitud esconde temores y falta de confianza tanto en su equipo como en sí mismos. Este tipo de supervisión hace que los miembros del equipo se conviertan en meros ejecutores.

Si realmente estuvieran supervisando, se permitirían confiar en su equipo, delegando tareas con acuerdos claros sobre sus expectativas y soltando el control sobre los resultados. Además, se tomarían el tiempo para comprobar que su colaborador haya entendido lo que se le delegó, asegurándose de que sus peticiones fueron claras y evitando acusar al otro de no haber entendido correctamente.

En el extremo opuesto, se encuentran los directivos que renuncian a su función de supervisión por miedo a ser controladores. Este tipo de directivos puede generar inseguridad en los empleados dependientes, quienes necesitan dirección, apoyo y presencia para avanzar. Como resultado, estos empleados se enfrentan a mucha presión laboral, pues deben hacerse cargo de más responsabilidades de las que les corresponden.

A continuación, veremos las cualidades de un supervisor responsable.

Afrontar las críticas: hacia uno mismo – hacia los demás

Afrontar las críticas, tanto hacia uno mismo como hacia los demás, puede ser doloroso debido a las creencias del ego. Existe un círculo vicioso: la dificultad para recibir críticas debido a una herida emocional refuerza esa herida, ya que las críticas se perciben como una amenaza para el ego, lo que dificulta aún más recibir futuras críticas, y así sucesivamente.

Si eres de las personas que tienden a criticar mucho su propio trabajo en el ámbito profesional, recibir críticas de tu jefe, un cliente o un colega puede resultar aún más doloroso. La autocrítica constante causa un gran sufrimiento, porque al criticar un aspecto de lo que eres, te estás rechazando a ti mismo. Como el huidizo, que desgraciadamente tiende a confundir lo que hace con quien ES, lo que provoca que la herida de rechazo se intensifique constantemente. Sin embargo, es fundamental recordar que **no somos lo que hacemos.**

Si eres de los que piensan que reciben más críticas de los demás que de ti mismo, es señal de que te niegas a ti mismo. Te recuerdo que, según el triángulo de la vida, estás criticando un aspecto no aceptado de ti mismo en la misma medida en que criticas a los demás y en que los demás te critican a ti.

Nuestros sistemas de creencias y valores impulsados por el ego chocan constantemente en el entorno laboral. La vida es generosa, pone en nuestro camino profesional a personas que nos ayudan a tomar conciencia, por efecto espejo, de todas las críticas que nos hacemos.

Es normal y humano que una crítica que juzga la manera de ser de uno mismo o de los demás sea muy dolorosa. Sin embargo, muchas veces no se critica lo que alguien es, sino lo que hizo. Si te ves dando o recibiendo este tipo de críticas, te invito a que te hagas la siguiente pregunta: «¿Qué es lo que estoy criticando: lo que soy o lo que hago, o lo que alguien es o hace?».

Por ejemplo, si tienes la tentación de criticar a un colega y lo acusas de ser intransigente, pregúntate qué es lo que encuentras intransigente en lo que hace o en lo que tiene, para poder situar tu crítica en relación con sus acciones y no en relación con lo que es.

Este tipo de enfoque tiende a romper el círculo vicioso de la crítica peyorativa, ya que hay una gran diferencia entre «Me parece que tu forma de responder es intransigente» y «Eres demasiado intransigente». También te hace consciente del aspecto de ti mismo que no estás aceptando, en este caso, ser intransigente. Más adelante veremos cómo hacer una crítica constructiva.

Criticar por criticar no sirve de nada y solo agrava las dificultades en las relaciones. Afortunadamente, el mercado laboral está cambiando y cada vez son más las empresas que invitan a las personas a responsabilizarse de lo que hacen y de lo que son.

Relación con la calidad: idealismo – perfeccionismo

Las heridas emocionales influyen profundamente en la relación que tienes con la calidad de tu trabajo, ya que esta puede variar significativamente si tu motivación está impulsada por el **miedo.** Por ejemplo, los miedos asociados a las heridas de rechazo e injusticia pueden llevarte a esforzarte por alcanzar la perfección, invirtiendo una gran cantidad de tiempo en tus tareas. Por otro lado, los miedos vinculados a la herida de abandono pueden hacer que realices tu trabajo de forma incompleta o con menos dedicación, especialmente cuando sientes una falta de apoyo o motivación.

Relación con el compromiso:
falta de compromiso – exceso de compromiso

La relación con el compromiso en la vida profesional también puede ser una fuente de dificultades.

En una reunión, mi jefe de sector nos presentó una exposición sobre el concepto de «compromiso», explicándonos que existían tres categorías: quienes estaban comprometidos, quienes tenían un bajo nivel de compromiso y quienes estaban excesivamente comprometidos con su trabajo. Durante su explicación, abordó las dificultades que podía enfrentar esta última categoría de empleados. En ese momento, yo dirigía dos agencias de contratación regionales y estaba profundamente involucrada en el desarrollo de la actividad de la empresa.

Comparto esto porque me sentí directamente aludida. Yo era uno de esos empleados que se exigían demasiado en el trabajo. Mi nivel de implicación era excesivo, lo que me generaba, por un lado, muchas expectativas inconscientes sobre el reconocimiento que recibiría de los demás, y por otro, un alto nivel de estrés relacionado con el logro de mis objetivos. Sentía un profundo temor a ser percibida como mediocre en mis resultados. Mi compromiso excesivo se había convertido en una fuente de validación personal y me hacía sentir importante.

Los empleados que se comprometen en exceso son los más propensos a sufrir *burnout*, ya que tienen dificultades para establecer y respetar sus propios límites. En muchos casos, esta actitud está impulsada por una forma de adicción al trabajo que les otorga un sentido de utilidad, relevancia y valor personal. A menudo, resulta complicado para ellos desvincularse de las tareas, los expedientes o los acuerdos profesionales, incluso cuando esto sobrepasa sus límites.

*En cualquier caso, solo podemos comprometernos a «**tener**» y «**hacer**», es decir, a nivel material, y no a «**ser**», porque somos lo que somos. Así que comprometerse a ser o no ser de una determinada manera en la vida —tanto personal como profesional— requiere un gran autocontrol, por no hablar del estrés que provoca la **falta de respeto por lo que somos**. Por ejemplo, no podemos comprometernos a ser rápidos, pero sí a organizar mejor el tiempo para hacer más cosas.*

Esta sutil noción de compromiso es crucial. Por desgracia, la mayoría de nosotros no la aprendimos en casa ni en la escuela. Por eso es tan importante ser consciente de lo que piden y esperan las empresas cuando miras sus anuncios de contratación. Si aceptas un trabajo para el que careces de una de las habilidades blandas exigidas por la empresa, te advierto rápidamente que seas realista desde el principio, porque no puedes comprometerte a ser algo que no eres.

En la sección anterior, hablé más de comprometerse consigo mismo y no con exigencias externas. Ya sea con nosotros mismos o con otra persona, tenemos que ser realistas sobre la posibilidad de mantener nuestros compromisos.

Comprometerse significa obligarse con una promesa escrita o verbal siguiendo un acuerdo con un socio profesional o con uno mismo, tomando en cuenta las consecuencias que habrá de no respetarse lo pactado. Al hacerlo así, evitamos tener expectativas que no se enuncian desde un principio. Personalmente, me di cuenta de que me apresuraba demasiado a comprometerme conmigo misma sin tener en cuenta las consecuencias. Para las peticiones externas, me tomaba el tiempo de pensar en las consecuencias antes de comprometerme. A otras personas les ocurre lo contrario: se comprometen más con los demás que consigo mismas.

Como buena rígida complaciente, a menudo me ajustaba a lo que los demás esperaban de mí en un trabajo. Me adapté demasiado para sentirme apta para el puesto y muchas veces me falté al respeto por temor a no tener legitimidad. Esta actitud me llevó a renunciar a compromisos profesionales, porque me exigía demasiada energía ser alguien distinta de quien soy.

La tendencia emergente en el mercado laboral apunta hacia un compromiso más consciente y responsable, que respete nuestra individualidad y nuestros límites. A continuación, exploraremos cómo alcanzar este equilibrio, evaluando las posibles consecuencias de nuestros compromisos, incluida la opción de retirarnos de ellos cuando sea necesario.

Relación con el dinero: sobrevalorización – infravalorización

Tus heridas emocionales también impactan profundamente tu relación con el dinero. Es crucial reconocer el vínculo entre el aspecto material del dinero y el valor que le otorgas a tu ser.

Ya sea que estés en busca de empleo y recibiendo un subsidio, que percibas el salario mínimo o seas un directivo insatisfecho con tu remuneración, si la relación que tienes con el dinero despierta emociones —especialmente en torno a lo que recibes por tu trabajo— es probable que estés enfrentando una falta de reconocimiento hacia tus propios talentos y habilidades. Esto puede ser aún más evidente si tus padres enfrentaron dificultades similares.

Recuerda que el mundo exterior refleja tu mundo interior. Cualquier falta de reconocimiento comienza dentro de ti. En el ámbito profesional, las creencias limitantes, tanto colectivas como individuales, aún tienen un peso significativo en este aspecto.

Sin importar tu estatus o actividad, te invito a observar tu relación con el dinero. Examina las actitudes que adoptas, cómo te sientes respecto a los ingresos que generas y el valor que percibes en tu trabajo. Esta reflexión puede ayudarte a identificar cómo influyen tus heridas emocionales en tus ingresos y en tu percepción de valor.

Para ello, puedes utilizar la tabla que se encuentra en el apéndice de este libro para nombrar tus sentimientos. También encontrarás a tu disposición las tablas que describen las actitudes y los comportamientos específicos de cada lesión en los capítulos del cuatro al ocho. Puede ser que ganes poco o mucho dinero, pero que eso no te genere emociones. Si es así, significa que no tienes miedos en este ámbito.

Desde mi punto de vista, en el mundo laboral existe una estrecha relación entre el valor que nos atribuimos a nosotros mismos, a nuestros talentos, habilidades, puntos fuertes y cualidades, y el dinero que ganamos.

Un individuo que se devalúa ya sea por lo que es o por sus competencias, tenderá a sentirse infravalorado en cuanto a su remuneración. Es el caso de las personas que llevan la máscara del huidizo, el dependiente o el masoquista.

Por el contrario, los rígidos, sobre todo los rebeldes, y los controladores pueden tener tendencia a sobrevalorarse. Como consecuencia del miedo a no cobrar lo que valen o a no ser importantes, aspiran a ganar tanto o más que sus homólogos.

Como hay tantas creencias en la relación con el dinero, ya sea en el inconsciente colectivo o en el individual, la mayoría de los profesionales se encuentra bajo la influencia de su ego en este ámbito. Si la remuneración de tus servicios te genera emociones intensas, te invito a que escuches la voz de tu ego para revelar tu sistema de creencias sobre este tema.

Por ejemplo, hay gente que cree que, para ser buena persona en el trabajo, es decir, una persona espiritual, tiene que aceptar vivir en la pobreza o ganar menos de lo que le corresponde.

Otros están inconscientemente bajo la influencia del miedo a la carencia y tratarán de ganar mucho dinero para poder ahorrar por si pierden su empleo.

Los miedos transmitidos de generación en generación han contribuido a hacer del dinero un poderoso amo, alejándonos de su razón primigenia, que es ser una energía a nuestro servicio. Te recuerdo que aquello en lo que más concentres tu energía, ya sea tu miedo o tu necesidad, es lo que se te manifestará.

La nueva era nos conduce hacia una relación cada vez más inteligente con el dinero en la vida profesional. Entender que es una energía a nuestro servicio para satisfacer nuestros deseos y necesidades, tanto profesionales como personales, es cada vez más común. Visualízate haciendo circular los ingresos de tu trabajo y conecta con lo que sientes ante la idea de ahorrar ese dinero y reinvertirlo empleando a otros profesionales (artesanos locales, operadores turísticos, cuidadores de niños, artistas, tiendas, etcétera).

La buena noticia es que, si poco a poco tomas conciencia de tu relación con el dinero, es decir, si te observas en este aspecto de tu vida, podrás reconectar con tu poder para crear tu vida y liberarte de creencias limitantes.

Esto tiene un impacto significativo en los que te rodean. Cuanto más reconozcas el valor de lo que eres, aunque no correspondas a un ideal, más reconocerás tus talentos, habilidades y puntos fuertes, aunque a veces tengas límites y debilidades, y más verás evolucionar el flujo del dinero en tu vida profesional.

Relación con el lugar de trabajo: presencial – a distancia

Nuestra relación con el lugar de trabajo ha cambiado radicalmente en los últimos años, y la crisis sanitaria ha desempeñado un papel fundamental en este cambio.

Entre las cuestiones económicas (ahorro de alquiler y de energía) y las ecológicas (transporte al lugar de trabajo), por no hablar de la calidad de vida en el trabajo, hay muchas razones por las que el trabajo a distancia se ha hecho más popular.

Las heridas emocionales también influyen en cómo sobrellevas esta modalidad de trabajo. Para saber cómo te relacionas con el teletrabajo, te invito a que observes cómo te sientes cuando trabajas a distancia, qué actitudes adoptas y cómo te sientes cuando trabajas en las instalaciones de la empresa o en el lugar que tienes designado.

Relación con el estrés: síntomas físicos

Intentar evitar el estrés en tu vida laboral puede convertirse, irónicamente, en una fuente importante de estrés, ya que es prácticamente imposible eliminarlo por completo. Ya sea provocado por una amenaza externa real, como el riesgo de ser atropellado al cruzar la calle camino a la oficina, o por pensamientos imaginarios (a menudo miedos infundados), tu cuerpo enfrenta situaciones estresantes continuamente a lo largo del día.

Compaginar tu vida profesional y personal, gestionar tu tiempo, alcanzar objetivos, asegurar tus ingresos, estar a la altura de lo que se espera de ti en un proyecto o interactuar con alguien que te resulta incómodo... la lista de posibles fuentes de estrés es extensa.

Además, las creencias que tu ego registra como consecuencia de un miedo son una fuente significativa de estrés. **¿Has notado cómo el estrés puede llevarte a comportarte de manera antinatural?** Es una estrategia de tu ego para ganar mayor control sobre ti. Para identificar si estás dejando que el estrés y tu ego tomen el control en el trabajo, y para gestionarlo de manera más efectiva, te invito a reflexionar sobre los siguientes factores:

Presta atención a la CULPABILIDAD

¿Sabías que puedes sentirte culpable sin darte cuenta? Es fundamental estar alerta ante la influencia del ego, que te hace creer que lo que deseas, dices o haces está mal o es incorrecto. Si escuchas esas voces internas que te juzgan o te acusan, detente. Respira profundamente tres veces y dile a tu ego que estás dispuesto a aceptar las consecuencias de cualquier acción que decidas emprender. Si experimentas algún malestar, como estrés físico, es una señal de que has permitido que tu ego tome el control.

Haz buen uso de tu PERFECCIONISMO

El perfeccionismo llevado al extremo genera estrés. Aspirar a la excelencia es positivo, pero, si eres excesivamente idealista en tu trabajo, es probable que sea tu ego el que esté en acción. Esto sucede cuando buscas perfección porque temes críticas o que tu reputación se vea afectada. Si mantienes esta actitud constantemente, corres el riesgo de sentirte perpetuamente insatisfecho. Mi consejo: acepta que eres tan perfecto como puedes ser en este momento. No necesitas repasar o rehacer la misma tarea una y otra vez.

Presta atención a tus OBLIGACIONES

En cuanto te oigas decir o pensar «debo» o «debería», es la voz de tu ego y no de tu ser. A continuación, pregúntate cuál sería tu preferencia en esa situación y decide si la satisfaces o no, en función de tu capacidad para soportar las consecuencias de ello en tu trabajo. Así serás tú quien decida, no tu ego.

Quizá te sorprenda leer que todos estos son factores estresantes. Detrás de todo estrés hay un miedo a uno mismo. Ya sea un miedo real, como un peligro inminente, o imaginario, como un trauma ligado a una creencia pasada, el cuerpo reacciona de la misma manera poniendo en marcha mecanismos de defensa.

El estrés es la fuente de muchas dolencias psicológicas y físicas. Cuando estamos en negación, cuando no queremos admitir o sentir nuestro estrés, el cuerpo toma el control e intenta llamarnos la atención sobre el hecho de que estamos escuchando demasiado al ego y no lo suficiente a nuestra alma. La influencia del ego en la salud física, mental y emocional está bien demostrada. ¿A cuántas personas les duele la espalda al volver del trabajo por la tarde?

Un libro completo sobre el enfoque metafísico de la enfermedad tiene en cuenta el impacto de las dimensiones mental y emocional en el cuerpo físico. [*]

DESCÚBRETE A TI MISMO A TRAVÉS DEL EFECTO ESPEJO

La noción del «espejo» es una herramienta fascinante para explorar y aceptar partes de ti mismo que quizá no reconoces, ya sea porque rechazas o admiras ciertos comportamientos en

---

[*] El libro *Obedece a tu cuerpo, ¡ámate!*, de Lise Bourbeau, es la obra más completa que describe las causas metafísicas de los malestares y las enfermedades.

los demás. Este concepto nos enseña que todo lo que nos rodea funciona como un espejo, reflejando aspectos de lo que eres, independientemente de si tu ego lo percibe como algo positivo o negativo.

Dado que esta idea tiene un enfoque espiritual, se aplica exclusivamente a las formas de SER. Al observar tus reacciones ante líderes, directivos, colegas, compañeros de trabajo o clientes, puedes identificar actitudes que tal vez aún no aceptas en ti.

Por ejemplo, si juzgas a un directivo por ser irrespetuoso y su actitud te provoca una respuesta emocional, puede ser porque no has aceptado que tú también puedes ser irrespetuoso, ya sea contigo mismo o con los demás. Tu ego intentará convencerte de que nunca actúas de esa manera.

Imagina que tienes un espejo en la mano. ¿Es posible que lo que ves reflejado no te pertenezca? Siempre tienes la opción de escuchar a tu corazón o a tu ego. Tu corazón, tu ser, busca que aceptes todas tus facetas, tanto las más luminosas como las más desafiantes, sin emitir juicios. Sabrás que has alcanzado esta aceptación cuando observes una actitud en otra persona sin sentir la necesidad de juzgar si es buena o mala. En ese momento, dejarás de experimentar respuestas emocionales relacionadas con ello.

Cuando estamos en las garras de una máscara a causa del ego, debemos tener cuidado con la trampa de intentar utilizar la noción del espejo a la inversa.

Tomemos el ejemplo de un jefe de departamento que recibe críticas de una de las personas que dirige. Si esta le reprocha su falta de atención por haber olvidado un detalle importante, y esto le provoca emociones como el enfado, es muy posible que, en lugar de asumir su responsabilidad, el jefe vuelva el espejo hacia su subordinado. Su reacción puede ser replicar: «¿A poco nunca olvidas poner atención?», o bien: «Ves, es exactamente el mismo error que cometiste la semana pasada».

El jefe de departamento se deja llevar por su ego y reacciona por miedo a sí mismo. En lugar de expresar lo que siente, o de darse tiempo para reflexionar sobre la situación, prefiere volver el espejo hacia la persona que lo critica. No asume su responsabilidad al no comprobar si hay algo verdadero en lo que acaba de oír. Aún no sabe que, cuando juzga a otra persona, se está juzgando a sí mismo a su vez.

Desafortunadamente, este tipo de reacción no mejora la calidad de las relaciones profesionales. Al contrario, suele empeorar con el tiempo, provocando cada vez más insatisfacción entre empleados y directivos. De hecho, son trampas relacionales diseñadas para mantener el poder sobre los demás, lo que acaba por cansar a las personas y las incita a cambiar de trabajo. Por desgracia, si no quieren cambiar su comportamiento, se enfrentarán al mismo escenario una y otra vez.

Como he dicho antes, la noción de espejo se aplica tanto a lo que rechazamos como a lo que admiramos en los demás. Lo que admiras en los demás es un aspecto de ti mismo que no quieres reconocer.

Pongamos el ejemplo de un colega al que le dices a menudo: «¡Admiro tu capacidad para ser tan organizado!». Lo que en realidad estás diciendo es que no crees que tú seas igual de organizado que él, AUNQUE DE HECHO LO SEAS, dado que no puedes ver en la otra persona algo que no te pertenece, como en un espejo. Así que tienes que descubrir los miedos que te impiden reconocer que eres una persona organizada. Puede ser el miedo a tener demasiado trabajo, a asumir aún más, a que se aprovechen de ti, etcétera.

En este ejercicio de espejo, ya sea con lo que te «molesta», lo que rechazas o lo que «admiras», es muy recomendable que pruebes a ver si la gente cercana a ti te ve como tú la ves a ella. Por ejemplo, puedes preguntarle si te ve como una persona irrespetuosa o desorganizada. También es buena idea pedir a la otra persona uno o dos ejemplos concretos si responde de manera afirmativa a tu pregunta. ¡Te advierto que te llevarás algunas sorpresas!

Terminaré este capítulo pidiéndote que respondas a las preguntas de los tres ejercicios siguientes, que te ayudarán a avanzar en el descubrimiento de quién eres y en qué crees. Te recuerdo que, para obtener resultados positivos de los descubrimientos que hagas, debes darte permiso de simplemente SER así por el momento.

No olvides que **cuanto más queremos cambiarnos, menos cambiamos. Cuanto más nos aceptamos tal como somos por el momento, más nos transformamos.** *Ni siquiera intentes entender este fenómeno, porque nuestra dimensión mental* **no puede comprender el poder del mundo espiritual ni del amor propio.** *Solo nos toca observarlo y aceptarlo.*

El primer ejercicio te ayudará a:

Comprender por qué atraes a cierto tipo de personas en tu vida profesional.

Te invito a observarte durante los próximos días en tu relación con las distintas personas con las que entras en contacto en tu vida profesional: jefe, supervisor, colega, cliente, etc. Lleva un registro con dos columnas:

- Anota lo que te DISGUSTA de la forma de **SER** de estas personas, es decir, qué te hace sentir emociones.
- Apunta lo que ADMIRAS en estos individuos, es decir, una actitud que te gustaría tener y que no te permites **SER**.

He aquí un ejemplo de tabla para ayudarte a ver qué te molesta o qué admiras (únicamente a nivel del SER) en tus relaciones profesionales:

	Actitud molesta	Actitud admirada
Gerentes		
Directivos		
Colegas		
Empleados		
Compañeros		
Clientes		

Hacer el ejercicio del espejo con estas personas es la mejor manera de entender la RAZÓN DE SER de su presencia en tu entorno laboral.

Es fundamental aplicar la noción del efecto espejo cuando te sientas preparado para aceptarte sin juicios, permitiéndote simplemente observarte para conocerte mejor. Practicar este concepto también te permitirá clarificar por qué trabajas en el entorno profesional en el que te encuentras actualmente.

Notarás que, conforme aceptes tus actitudes, ya sean aquellas que te molestan o que admiras, empezarás a atraer a colegas que reflejarán otras facetas de ti mismo que aún no reconoces. Esto puede suceder mediante cambios como un nuevo jefe, un traslado de departamento o la llegada de un nuevo empleado, entre otras situaciones.

Por otro lado, si decidiste cambiar de entorno laboral con la esperanza de evitar ciertas actitudes, podrías sorprenderte al encontrar nuevas personas que manifiestan esas mismas conductas, a veces de forma aún más evidente. Es un fenómeno magnético. Atraemos a las personas adecuadas hacia nosotros en el lugar adecuado, en el momento adecuado. Esto sucede porque, a través de nuestras percepciones sobre los demás, se nos brinda la oportunidad de identificar y sanar aspectos de nosotros mismos que están en conflicto.

El efecto espejo se basa en la noción de responsabilidad. Nos invita a aceptar que el entorno profesional nos lleva a OBSERVAR LA RAZÓN DE SER de nuestra presencia en este universo, más allá de la profesión que ejerzamos y de lo que ella nos permita tener en nuestra vida.

El segundo ejercicio te ayudará a:

Descubrir tu grado de dependencia afectiva en tu vida profesional.

Tómate tu tiempo para responder a las siguientes afirmaciones con una de estas palabras:

NUNCA – A VECES – A MENUDO – SIEMPRE

Cambio de opinión cuando un colega al que respeto tiene una opinión diferente a la mía.	
Me cuesta tomar una decisión sin el acuerdo o el consejo de un colega.	
Quiero que se me reconozca cuando apoyo a un colega.	
Necesito cumplidos para creer que he hecho lo correcto.	
Necesito ser extraordinario para merecer elogios.	
Pierdo el interés por lo que tengo que hacer cuando estoy solo.	

Necesito poner música de fondo o hablar por teléfono cuando trabajo solo.	
Me siento abandonado o rechazado cuando no me hacen caso. Busco la atención de mis compañeros.	
Atraigo a colegas que tienen muchos problemas y ellos confían en mí para que los ayude.	
Siento que no me queda tiempo para mí. Estoy demasiado ocupado haciendo cosas para mis colegas.	

Asigna la puntuación siguiente a tus respuestas:
Nunca = 0   A veces = 1   A menudo = 3   Siempre = 5

De 40 a 50 puntos = eres muy dependiente
De 20 a 39 puntos = eres moderadamente dependiente
De 10 a 19 puntos = eres poco dependiente
De 0 a 9 puntos = tienes buena autoestima

El tercer ejercicio te ayudará a:

Conocer la naturaleza de tus relaciones profesionales.

Se trata, tan solo, de que te observes y tomes conciencia. Es un paso esencial, porque ¿cómo puedes avanzar hacia la transformación si no eres consciente de lo que ocurre en tu vida profesional y de lo que quieres transformar?

He aquí una tabla para evaluar la naturaleza de tus relaciones según el estatus de tus interlocutores profesionales. Añade los nombres de cada una de las personas con las que más te relacionas.

	Naturaleza de mi relación con	Nombres
Gerentes		
Directivos		
Colegas		
Empleados		
Compañeros		
Clientes		
Otros		

Aquí tienes una lista que te ayudará a definir la naturaleza de tus relaciones profesionales:

Conflictiva	Amigable
Fusional	Cordial
Fría	Distante
De rebelión	De complicidad
Dominante-dominado	Violenta

Buena (fácil)	Mala (difícil)
Salvador-víctima	Indiferente
De desconfianza	Humillante
De poder	Intensa
De sumisión	Culpabilizante
Frustrante	Desvalorizante
Mediocre	Que genera inseguridad

Ahora que has empezado a identificar las fuentes de las dificultades que encuentras en tu entorno laboral, vamos a ver qué se necesita para avanzar hacia la realización profesional.

CAPÍTULO 10

Hacia la realización profesional

Hemos visto anteriormente cómo tomar conciencia de una herida emocional activa, ya sea a través de experimentar emociones, adoptar actitudes o encontrar dificultades en las relaciones de nuestra vida profesional.

La toma de conciencia es el primer paso esencial hacia la transformación.

El segundo es la aceptación. La aceptación es la clave de la transformación. Como has leído muchas veces desde el principio de este libro, sin aceptación no hay transformación. Profundicemos ahora en este tema.

Detrás de cada experiencia de sufrimiento se esconde un miedo asociado a una actitud o un comportamiento que no hemos aceptado. Es precisamente este rechazo hacia quienes somos lo que nos lleva a experimentar emociones y a reforzar nuestras heridas cada vez que perpetuamos una creencia limitante. Esta falta de aceptación es también la fuerza que atrae hacia nosotros a las personas necesarias para ayudarnos a tomar conciencia de ello.

A causa de esta no aceptación nos alejamos de nuestras verdaderas necesidades. Te recuerdo que el ego, creyendo protegernos, nos incita a no aceptar lo que considera inapropiado, porque asocia sufrimiento a ello. Este es el origen de todas las decisiones que tomamos de niños, durante nuestra formación, frente a las figuras de autoridad.

El ego no comprende que ya no somos el niño que sufría con facilidad. Con el tiempo y las experiencias que hemos acumulado, hemos ido desarrollando constantemente nuestras capacidades y talentos. En cambio, el ego sigue atrapado en las memorias de lo que aprendió en el pasado, sin darse cuenta de que hemos adquirido nuevas fortalezas.

¿Por qué tomamos estas decisiones? Porque elegimos escuchar las creencias del ego en lugar de las del corazón. No debemos culpabilizarnos por ello, ya que en ese momento no sabíamos cómo escuchar a nuestro corazón ni contábamos con modelos en la infancia que nos mostraran el camino.

¿QUÉ ES LA ACEPTACIÓN?

La palabra **«aceptación»** es uno de los términos más utilizados en nuestro enfoque y es esencial para vivir el amor incondicional hacia nosotros mismos y hacia los demás.*

Existen dos formas de aceptación: mental y espiritual. La aceptación mental implica estar de acuerdo con una situación o tener la misma opinión que nuestros colegas, por ejemplo. Cuando una persona considera una situación aceptable, lo hace basándose en lo que ha aprendido en el pasado, en sus creencias y valores.

Por otro lado, la visión espiritual de la aceptación reside en el nivel del ser, en la inteligencia del corazón, donde no existen los conceptos de bien y mal, ni juicios de ningún tipo.

La aceptación espiritual es la capacidad de conceder a las personas con las que interactuamos el derecho de ser quienes son y de tener todo tipo de experiencias, sin querer cambiarlas ni modificar la situación, aunque no estemos de acuerdo. Significa permitir que nuestros líderes, directivos, colegas y compañeros sean diferentes a nosotros, sin críticas ni juicios de valor.

Sabemos que aceptamos de verdad cuando una actitud o un comportamiento con los que no estamos de acuerdo nos deja de producir emociones. Otra señal es que somos capaces de observar la situación con compasión, sin sentir la necesidad de controlarnos ni de controlar a los demás.

---

* Para profundizar en el tema de la aceptación, véase el libro *El poder de la aceptación. Reconciliarse con el otro, perdonarse a uno mismo*, de Lise Bourbeau.

Aunque a veces no opinemos igual ni estemos de acuerdo con lo que hacen, dicen, piensan o poseen nuestros colegas, para sentirnos bien y ser felices, no podemos hacer otra cosa que aceptar lo que son, a menos que renunciemos a nuestra energía.

El ego, que está formado únicamente por memoria mental, no puede manejar esta noción de aceptación. Basa sus conclusiones únicamente en lo que ha aprendido en el pasado, mientras que la inteligencia del corazón se centra siempre en el momento presente.

Lo que está bien o mal, lo que es correcto o incorrecto según el ego nos hace experimentar muchas emociones, en particular frustración e ira. Cuando esto ocurre en tu vida profesional, tus emociones pueden ser una valiosa pista de que ha llegado el momento de revisar tus sistemas de valores y creencias mentales. Recuerda que has construido estos sistemas desde la infancia a través de tus modelos en relación con el mundo del aprendizaje, la educación, las relaciones y luego el trabajo.

Aceptar significa reconocer que todas las personas involucradas o afectadas en una experiencia específica tienen una lección de vida que aprender de ella. Esta es una excelente manera de sentirte feliz y realizado en el trabajo, que te permitirá ser más flexible y compasivo con tus compañeros y tus experiencias profesionales.

Aceptar no implica necesariamente estar de acuerdo. Si te resulta difícil aceptar algo, a pesar de tu buena voluntad, es porque las creencias de tu ego o el dolor que sientes son demasiado intensas. En este caso, debes aceptar que, por *el momento, no eres capaz de hacerlo. Esta es una forma de aceptación hacia un mayor bienestar.*

Te darás cuenta de que aceptar a las personas y los eventos tal como son generará una sensación de liberación en tu ser, sin que esto signifique volverse indiferente. Mientras una experiencia no se viva en total aceptación —es decir, sin juicios, acusaciones, críticas, culpa ni arrepentimiento—, el ser humano atraerá los eventos y las personas necesarios para revivir la misma experiencia hasta que tome conciencia de sus consecuencias nocivas y no beneficiosas.

Es un fenómeno magnético.

A menudo nos cuesta aceptarnos tal como somos, especialmente en la vida profesional. Cuando éramos niños, ser nosotros mismos en nuestra forma de aprender y en nuestra relación con las figuras de autoridad no siempre agradaba a nuestros padres, profesores y educadores. Ellos tampoco aceptaban esa forma de ser en sí mismos. Si lo hubieran aceptado, no habrían intentado cambiarnos.

Como resultado, nos hemos atribuido todo tipo de defectos y carencias. Nos hemos vuelto duros, incluso intransigentes con nosotros mismos. Nos convertimos en nuestros propios jueces. Y mientras no tomemos conciencia de esto y aprendamos a aceptarnos en todas nuestras actitudes, transmitiremos este sufrimiento de generación en generación a través de nuestra relación con el trabajo.

Aceptar quién eres implica aceptar tus miedos, limitaciones, defectos y debilidades. *Es darte el derecho de ser lo que eres en el momento presente, aunque no seas perfecto, aunque no estés de acuerdo con ello, sin criticarte* *ni juzgarte como débil o con cualquier otro atributo que te desvalorice.*

> ACEPTARTE A TI MISMO SIGNIFICA SIMPLEMENTE RECONOCER LO QUE TE OCURRE EN ESE MOMENTO EN TU VIDA PROFESIONAL, SIN QUERER CAMBIARTE, CONTROLARTE O CAMBIAR LA SITUACIÓN, AUNQUE NO ESTÉS DE ACUERDO CON ELLA.

Significa reconocer que esta situación te está ayudando a descubrir un aspecto de ti mismo, ya sean tus miedos, tus heridas, tus límites o tu vulnerabilidad. La gran dificultad para lograr la aceptación incondicional reside en el miedo a que la situación persista si la aceptas y que, por lo tanto, tengas que vivir en la misma situación el resto de tu vida laboral. Estas son, por supuesto, proyecciones del ego. De hecho, lo cierto es lo contrario.

Cuando no aceptamos, sin darnos cuenta nos volvemos sumisos a la situación, que se repetirá hasta que la aceptemos. Por eso, aunque experimentemos muchas emociones y rabia, nada cambia, y el asunto que nos preocupa incluso puede convertirse en una obsesión.

Cuanto más aceptamos lo que no nos gusta, más cambian las personas y las situaciones. Cuanto menos aceptamos y queremos cambiarnos a nosotros mismos, a los demás o las situaciones, menos cambian las cosas. Sabemos que estamos aceptando cuando no experimentamos ninguna emoción (hacia nosotros mismos, los demás o las situaciones).

Por ejemplo, si te inquieta la idea de sentirte sumiso ante tus clientes, compañeros o jefes, atraerás el mismo tipo de compañeros y experiencias hasta que te aceptes como sumiso, es decir, aprendas a ser sumiso sin juzgarte ni acusarte a ti mismo ni a la otra persona. Para conseguirlo, tienes que aceptar el miedo que experimentas en esta situación.

La mejor manera de saber si realmente aceptas una actitud en lo profundo de tu corazón es prestar atención a cómo te sientes internamente, si te sientes atormentado por pensamientos, emociones o acusaciones. Por ello, es fundamental mantenerte conectado con tus sentimientos.

Este proceso se logra con práctica. Para facilitarlo, te invito a que retomes el ejercicio propuesto al final del capítulo nueve, para que establezcas el vínculo entre tus sentimientos y aquellas actitudes que has identificado como perturbadoras. Como recordatorio, en el apéndice encontrarás una lista de sentimientos que puede serte útil.

Aceptarnos a nosotros mismos implica renunciar al deseo de controlarnos, mostrando aprecio por quienes somos en esencia. Significa también tratarnos con compasión cuando nuestros sistemas de creencias o valores se tambalean. Sobre todo, significa permitirnos ser humanos en el ámbito profesional: reconocer los propios miedos, límites, creencias, valores, heridas y necesidades, que pueden ser distintos a los de nuestros colegas. Es un desafío, ¿no es cierto? Sin embargo, observar nuestras experiencias profesionales desde esta pers-

pectiva ofrece una visión completamente renovada. Solo al experimentarlo podemos descubrir el poder transformador de la aceptación.

Aceptar una actitud o comportamiento no significa necesariamente preferirlo ni estar de acuerdo con él. Más bien, se trata de concedernos el derecho a experimentar y conocernos a través de lo que vivimos.

Es fundamental aprender a reconocer lo que nos beneficia y lo que no. La única forma de lograrlo es tomando conciencia de las consecuencias de seguir menospreciándonos, acusándonos, juzgándonos, es decir, intentando controlarnos.

Todo lo que decidimos o evitamos decidir, lo que hacemos o dejamos de hacer, lo que decimos o callamos, e incluso lo que pensamos y sentimos, tiene consecuencias. Sin embargo, cuanto más insistes en pensamientos como «Ya no quiero pasar por esto», más tiendes a perpetuar la situación, ya que enfocas tu energía en aquello que deseas evitar.

En cambio, si adoptas una perspectiva como «No me gusta lo que estoy viviendo en este momento, no es lo que prefiero, pero lo acepto sabiendo que algún día entenderé por qué estoy en esta situación», notarás cómo las cosas comienzan a mejorar. Es posible que debas atravesar el mismo error o situación incómoda varias veces antes de reunir la voluntad y el coraje necesarios para cambiar.

¿Por qué no aprendemos desde el primer intento? La respuesta radica en el ego, alimentado por nuestras creencias. Todos albergamos creencias que, de manera inconsciente, nos frenan y nos impiden convertirnos en lo que realmente deseamos ser en nuestra vida profesional.

Ya sea como presidente de una multinacional, como empleado de un ayuntamiento o como autónomo, este libro te invita a experimentar un nuevo enfoque sobre tu razón de ser en el mundo laboral. Quiero que vivas experiencias para aprender a aceptarte, es decir, a concederte el derecho a ser quién eres, aunque esto no se corresponda con tu sistema de creencias o de valores.

Es el nivel más alto de aprendizaje que hemos llegado a experimentar los seres humanos para adquirir la madurez emocional, mental y espiritual que necesitamos para la realización profesional.

> CADA QUE TE PERMITAS SENTIR UNA DE ESAS ACTITUDES QUE TE PROVOCAN SUFRIMIENTO, SERÁ COMO PONER UN BÁLSAMO EN TU HERIDA EMOCIONAL.

Por ejemplo, si tienes la herida de injusticia y sentir que tu trabajo es imperfecto te hace sufrir, cuanto más te des el derecho a ser imperfecto en cuanto a la calidad de tu trabajo, más curarás tu herida de injusticia.

Es posible que hayas observado a alguno de tus padres esforzándose por no permitirse ser imperfecto, ya sea en el hogar o en el trabajo. Como consecuencia, tú tampoco te otorgaste permiso para serlo, ya que ellos no te enseñaron a aceptar la imperfección. Esto implica que el niño que fuiste necesita que hoy, como adulto, te permitas y aceptes ser imperfecto. Aceptar tus errores y dar pequeños pasos para gestionar esta actitud es clave para empezar a sanar.

APROVECHA LA OPORTUNIDAD OCULTA TRAS TU HERIDA EMOCIONAL

Tomar conciencia de las necesidades y los miedos que subyacen a las emociones que experimentas en el trabajo es una valiosa oportunidad para conocerte mejor y aceptarte tal como eres.

A menudo creemos que nuestro malestar tiene causas externas: la actitud de un colega, el estilo de gestión de nuestros superiores, el comportamiento de los clientes, entre otros factores. En realidad, estas experiencias nos permiten descubrir una parte de nosotros mismos que necesita ser aceptada.

> CREER QUE LOS DEMÁS SON RESPONSABLES
> DE NUESTRO MALESTAR O BIENESTAR,
> ASÍ COMO CREER QUE NOSOTROS SOMOS
> RESPONSABLES DEL MALESTAR O EL BIENESTAR
> DE ELLOS, ES LO QUE TRAE DIFICULTADES
> A NUESTRAS RELACIONES.

En realidad, ¿quién puede tener tanto poder sobre otra persona?

Sugiero un enfoque para identificar una necesidad en tu ser, es decir, una actitud beneficiosa que es impedida por tu ego, que cree que esta actitud podría ser dolorosa o peligrosa para ti. Mientras te aferres a esta creencia, no podrás avanzar hacia lo que QUIERES SER.

Cada emoción que experimentas en tu trabajo vuelve a despertar una creencia que registraste en tu relación con el aprendizaje cuando eras niño. Así es como puedes darte cuenta de que te estás impidiendo SER lo que quieres y lo que tu alma necesita.

La vida profesional nos invita a convertirnos tanto en la persona responsable de nuestra vida emocional como en el maestro que enseñe al niño que fuimos a gestionar las actitudes que percibíamos como sufrimiento cuando éramos pequeños, antes de los siete años.

En los capítulos anteriores, descubriste cómo se construyen las heridas emocionales. Ahora es el momento de recorrer el camino inverso y encontrarte con esa parte herida de ti mismo donde la dejaste cuando eras niño, y por la que no has tenido el recibimiento ni la explicación que esperabas.

Como recordatorio, nuestros educadores, ya fueran nuestros padres, profesores o figuras de autoridad, tenían sus propios miedos, creencias, heridas y carencias. No eran más conscientes de ellos que nosotros, por lo que les resultaba imposible enseñarnos a afrontarlos.

Las principales necesidades que subyacen a los miedos vinculados a las heridas emocionales se describieron en los capítulos cuatro a ocho. Te las recordaré aquí para que puedas identificarlas:

- **Herida de rechazo:** necesidad de darse el derecho a existir, de ocupar tu lugar tal como eres.

- **Herida de abandono:** necesidad de reconocer tu fuerza.

- **Herida de humillación:** necesidad de permitirte el placer de los sentidos en diferentes ámbitos.

- **Herida de traición:** necesidad de permitirte ser vulnerable.

- **Herida de injusticia:** necesidad de mostrarte sensible y permitirte tener límites.

SEIS PASOS IMPORTANTES PARA ACEPTAR TUS HERIDAS

Iniciar este proceso en tu vida profesional requiere avanzar paso a paso, mientras aprendes a aceptar quién eres en cada momento. Este camino te llevará hacia el verdadero amor propio. A continuación se presentan los pasos que te ayudarán a reconocer cómo, con frecuencia, has permitido que tu ego tome el control sin ser consciente de ello, y a observar tus actitudes para identificar las heridas subyacentes.

El primer paso es **tomar conciencia** de las actitudes que adoptas y que te impiden ser tú mismo en tu entorno laboral. Este reconocimiento te permitirá identificar cuándo se activa una herida emocional. Para facilitar este proceso, puedes consultar las tablas de actitudes y comportamientos asociados a cada herida, disponibles al inicio de los capítulos cuatro a ocho.

Imagina que eres un empleado que empieza a dar rodeos para conseguir un aumento de sueldo, en lugar de concertar una reunión con tu jefe para solicitarlo de manera directa. En este caso, es evidente que estás experimentando una serie de heridas emocionales, ya que te estás impidiendo abordar la situación de frente.

El segundo paso es **conectar** con lo que sucede en tu interior. Comienza observando las emociones que estás experimentando y, a partir de ahí, indaga más profundamente para identificar cómo te sientes en esa situación. Para facilitar este ejercicio, te invito a revisar el primer capítulo del libro, donde te explico cómo distinguir entre emociones y sentimientos, así como nombrarlos adecuadamente.

Si te tomas el tiempo necesario para reflexionar, podrás darte cuenta de que temes plantearle tu solicitud directamente a tu jefe. Al tomar distancia, podrías descubrir que te sientes asustado, inseguro, intimidado, o una combinación de estos sentimientos, ante la idea de ser directo.

El tercer paso es reconocer la actitud o el comportamiento por el que **juzgas o acusas** a tu jefe o a ti mismo. Este paso es esencial para tomar conciencia de la actitud doloro-sa que está activa en tu interior.

Puedes consultar el final del capítulo nueve para ver si lo que juzgas o acusas aparece en la tabla de lo que te molesta en las personas de tu vida profesional. Lo más probable es que ya hayas identificado alguna de estas actitudes.

El cuarto paso consiste en descubrir las **heridas activadas** en esta situación. Cuando te juzgas por miedo a no estar a la altura, es tu herida de rechazo o abandono la que se ha despertado. Cuando te juzgas sintiendo ver-güenza, es la reacción de tu herida de humillación. Estas tres heridas hacen muy difícil dar los primeros pasos ha-cia tu necesidad de ser lo que quieres ser. Tu ego te hace creer que eres impotente.

Cuando acusas airadamente a tu jefe del sexo opuesto, es tu herida de traición la que está en juego. Cuando acu-sas airadamente a alguien de tu mismo sexo, es tu herida de injusticia. Probablemente te resulte más fácil dar los primeros pasos si estas heridas están activadas porque no quieres demostrar que tienes miedo.

Para identificar qué herida se ha despertado, es im-portante distinguir entre cómo te sientes (tus sentimien-tos) y, sobre todo, la actitud o el comportamiento que adoptas ante la situación. Es el comportamiento, y no el sentimiento, lo que caracteriza la herida. Saber cómo te sientes ayuda mucho a descubrir lo que estás experimen-tando en relación con la otra persona.

En este ejemplo, si estás dispuesto a mentir o a utili-zar la manipulación (por ejemplo, mediante un cumplido) o incluso recurrir a la seducción con un jefe del sexo opuesto, será la herida de traición. Si te esfuerzas por ser cálido con un jefe del mismo sexo, será la herida de injusticia la que se despierte al adoptar esta actitud para no parecer frío.

Te recuerdo que, si la experiencia se tiene con alguien del sexo opuesto, las cuatro heridas se activan al mismo tiempo, excepto la de humillación. Estas heridas se experimentan con diferentes grados de dolor, pero el malestar más intenso proviene del rechazo que experimentas en esta situación, aunque no seas consciente de ello o no quieras admitir que te sientes rechazado.

El quinto paso consiste en averiguar lo que **temes que te ocurra** en esta situación.

En el ejemplo, un empleado que adopta una actitud poco natural a la hora de pedir un aumento puede encontrarse con distintos temores en función de la herida activada:

- **El miedo del huidizo a ser inútil y a no valer nada,** y por lo tanto el temor a sentirse rechazado por su petición. Puede incluso decidir no intentar nada antes que enfrentarse al rechazo. Confunde lo que es con lo que hace.

- **El miedo del dependiente a quedarse solo,** a dejar de recibir atención si su jefe del sexo opuesto no está contento o no está de acuerdo con su petición.

- **El miedo del masoquista a ser indigno** si su jefe le dice que no. El masoquista pensará que es lógico porque es indigno, así que no es una persona lo suficientemente buena para conseguir un aumento.

- **El miedo del controlador, que se niega a ser vulnerable** frente a un directivo del sexo opuesto. El controlador pasará de la seducción para conseguir un aumento a las amenazas si no lo obtiene. Puede que incluso quiera mostrarse más fuerte que su jefe.

- **El miedo del rígido a mostrar frialdad** si su jefe del mismo sexo se niega. La persona rígida se justificará o contraatacará en ese caso, hasta lo acusará de injusto señalando todas las razones por las que merece ese aumento. Incluso puede decidir abandonar su puesto si no lo consigue.

La sexta etapa es la **aceptación.** Es una etapa esencial para determinar qué necesitas aceptar de ti mismo en esta experiencia.

Aceptarte significa simplemente reconocer lo que te está ocurriendo en ese momento, sin querer cambiarte, controlarte o modificar la situación. Es reconocer que esta experiencia te está ayudando a descubrir un aspecto de ti mismo que antes rechazabas.

En este ejemplo, sabes que has aceptado tu miedo cuando puedes observarte sin juzgarte ni culparte, es decir, sin experimentar emociones, en los comportamientos que adoptas debido a ese miedo.

En ese momento, podrás decirte a ti mismo que prefieres ser directo y sincero con tu jefe para pedirle un aumento. Pero, por ahora, te concedes el derecho de sentir miedo, incluso si eso implica adoptar actitudes que no te resultan naturales, porque has escuchado a tu ego en lugar de a tu corazón, sabiendo que llegará el día en que lo lograrás.

De esta forma, le das a tu miedo el derecho a existir, dándole la bienvenida y reconociendo la buena intención de tu ego, que busca protegerte del dolor que experimentaste en el pasado cuando te permitiste ser directo.

Recuerda que esta creencia la creó tu ego en un momento en el que vivías una experiencia que percibías como sufrimiento, sin que nadie te enseñara herramientas para gestionarla, y con el temor de no ser amado por ser como eras. Puedes agradecerle a tu ego por haber generado esta creencia, entendiendo que en su momento pensó que sería útil para ti.

Darte el permiso de ser lo que no quieres ser es el único camino para convertirte en lo que deseas ser en el futuro. ***Cuanto más luchas por cambiar, menos cambias; cuanto más te aceptas, más te transformas.***

Te sugiero que repitas una frasecita fácil de recordar que te ayudará a aceptarte más en tu día a día: «ME QUIERO LO SUFICIENTE COMO PARA VALORARME Y PERMITIRME SER ALGUNAS VECES...».

Todo lo que tienes que hacer es aceptar tomarte el tiempo que necesites para que logres ser lo que quieres ser.

En el ejemplo anterior, tomarse el tiempo necesario para conseguirlo significa dar pequeños pasos para aprender a ser directo y auténtico, es decir, a ser uno mismo con un superior, teniendo en cuenta la parte de ti que sufre y teme.

Cada situación tiene algo que ofrecernos para ayudarnos a crecer en nuestra vida profesional:

- Tomar conciencia de las creencias que nos impiden responder a nuestras necesidades, a nuestra forma natural de ser.

- Darnos el derecho a ser lo que no queremos ser, y evitar así rechazar partes de nosotros mismos que están sufriendo.

- Dirigirnos hacia nuestra razón de ser.

Puede que la transformación nos lleve a lo contrario de lo que queremos durante el tiempo suficiente para que aprendamos a encontrar el equilibrio entre dos actitudes opuestas (veraz y engañosa, directa y manipuladora, etc.). Es un proceso temporal para aceptar una actitud y su contrario. Hay que confiar y dejarse llevar, porque nos pase lo que nos pase, es lo que necesitamos para conocernos mejor.

Cuanto más practiques la aceptación incondicional en tu vida profesional, más se producirá la transformación. Poco a poco serás capaz de poner amor donde antes había solo miedo.

LAS DOS FACETAS DE CUALQUIER ACTITUD

Toda actitud tiene dos caras, lo que significa que tiene tanto ventajas como inconvenientes.

Por ejemplo, podemos mostrarnos entusiastas con nuestro trabajo. Esta actitud suele ser bien recibida porque nos permite realizar proyectos con gran energía. Pero una persona también puede ser excesivamente entusiasta y no saber canalizar su energía, que se desborda en todas las direcciones, lo que puede percibirse como una desventaja.

Podemos ser lentos a la hora de realizar ciertas tareas, lo que puede percibirse como una actitud desagradable, pero esta lentitud también puede ser una ventaja porque nos permite llevar a cabo labores que requieren meticulosidad.

Una actitud es la disposición hacia alguien o algo, el conjunto de juicios o tendencias que conducen a un comportamiento específico. También puede definirse como un estado del ser que se refleja en el exterior y contribuye a crear nuestra realidad.

Nuestra motivación y, en especial, nuestras creencias suelen influir profundamente en la actitud que adoptamos: esta puede ser positiva, negativa, alegre, apática, constructiva, próspera, derrotista, victimista o triunfadora, entre otras.

Consideremos, por ejemplo, a alguien que en su trabajo está motivado únicamente por el dinero y la seguridad que este proporciona. Es probable que desarrolle una actitud taciturna y apática, evitando desplegar toda su creatividad y talento en beneficio de la empresa.

Como resultado, las horas laborales le parecerán interminables y carentes de sentido, en contraste con una actitud po-

sitiva y constructiva, que podría centrarse en valorar las opor-
tunidades de aprendizaje que este trabajo y sus compañeros
le ofrecen.

Una actitud puede experimentarse desde la aceptación o
desde el miedo. Sea cual sea su origen, amor o temor, es impor-
tante reconocer las buenas intenciones que subyacen en ella.
Incluso cuando adoptas una actitud como reacción a una heri-
da emocional, recuerda que es tu ego el que intenta protegerte
del sufrimiento. Su intención, aunque basada en el temor, es
cuidarte y evitarte el dolor.

Cualquier resultado en un trabajo u otra situación depende
de la actitud que adoptemos. Por eso nuestra motivación e in-
tención son fundamentales en cualquier circunstancia. Cuando
los resultados no reflejan lo que quieres en la vida, es impor-
tante que revises tu actitud interior y descubras qué miedos te
bloquean y te impiden tener la actitud que te llevaría hacia lo
que quieres. En resumen, la actitud afecta al comportamiento
y el comportamiento afecta a los resultados.

Una actitud percibida como correcta por tu ego y tu
sistema de creencias puede ser percibida como incorrecta
por el sistema de creencias de uno de tus compañeros de
trabajo y viceversa.

Analizar cada actitud, ya sea dolorosa o aceptada, y
considerar todas sus ventajas e inconvenientes, es una
forma eficaz de dar pequeños pasos y permitirnos ser nosotros mismos en la vida profesional.

Aceptar todos nuestros estados del ser, tanto los negati-
vos como los positivos, es esencial para hallar el equilibrio.
Recuerda que cada actitud tiene dos facetas. Si intentas ser

solo el lado positivo de una actitud porque has aprendido que el lado opuesto está mal, entonces estás deseando controlar, que es lo contrario a aceptar.

Aceptarnos significa permitirnos ser las dos caras de una misma moneda: veraces y mentirosos, rápidos y lentos, pacientes e impacientes, etcétera.

Para saber si aceptas determinado estado del ser, observa si eres capaz de aceptarlo en tus colegas. El efecto espejo revela el nivel de aceptación de cada forma de ser.

Recuerda que puedes no estar de acuerdo con lo que hacen, tienen o dicen tus colegas, pero no tienes más remedio que aceptar lo que son. Para completar el proceso de aceptación, obsérvate en el estado opuesto de ese estado del ser. Si no experimentas ninguna emoción al hacerlo, sabrás que tu aceptación es total.

Tomemos el ejemplo de alguien a quien le gusta que su colega la escuche. Para saber si realmente acepta a su colega, tiene que identificar cómo lo describe. Según ella, es paciente. ¿Lo acepta también cuando es paciente con otros compañeros y cuando es todo lo contrario, es decir, impaciente? ¿O esto le produce emociones? Si es así, se dará cuenta de que en realidad no acepta el estado del ser de su colega. Según el triángulo de la vida, tiene la misma falta de aceptación hacia sí misma y hacia los demás. Se basa en la creencia de su ego de que ser paciente es bueno y lo contrario es malo.

ACTUAR PARA EXPRESAR NUESTRAS NECESIDADES

Volviendo al ejercicio «Descubrir la creencia que hay detrás de una experiencia desagradable» del principio del capítulo dos, he aquí un ejercicio para **manifestar la necesidad del SER,** que surgió en la primera pregunta de ese ejercicio anterior.

Supongamos que hiciste el ejercicio del capítulo dos con la siguiente situación desagradable: «No puedo hablar en una reunión. Me interrumpen todo el tiempo» y tus respuestas son:

1. Me impiden ocupar mi lugar, compartir mis buenas ideas, ser reconocido.

2. Tengo miedo de que piensen que soy pretencioso, que piensen que soy otra persona o que me dejen de hablar.

3. Me considero inútil, insignificante, sin importancia.

4. Como la persona que soy hoy, ¿estoy seguro de que esto sigue siendo cierto para mí? No.

Aquí tienes cuatro pasos que te ayudarán a pasar a la acción, en los que deberás comenzar pensando en lo que quieres para ti. En este ejemplo, quieres ocupar tu lugar, compartir tus ideas para **ser reconocido.** Recuerda que lo más importante es el «ser», porque te dice lo que realmente necesitas.

1. Visualízate actuando para satisfacer tu necesidad de **ser reconocido.** Permítete exponer tus ideas y no te limites, aunque en tu mente digas que carece de sentido.

2. Tómate el tiempo de conectar con lo que sientes, es decir, escucha cómo te sientes por dentro ante la idea de emprender cada una de estas acciones para lograr lo que deseas en tu vida profesional.

3. A medida que te vengan imágenes e ideas, anótalas. Si quieres resultados más rápidos, tómate el tiempo de transcribirlas en un tablero de visualización. También puedes hacer un *collage* dibujando o recortando fotos que ilustren lo que has visualizado y pegándolas en una hoja grande de papel. Puedes hacerlo en computadora o en papel.

4. Añade la frase: «Me quiero y me valoro lo suficiente como para permitirme ser a veces...», incluyendo en la frase los calificativos que encontraste en tu creencia (en el número dos, es decir, pretencioso, tomando el ejemplo anterior) y por los que temes ser juzgado si satisfaces tu necesidad.

Así que tu tabla tendrá en cuenta:

- Tu necesidad de **ser** (reconocido).

- Los **medios** que piensas poner en marcha para poder ser así.

- Tu **sentimiento,** es decir, tu cuerpo emocional, que tiene la capacidad de atraer hacia ti, como un imán, lo que deseas.

- Tu capacidad para darte el **derecho a ser** lo que quieres ser (reconocido) y también lo que **no quieres ser** (números dos y tres, es decir, pretencioso, inútil, insignificante, sin importancia).

Una vez que hayas experimentado la felicidad de haber conseguido tu objetivo de **ser lo que quieres ser,** puedes repetir esta tabla y este ejercicio para todas las necesidades futuras que surjan en tu interior.

Satisfacer tus necesidades aceptando tus miedos es la forma de recuperar la responsabilidad y el dominio de tu vida profesional. Lo veremos en el próximo capítulo.

CAPÍTULO 11

Recupera el control sobre tu desarrollo profesional

En los capítulos anteriores exploramos la relevancia de tomar conciencia (primera etapa) de las emociones que sentimos, las actitudes que adoptamos y las dificultades relacionales que creamos. Este paso nos permite identificar cuándo se ha activado una herida emocional en nuestra vida profesional. Luego, profundizamos en la importancia de la aceptación (segunda etapa) como parte fundamental del proceso de transformación, analizando qué implica aceptarse a uno mismo y los pasos necesarios para alcanzar esa aceptación. Para completar este proceso en el ámbito laboral, es momento de abordar cómo recuperar el dominio sobre este aspecto de tu vida, de manera que puedas avanzar hacia tus deseos y necesidades.

El **tercer paso** en el camino hacia la transformación es la **responsabilidad**.

¿QUÉ SIGNIFICA SER RESPONSABLE EN EL TRABAJO?

Definición de la palabra «RESPONSABILIDAD»:

Obligación o necesidad moral de responder por los actos propios o ajenos.

El hecho de ser responsable de una función o un cargo que te otorga poder de decisión, pero te obliga a rendir cuentas de tus acciones.

Definición utilizada en este libro:

Ser responsable, ya sea como empleado, supervisor, directivo o trabajador autónomo, significa tomar conciencia y asumir todas las consecuencias de la manera en que reaccionas ante cualquier situación que se presente en tu trabajo.

Ser responsable implica reconocer que todo lo que atraemos del exterior tiene su origen en nuestro interior. Vivir nuestra vida profesional de este modo convierte cada experiencia, sea agradable o desafiante, en una oportunidad para conocernos, aceptarnos y permitir que nuestra alma evolucione.

Ser responsable significa:

a) *Ser conscientes de que no podemos hacer que los compañeros de trabajo se sientan culpables por lo que nos pasa. Así dejamos de pensar que ellos tienen que cargar con las consecuencias de nuestras decisiones o reacciones.*

b) *Darnos cuenta de que no podemos culparnos ni felicitarnos por las decisiones de los compañeros de trabajo. Así, los dejamos que asuman sus propias consecuencias.*

La responsabilidad aquí descrita se encuentra en el plano espiritual, en nuestra forma de ser, en nuestro estado de ánimo. En términos materiales y jurídicos, podemos ser considerados responsables de nuestros actos cuando asumimos las consecuencias de lo que hayamos hecho.

Existen varias definiciones de la palabra «responsabilidad» según la cultura. La que se utiliza en este libro ha sido probada en los talleres de Escucha a Tu Cuerpo durante más de cuatro décadas. Por otra parte, tengo que admitir que, en todo lo que he enseñado desde entonces, la noción de responsabilidad es la más difícil de poner en práctica. Tendrás que aceptar que te costará integrarla en tu vida. Te sugiero que te felicites sobre la marcha, en lugar de criticarte por no conseguirlo todo el tiempo.

Ser responsable implica reconocer que todo lo que nos sucede es una manifestación de nuestra propia creación. Es el resultado del inmenso poder que tenemos para moldear nuestra vida profesional, influenciada por nuestro estado de ánimo, la naturaleza de nuestras intenciones y pensamientos, ya sea que estén motivados por una necesidad o por un miedo.

¡Es un fenómeno magnético! Es como un búmeran que lanzamos y vuelve a nosotros.

Convertirse en una persona responsable nos permite observar nuestra vida profesional, sin juzgarla, para poder recuperar el dominio sobre ella.

Una persona irresponsable, es decir, que no aplica esta noción de responsabilidad, experimenta automáticamente sentimientos de culpa, miedos y frustraciones, y corre el riesgo de creerse víctima en el trabajo.

Cuando me dieron de baja de mi empleo por agotamiento en marzo de 2016, era incapaz de asumir mi responsabilidad. Culpaba a mi jefe, a los directivos, a mis compañeros... Cuando volví al trabajo, tuve que enfrentarme a cada uno de mis miedos. Sentía pánico. Mirando hacia dentro y asumiendo mi responsabilidad es como conseguí recomponerme poco a poco.

Una persona responsable sabe que su actitud interior y sus creencias son la causa de su malestar. No culpa a sus compañeros ni se culpa a sí misma, pues sabe que es el único ser que puede hacer algo para remediar la situación, tomar decisiones e iniciar el cambio.

Cuando por fin estamos hartos de vivir con las consecuencias desagradables de nuestras elecciones, es cuando comenzamos a hacer algunos cambios. Albert Einstein lo dijo mejor que nadie: **«La locura es comportarse de la misma manera y esperar un resultado diferente».** Al recuperar nuestra responsabilidad, podemos tomar decisiones más conscientes e inteligentes en la vida profesional en lugar de sufrir las consecuencias de nuestras decisiones inconscientes.

Por mi parte, en lugar de seguir luchando contra mi miedo a sentirme incapaz, ilegítima e indeseable en mi trabajo, lo que drenaba mi energía por tratar de controlarme, asumí la responsabilidad de mis creencias y di cada vez más pasos para escuchar mis necesidades. Me sentí orgullosa y más libre a medida que fui dejando atrás mis sentimientos de culpa.

La mayoría de la gente confunde **responsabilidad** con **compromiso** en la vida laboral. Es verdad que el nivel de compromiso de los empleados se cita regularmente como indicador de la buena salud de una empresa.

Como vimos antes, el compromiso tiene que ver con «tener» y «hacer». Podemos comprometernos a realizar determinadas tareas, firmar un contrato, participar en un proyecto, cumplir un servicio para uno de nuestros clientes, etcétera. La responsabilidad, en cambio, se sitúa en el nivel del «ser», de nuestras actitudes interiores.

Podemos comprometernos a hacer y tener experiencias en el ámbito laboral, pero no podemos comprometernos a **ser una persona distinta** de la que somos en cada momento, es decir, un ser humano que a veces es competente y a veces no, a veces rápido y a veces lento, a veces paciente, etcétera.

Tomemos el ejemplo de alguien que se compromete a ser paciente, sean cuales sean las circunstancias. A menudo será infeliz porque está exigiéndose algo imposible. Si nos referimos a la noción de aceptación, te recuerdo que solo está realmente completa cuando la aplicamos en el mismo grado a los opuestos. Es decir, que aceptamos tanto lo bueno como lo malo, tanto lo perfecto como lo imperfecto.

En lugar de ello, esta persona puede decidir que su preferencia es ser cada vez más paciente, al tiempo que se concede el derecho a ser impaciente en ocasiones. De este modo, se acepta como ser humano, con sus defectos y cualidades, con altibajos.

Todos tenemos talentos, habilidades, cualidades, limitaciones, vulnerabilidades, miedos, creencias y heridas que difieren de las de nuestros colegas. En consecuencia, todos somos diferentes.

Lo contrario de la responsabilidad es la culpa. *Una excelente manera de tomar conciencia de nuestro grado de responsabilidad es estar atentos a todas las ocasiones en las que nos sentimos culpables, cuando nos acusamos a nosotros mismos, así como a todas las ocasiones en las que acusamos o juzgamos a los demás con la intención de hacerlos sentir culpables.*

La noción de «culpa» surge del hecho de que categorizamos nuestras actitudes como equivocadas o incorrectas según el sistema de creencias que tengamos, que está influido por el ego. **Culparnos y querer cambiar es una forma que tiene el ego para controlarnos. La clave de hacernos responsables yace en aceptarnos a nosotros mismos.**

Antes de que me diagnosticaran agotamiento laboral, los sentimientos de culpa me invadían. Había adoptado la máscara del rígido hasta tal punto que no podía entrar en contacto con el sufrimiento profundo que me causaba mi trabajo. Este sufrimiento provenía del rechazo que experimentaba pero que no quería aceptar. Tenía tan poca autoestima, me juzgaba tan incapaz, indeseable e ilegítima, que me comprometía en exceso para no serlo. Este esfuerzo monumental fue lo que me llevó al agotamiento.

Al hacerte responsable de tus actos en tu vida profesional, percibirás las situaciones difíciles de un modo diferente y experimentarás menos estrés y emociones intensas. Esto sucede cuando logras observar tus reacciones y las emociones asociadas de forma responsable, siendo consciente de la intención de tu ego de protegerte de alguno de tus miedos.

Podrás aceptar cada experiencia más plenamente, sabiendo que siempre tienes la opción de tomar nuevas decisiones. ¿Quieres seguir creyendo en las creencias de tu ego? Al sentir el poder y la liberación que aporta la responsabilidad, volverás a conectar con tu poder creativo interior.

Cuanto más responsable seas observándote en tu trabajo cuando experimentas consecuencias desagradables, más sabrás que eres igual de capaz de ser responsable de crear tu vida profesional de acuerdo con tus deseos y necesidades.

Sabrás que has integrado esta noción cuando seas capaz de mostrar compasión y respeto por tus colegas que aún no se han dado cuenta de su poder creador y que siguen creyéndose víctimas en este ámbito de su vida.

Cuanto más asumas responsabilidades, más atraerás a colegas y colaboradores que harán lo mismo. Es un fenómeno magnético.

ASUME LA RESPONSABILIDAD DE TUS HERIDAS EMOCIONALES

Hay muchas oportunidades en el trabajo que pueden llevarnos a responsabilizarnos de nuestros miedos, emociones, creencias, carencias y, por lo tanto, de nuestras heridas emocionales. Así es como podemos alcanzar la plenitud en el trabajo.

Imagina una flor en un campo que solo quiere florecer y ocupar su lugar, pero se lo impide porque no tiene el mismo número de pétalos que las demás flores, es más grande, menos colorida... Imagina que esta misma flor crece sin compararse y se estira hacia el sol.

Ahora imagina la alegría de poder aceptarte cada vez más en tu trabajo, saliendo de la ilusión de que sentir culpa te hace un «buen empleado».

Solo los adultos pueden responsabilizarse de las consecuencias de sus actitudes y comportamientos, sean estos motivados por la necesidad o por el miedo.

Para responsabilizarte de tus heridas emocionales en tu vida profesional, necesitas:

- *Reconocer que es tu ego el que ha tomado el control en cuanto experimentas emociones influidas por temor, como la culpa de equivocarte, que te impide ser tú mismo, en tu estado natural.*

- *Decidir si quieres seguir escuchando la voz del ego, que se apoya en los recuerdos y el sufrimiento del pasado, o si quieres escuchar la voz de tu ser, que conoce todas tus necesidades en el momento presente.*

- *Tomar conciencia de los juicios, acusaciones y reacciones de tu ego ante la perspectiva de ser tú mismo en el trabajo.*

Pongamos el ejemplo de un empleado que le miente a su jefe sobre el avance de un proyecto importante y este le ofrece la posibilidad de un ascenso. Se observará a sí mismo mintiendo en lugar de ser sincero. Verá que es su ego el que tiene miedo y el que lo lleva a adoptar esta actitud.

Su creencia puede ser que si es incapaz de gestionar un proyecto significa que no merece solicitar un puesto más alto. Si mira en su interior, se dará cuenta de que es su ego el que intenta hacerle creer que no podrá optar a un ascenso si admite que no ha progresado como había prometido. Su ego lo juzgaría incapaz e incompetente.

Además de la máscara del rígido que el ego le hace ponerse por miedo a llegar a su límite, su herida de rechazo también se activa porque confunde el valor de lo que hace con el valor de lo que es. **El ego desconoce el SER, es decir, nuestra necesidad de ser de tal manera;** solo conoce el HACER y el TENER, es decir, los comportamientos que puede adoptar.

Si tu jefe es del sexo opuesto, puede suceder que portes la máscara de controlador. En esta circunstancia, mentirás en lugar de reconocer tu vulnerabilidad con respecto a este proyecto y tu temor a no recibir un ascenso. Observándonos a nosotros mismos podemos saber qué herida o heridas se han activado.

De esta forma, serás consciente de que lo que te causa dolor es escuchar la percepción y la reacción de tu ego, no la situación ni la otra persona. En el ejemplo anterior, el empleado verá que es el escenario imaginado por su ego lo que le hace mentir.

Recuerda que cuando tienes miedo de que algo te ocurra:

1. *Tus heridas emocionales se despiertan por una falta de amor hacia ti, porque estás demasiado ocupado escuchando la vocecita de tu ego.*

2. *Sientes dolor.*

3. *La máscara influenciada por tu ego toma el control, creyendo que te está ayudando a sufrir menos.*

El comportamiento reactivo dictado por tu ego es lo que crea malestar en esta situación. En el ejemplo, mentir sobre el progreso del proyecto en lugar de asumir la responsabilidad y aceptar que te sientes incapaz es lo que crea malestar.

Para revertir esto, debes tomar conciencia de que:

1. *Ya no eres tú mismo en la situación porque temes por ti.*

2. *Eres tú quien ha permitido que tu ego (y sus creencias) se haga cargo de ti.*

284

3. *Una herida se ha activado, así que recuerda que tener heridas es humano y normal.*

Si eres cada vez más consciente de la influencia que tiene tu ego sobre ti y decides darte tu lugar, poco a poco dejarás de adoptar comportamientos reactivos.

En el ejemplo, el empleado debe aceptarse como ser humano, asumiendo tanto su actitud como su miedo. Esto implica responsabilizarse del escenario planteado, un paso esencial para cuestionar su papel en la situación. Podrá decidir si sigue creyéndole a su miedo, permitiendo que lo dirija (y, por lo tanto, también su ego), o si comienza a dar pequeños pasos hacia la aceptación de sus límites actuales. De esta manera, logrará ejercer su libre albedrío en la situación.

Es aceptando y aplicando la noción de responsabilidad como podrás alcanzar esta etapa de observación.

Ser responsable significa admitir que nadie en tu vida profesional está ahí para cumplir tus expectativas, y que estas expectativas provienen de una falta de amor por ti mismo cuando escuchas los temores de tu ego. Esto aplica para ti, ya seas ejecutivo, directivo, empleado o autónomo.

En el ejemplo, la persona que miente no se ama plenamente, rechazando su lado incapaz, ilegítimo y mentiroso. Olvida reconocer que también posee aspectos positivos en esos mismos comportamientos.

La etapa de la responsabilidad requiere tiempo. Persevera y, paso a paso, te acercarás cada vez más a tus verdaderas necesidades. Cuanto mayor sea la herida, mayor será el alcance del ego y, en consecuencia, el sufrimiento derivado de una ac-

titud no aceptada, ya sea por ti mismo o por figuras de autoridad como padres, maestros o educadores. Por eso se requiere práctica para logar ver la situación con compasión y bondad.

En este contexto, el empleado sabe que está asumiendo su responsabilidad cuando deja de sentirse culpable, de manipular a su jefe y, en cambio, muestra compasión hacia la parte de sí mismo que siente miedo. Se concede el derecho a ser humano. Sabrá que ha alcanzado la aceptación y la responsabilidad cuando sea capaz de expresar con claridad sus miedos, sentimientos, deseos y necesidades a su colega.

Cuanto más te observes, más derecho te concederás a ser humano en el trabajo, asumiendo la responsabilidad de tus heridas con compasión. Esto te permitirá extender esa misma comprensión sincera hacia tus colegas.

REDESCÚBRETE EN EL TRABAJO: UN VIAJE DE AUTOCONOCIMIENTO

¿Y si te dijera que, para volver a ser tú mismo en el trabajo, lo único que hace falta es recorrer el camino inverso al que seguiste de niño para construir tu sistema de creencias y valores? Basta con ir en busca de esas partes de ti mismo que están sufriendo y que han quedado relegadas, esperando ser reconocidas.

Como Pulgarcito, que dejó piedras para encontrar el camino de regreso a casa, cada emoción vinculada a un miedo que recuperes, acojas y transformes en tu vida profesional, será una guía hacia tu estado natural. Cada piedra, cada creencia redescubierta tiene una historia que contarte, una razón de ser.

¿Estás dispuesto a escucharlas para reconectar con tu poder interior, el poder de crear una vida profesional plena, haciéndote responsable de las partes de ti que aún están sufriendo?

CAMINO DE CREACIÓN DE UNA HERIDA EMOCIONAL DURANTE LA CRIANZA (ANTES DE LOS 7 AÑOS)

- Ser TÚ MISMO no fue suficiente para los demás.
- Eso te provocó SUFRIMIENTO.
- Opusiste RESISTENCIA a experimentar ese dolor.
- Te resignaste creando una MÁSCARA para no sufrir más.

PROCESO DE TOMA DE CONCIENCIA: VOLVER AL PUNTO DE PARTIDA

- Te haces consciente de tus emociones y de la MÁSCARA que portas.
- Experimentas RESISTENCIA a aceptar tu responsabilidad.
- Te das derecho a haber SUFRIDO y haber culpado a tus padres, maestros y colegas.
- Vuelves a ser TÚ MISMO dejando de protegerte y aceptándote cada vez más.

Aceptándote tal como eres en tu vida profesional, es decir, con tus puntos fuertes y tus puntos débiles, volverás a ser tú mismo poco a poco, un ser humano con tu individualidad y vulnerabilidad. De esta forma, convertirás lo que te hace ser tú mismo en un valor añadido y no en una desventaja.

Soy consciente de que esta idea puede parecer aterradora para tu ego, que ha invertido tanta energía hasta ahora en protegerte del sufrimiento que experimentarías si te permitieras ser lo que quieres ser. Debes saber que puedes decidir poner esta energía a tu servicio y dirigirla hacia tus deseos y necesidades. La resistencia cederá gradualmente expresando bondad y compasión por las partes de ti que están sufriendo y que han estado bloqueadas desde la crianza.

La mejor manera de lograrlo es adquirir el hábito de darle las GRACIAS a tu ego tan a menudo como puedas. Incluso es buena idea darle un nombre. Este es uno de los pasos que se explican en el capítulo dos para reducir gradualmente el poder del ego. Por ejemplo, mi ego se llama Mouchette («mosquita») y le hablo así: «Gracias, Mouchette, por cuidar de mí. Sé que tienes buenas intenciones cuando intentas convencerme de que actúe, piense o hable de determinada manera; crees sinceramente que me estás ayudando. Pero ya soy mayor y quiero tener mis propias experiencias. A veces sería preferible que te escuchara, pero no te preocupes, pase lo que pase, sean cuales sean las consecuencias, me siento capaz de afrontarlo. Después de todos estos años a mi lado, ahora te mereces descansar».

Si no lo aceptas e intentas eliminarlo, ten por seguro que tu ego se hará aún más presente porque, recuerda, su misión es protegerte. Debes ser capaz de convencerlo de que REAL-MENTE puedes responsabilizarte de todas las consecuencias de lo que dices, haces, piensas y eres.

Lo mágico es que, al aceptar tus partes sensibles y vulnerables, descubrirás que tus compañeros de profesión también se sentirán en la libertad de hacer lo mismo, tanto contigo como consigo mismos. Además, serás cada vez más capaz de reconocer tus fortalezas y utilizarlas para tu desarrollo profesional, permitiendo al mismo tiempo que los demás hagan lo propio.

Durante mucho tiempo luché contra lo que percibía como imperfecciones en mi trabajo; la parte rígida de mí se manifestaba con frecuencia. A menudo sentía que mis compañeros de profesión eran injustos conmigo. Me enfadaba con ellos, pero, sobre todo, conmigo misma por no ser perfecta. Confundía lo que era con lo que hacía.

Desde que inicié este viaje interior, me he dado cuenta de lo injusta que fui conmigo al imponerme un sistema de valores que se ajustara a un ideal inalcanzable. Hoy, me siento agradecida por poder ser cada vez más auténtica en mi vida profesional.

Solía enfrentarme a todo lo que consideraba imperfecto en mí; me faltaba tanto amor propio hacia mi lado a veces incapaz, indeseable o ilegítimo. Aprendí a dar pequeños pasos para permitirme simplemente ser, asumiendo la responsabilidad de mis creencias y de las decisiones que tomé en mi infancia frente a mis educadores.

Me di cuenta de que, en ocasiones, veía a mis colegas como ilegítimos, incapaces o indeseables. Con el paso del tiempo, poco a poco he logrado aceptarlos sin juzgarlos ni acusarlos. Es en ese momento cuando realmente sabes que te estás aceptando: cuando puedes aceptar en los demás aquello que antes condenabas en ti.

Es crucial conocer nuestras necesidades —las actitudes que necesitamos adoptar para nutrirnos interiormente—, así como nuestros miedos, esas actitudes dolorosas, para poder estar en equilibrio y realizarnos plenamente en la vida profesional.

Esto implica salir, de manera gradual, del control y de la zona de confort que nuestro ego creía haber establecido en esta área de nuestra vida, y estar dispuestos a aceptar las consecuencias que ello conlleve. Hay dos miedos muy comunes en el ámbito laboral de los que el ego nos protege: **el miedo a no agradar y el miedo a parecer egoísta.** Volver a ser tú mismo en el trabajo es un acto de amor incondicional por el ser humano que eres, con tus límites, defectos y debilidades.

LOS TRES PASOS CLAVE PARA VOLVER A CONECTAR CON TU LIDERAZGO PROFESIONAL

La palabra «líder» puede definirse como alguien que guía o dirige según el *Diccionario Larousse*. El liderazgo es la capacidad de dirigir hacia un objetivo, una dirección. «Dirigir», también es la capacidad de encaminar algo en una dirección determinada. Esto es muy diferente de intentar controlarse a uno mismo, a otra persona o una situación.

Para volver a conectar con tu liderazgo en el trabajo, necesitas conocer tus necesidades y los deseos que te permitirán alimentarlas, para poder dirigirte de forma consciente, alineada y centrada.

Si nos remitimos al triángulo de la vida, cuanto más conozcas tus necesidades y temores, más los aceptarás, y cuanto más emprendas acciones para avanzar en la dirección que quieres que tome tu vida profesional, más te rodearás de colegas que harán lo mismo.

Aquí tienes un resumen de los tres pasos que te ayudarán a tomar la dirección que deseas en esta área de tu vida:

1. **Conviértete en un observador de tus actitudes y comportamientos en el trabajo.**

Es el momento de tomar conciencia de tus emociones, observar tus reacciones y conectar con tu mundo interior. Presta atención a cómo te sientes, a los temores que surgen ante una situación y a las necesidades insatisfechas que identificas.

He aquí tres beneficios de este paso que he observado en mi propia vida profesional:

a) Comprenderte mejor, así como las actitudes y comportamientos que generan tus reacciones.

b) Reconocer los escenarios que tu ego crea para monopolizar tu energía y enfocarla en sus miedos.

c) Descubrir esa energía emocional, a veces gigantesca, que solo estaba esperando ser reconocida para ser canalizada hacia la satisfacción de tus necesidades.

2. **Valida tu forma de ser en tu vida profesional.**

Cuando identifiques tu miedo y las necesidades que no has satisfecho, concédete el derecho de aceptarte tal y como eres en este momento. Tú, como adulto, eres el único capaz de validar esas actitudes dolorosas, aunque no sean lo que prefieras. Reconocer las buenas intenciones que subyacen a cualquier reacción es fundamental para validar tus decisiones, incluso si estas nacen del miedo.

He aquí tres beneficios de este paso que he observado en mi propia vida profesional:

a) Observar las reacciones de sufrimiento desde una nueva perspectiva, reconociendo que toda actitud tiene dos facetas, dependiendo si las motiva un miedo o una necesidad, y que incluso las más criticables pueden tener ventajas.

b) Comprender a quienes enfrentan las mismas dificultades al identificar el origen de esas actitudes dentro de ti mismo. Esto es posible cuando somos conscientes de nuestros propios miedos y de nuestra intención al adoptar las mismas actitudes.

c) Convertirte en un buen padre para tu niño interior, quien alguna vez temió no ser amado por lo que es, en lugar de buscar la aprobación de tus directivos, compañeros o clientes y tratar de complacerlos. Al validarnos, podemos empezar poco a poco a compensar nuestras carencias y expectativas.

3. **Toma las riendas de tu vida profesional.**

Con el tiempo, podrás ejercer tu libre albedrío de forma cada vez más responsable, teniendo en cuenta las consecuencias de actuar desde el miedo o de avanzar guiado por tus verdaderas necesidades.

He aquí tres beneficios de este paso que he observado en mi propia vida profesional:

a) Asumir la responsabilidad, después de haber tomado conciencia, de no satisfacer una necesidad cuando el miedo todavía está demasiado presente.

b) Experimentar el efecto mágico de atender tus necesidades sin depender de la aprobación de otros.

c) Identificar cada vez más rápido si un proyecto profesional corresponde o no a una necesidad real y tomar decisiones con plena conciencia y responsabilidad.

Este viaje interior personal te permitirá pasar, poco a poco, de ser el director de libretos de sufrimiento a convertirte en un actor exitoso en tu vida profesional. Al revisar estos guiones de manera constructiva, podrás dar un nuevo rumbo a tu carrera y alinearla con tus deseos y necesidades más auténticos.

Al asumir la responsabilidad, permitimos que la energía, anteriormente utilizada por el ego para evitar enfrentarnos a nuestros miedos, se redirija hacia acciones que verdaderamente satisfagan nuestras necesidades.

Así, una persona que experimenta falta de energía en el trabajo, llegando incluso al agotamiento, puede recuperar su bienestar mental, emocional y físico al reconocer y atender sus necesidades internas.

El agotamiento laboral no se produce por una carencia de energía, sino por el desgaste de la capacidad de quererse y cuidarse a sí mismo.

No es necesario ser el jefe de una empresa, ni siquiera dirigir un departamento, para desarrollar habilidades de liderazgo. Toda organización necesita personas dispuestas a asumir la responsabilidad de sus propias decisiones.

Adoptar una postura responsable, que contemple nuestras necesidades y nos conecte con el propósito de nuestro trabajo, es esencial para quienes desean experimentar una vida profesional que sea nutritiva, energizante y con significado.

Sabrás que has recuperado el dominio de tu vida profesional a través de cada experiencia en la que te sientas capaz de expresar tu temor, la intención que hay detrás de tu forma de reaccionar y tus verdaderas necesidades.

Permíteme recordarte que, para que se produzca la transformación, tienes que aceptar que eres lo que no quieres ser para poder avanzar hacia lo que sí quieres ser.

En el ejemplo utilizado anteriormente, el empleado sabrá que ha recuperado el dominio de su vida profesional cuando sea capaz de expresar que sentía que no merecía el ascenso porque temía ser incapaz de completar un proyecto, lo que lo llevó a mentir.

La experiencia le habrá hecho tomar conciencia de la expectativa que tiene de sí mismo, debido a su rigidez, de ser siempre capaz. Cuanto más acepte que a veces es incapaz adoptando actitudes distintas a la mentira, más podrá abordar su necesidad de ser capaz de manera más equilibrada y natural.

OBSÉRVATE   VALÍDATE   ACTÚA

LA MAGIA DE HACERTE RESPONSABLE DE TU VIDA PROFESIONAL

• Si te observas, te validas y luego adoptas un papel activo en tu vida profesional, **te responsabilizarás cada vez más de tus expectativas** comunicando claramente tus deseos y necesidades. Serás cada vez más capaz de vivir con las consecuencias de que rechacen tus peticiones sin tomártelo personal ni creer que no eres lo bastante importante, perfecto, digno o que te falta algo.

En el ejemplo del empleado que espera un ascenso, asumirá su responsabilidad cuando acepte que necesita ayuda de su jefe para avanzar en su proyecto y que, por lo tanto, a veces no puede hacer su trabajo. Pero no se culpará a sí mismo, sino que recuperará su autonomía si acepta las posibles consecuencias de no obtener un ascenso.

• Consciente de que tus compañeros de trabajo no están obligados a satisfacer sus necesidades, serás cada vez más capaz de pensar en «planes B» y podrás hacerte cargo de tus deseos y necesidades **de otras maneras.** Cada vez estarás menos tentado a tenderles trampas y a caer en las suyas.

En el ejemplo, la persona puede explorar a qué necesidad responde su deseo de un ascenso y descubrir alternativas posibles para satisfacerla. Supongamos que este deseo surge de la necesidad de sentirse importante. El empleado tendrá que buscar otras maneras de llenar ese vacío en su vida. Este es el regalo oculto que te ofrece esta experiencia:

a) Tomar conciencia de tus necesidades.
b) Actuar para satisfacerlas.
c) Soltar el apego al resultado.

• A medida que identifiques las carencias que alimentan tus expectativas, podrás asumir la **responsabilidad de tus dependencias afectivas** en el ámbito laboral. Comenzarás a proporcionarte a ti mismo y a los demás aquello que esperas de ellos: atención, reconocimiento, importancia, etc. Cuanto más recuperes tu **autonomía,** más atraerás a colegas y colaboradores que también fomenten la suya y contribuyan a la relación de forma equilibrada.

En este caso, el empleado podrá responsabilizarse de su necesidad de sentirse importante solicitando apoyo a su jefe si enfrenta dificultades con un proyecto. Así, se otorgará valor tanto a sí mismo como a los demás.

• Cuando tomes conciencia de las situaciones en las que te desvías de tu esencia natural, aceptarás cada vez más **tus creencias limitantes** y, por ende, **tus miedos** como parte de tu manera de ser. A partir de ahí, podrás tomar decisiones y emprender acciones que te acerquen a tus deseos y necesidades.

En el ejemplo, la persona reconocerá su responsabilidad al identificar su miedo a ser incapaz y la necesidad que ese miedo está bloqueando. Buscará formas de satisfacer su necesidad de sentirse importante y así enfrentará su miedo a ser incapaz. Este proceso requiere primero aceptar ese miedo para permitirse ser incapaz en ciertos momentos.

Con el tiempo, comenzarás a adoptar actitudes y comportamientos que se alineen más con tu naturaleza.

DESCUBRE TU PRINCIPIO FEMENINO Y MASCULINO Y TU PODER CREADOR

Como vimos en el primer capítulo, seamos hombres o mujeres, todos tenemos un principio masculino y otro femenino. Estos principios son a la vez opuestos y complementarios, como las dos caras de una moneda, y ambos son necesarios para la integridad de todo ser humano.

El principio femenino recibe la energía creativa y el principio masculino la expresa actuando. Así funciona la alquimia de nuestra pareja interior.

Características de los principios masculino y femenino

Principio masculino	Principio femenino
Actuar	Desear, pasividad
Dar	Recibir
Análisis, organización, reflexión	Sentimiento, creatividad, espontaneidad
Fuerza, perseverancia, valor	Delicadeza, observación, introspección
Apoyo material	Apoyo afectivo
Visión a detalle	Panorama general
Orden, precisión, claridad, concreción	Desorden, ambigüedad, visualización
Una cosa a la vez, precisión en las tareas	Varias cosas a la vez
Conocimiento, memoria	Belleza, intuición

¿Cómo pueden ayudarte estos dos principios en armonía en tu vida profesional? Te permiten utilizar tu poder creador para realizarte.

Cada uno de estos dos principios que hay en ti necesita expresarse. En lugar de intentar separarte de tu lado femenino en tu vida profesional, desconectándote de tu parte intuitiva y espontánea, debes permitir que coopere con tu principio masculino, la parte poderosa y reflexiva de ti que es capaz de pasar a la acción.

Cuanto más reconozcas la importancia de las cualidades de cada uno de estos principios dentro de ti, más cerca estarás de alcanzar el equilibrio y la armonía entre ambos.

Tu parte femenina podrá volver a ponerse en contacto con su intuición y sensibilidad. Ya no tendrá necesidad de resistirse a la parte práctica, racional y cartesiana de tu parte masculina, del mismo modo que esta ya no tendrá necesidad de resistirse a la intuición y la sensibilidad de la primera.

RECONCILIACIÓN DE LA PAREJA INTERIOR: EL VÍNCULO CON EL MODELO DE PAREJA PARENTAL

Se ha observado que la persona, sea hombre o mujer, que no acepta a su madre, tendrá más dificultades para aceptar su PRINCIPIO FEMENINO. Lo mismo ocurre con el padre y el PRINCIPIO MASCULINO. Esta no aceptación nos impide experimentar todas las características de nuestros dos principios: o bien evitamos expresarlos, o bien queremos utilizarlos demasiado, lo que nos hará sentir culpables o nos hará experimentar miedos.

Para evaluar cuánto aceptas y manifiestas tus principios femenino y masculino en el ámbito profesional, observa cómo te sientes al poner en práctica las características mencionadas en el cuadro anterior. Después, reflexiona sobre cómo expresaban esos mismos principios en su vida profesional las figuras clave de tu infancia: padres, profesores, educadores o autoridades.

Es posible que hayas replicado las **mismas actitudes** de estos modelos. Por otro lado, quizá reaccionaste ante lo que percibiste como sufrimiento en su relación con estos principios y adoptaste las **actitudes opuestas.** Si es así, emprender un viaje interior para reconciliar estos principios puede permitir que se expresen de forma más natural y armoniosa.

PERDÓN Y RECONCILIACIÓN

He reflexionado profundamente sobre cómo enseñar el verdadero perdón. A menudo, alguien que se siente culpable hacia otra persona se disculpa, expresa su arrepentimiento y pide perdón. Si la otra persona lo acepta, cree haber alcanzado el verdadero perdón, pero no es así. **El perdón genuino solo puede surgir desde dentro.**

En la técnica que he creado, el término **«perdón»** se utiliza en relación con uno mismo, es decir, el perdón de uno mismo. Cuando se trata del perdón de parte de los demás, se utiliza la palabra **«reconciliación».**

El perdón y la reconciliación solo son posibles cuando existe **aceptación incondicional de uno mismo y de la otra persona, es decir, una comprensión profunda de la intención y del miedo.** Estos pasos son necesarios cada vez que experimentamos un problema en las relaciones de nuestra vida, ya sea en un contexto profesional o personal.

Si hay una acusación, no se acepta una actitud o una forma de ser. Cuando le guardamos rencor a alguien por el motivo que sea, siempre es porque estamos profundamente decepcionados de esa persona que no ha estado a la altura de nuestras expectativas. El problema, en realidad, es lo que hemos vivido internamente.

1. El primer paso hacia la reconciliación es recurrir a la **técnica del espejo,** que te permite darte cuenta de que te estás acusando de lo mismo que acusas a la persona que tienes delante. Este también es el concepto detrás del triángulo de la vida. Acusas, te acusas y te acusan en la misma medida por cualquier forma de ser que no sea aceptada.

2. Puedes pasar a la fase de **reconciliación** cuando sientas, poniéndote en su lugar, cómo la otra persona está experimentando los mismos miedos y heridas que tú en esta situación. Aunque estés sufriendo, también podrás sentir hasta qué punto la otra persona ha llegado a sus propios límites, y que también está sufriendo en la misma medida que tú.

    Como resultado, ya no te sentirás acusado ni juzgado. Pueden ser necesarias varias experiencias similares para llegar a esta fase, sobre todo cuando la herida está muy arraigada y se ha producido desde una edad muy temprana. Solo entonces podrás decir que sientes compasión por ti mismo y por los demás.

3. Luego llega la etapa del **verdadero perdón,** que consiste en perdonarte a ti mismo. Tras superar la fase

anterior, es normal y humano juzgarse, criticarse o autoacusarse por haber hecho sufrir a otra persona. Esta etapa resulta especialmente difícil para el ego, que está convencido de que los demás tienen la culpa de nuestro sufrimiento.

El perdón hacia uno mismo solo es posible cuando aceptas que has contribuido al sufrimiento del otro sin juzgarte ni sentirte culpable. Este paso requiere comprender que tu reacción tuvo su origen en tu propio sufrimiento.

Reconoces que dejaste que te influyeran los miedos del ego, que creía actuar en tu propio beneficio, y te concedes el derecho de no haber sido plenamente consciente de tus acciones en ese momento. También te das permiso de reprocharte por haber acusado, criticado e incluso calumniado a la otra persona, comprendiendo que fue la parte de ti que sufre la que tomó el control.

4. ***Compártelo con la otra persona.*** *Una vez que hayas completado estos pasos, sentirás un gran alivio y ligereza. Si no te perdonas a ti mismo, seguirás siendo prisionero de tus heridas en tu vida profesional. Solo te queda dar el último paso con la persona con la que has estado experimentando esas emociones. Esto es esencial porque te dirá si realmente se han completado los primeros pasos.*

   Así que pides reunirte con la persona, a solas, para compartir con ella lo que has vivido y saber de qué te ha acusado. Esto debe hacerse sin expectativas, de lo contrario tendrás miedo de encontrarte con la otra persona, temiendo su reacción, lo que significa que sigues enojado con ella o contigo mismo. Es más, el objetivo de este encuentro nunca debe ser que la otra persona te perdone o te pida perdón; más bien, lo haces por ti. **Buscas la reconciliación para disfrutar sintiendo el amor dentro de ti y hacia la otra persona.** Sin contar que, si se logra la reconciliación, ambos sentirán un gran alivio.

> SOLO TÚ PUEDES PERDONARTE,
> NADIE MÁS PUEDE HACERLO POR TI.

Sabrás que te has perdonado de verdad cuando no quede rastro de animosidad y, por lo tanto, no haya juicios de ninguna de las partes.

Un paso adicional de reconciliación que te permitirá ir más profundo es el ENLACE CON TU PADRE O MADRE, o la persona que desempeñó el papel de educador. Es importante que el sexo de esta figura corresponda con el de la persona con quien deseas reconciliarte.

Lo que le reprochaste a este compañero de profesión suele ser una repetición de aquello de lo que una vez acusaste a tu padre, madre o educador en una situación probablemente distinta, pero la acusación y la herida emocional fueron las mismas.

Para romper este vínculo doloroso con esa figura parental y convertirte plenamente en la persona que eres, necesitas aceptar que el otro actuó de la mejor forma que pudo, con las herramientas y conocimientos que tenía en ese momento. Te ofreció el amor que fue capaz de dar con sus propias carencias.

Asimismo, es esencial reconocer que tenías expectativas afectivas hacia ese progenitor o educador (igual que las tienes hacia tu colega) porque había ciertos aspectos de ti mismo por los que no te amabas lo suficiente. El niño que fuiste, en su relación con el aprendizaje y con las figuras de autoridad, es quien necesita tu compasión por haber sufrido el miedo a no ser amado.

> EL VERDADERO PERDÓN CONSISTE EN DARNOS EL DERECHO A SER HUMANOS. ESA ES LA ACTITUD DE UNA PERSONA QUE ESTÁ EN CONTACTO CON SU CORAZÓN.

El perdón te permite LIBERARTE DEL RENCOR Y DEL ODIO, para que puedas volver a una vida profesional plena en la que puedas expresar todo tu potencial y tu individualidad. Tu alma lo necesita para aliviarse.

Cuanto más profundices en este camino de perdón y reconciliación contigo mismo y con tus colegas, estableciendo víncu-

los con tus padres o educadores, más energía, conocimientos e intenciones pondrás al servicio de una vida profesional equilibrada, natural y plena. Comprobarás que, una vez que hayas perdonado de verdad a alguien, aumentará tu energía, porque guardar rencor cuesta muchísimo esfuerzo.

En el caso del empleado mentiroso de nuestro ejemplo, el perdón será más profundo y completo si logra expresar sus descubrimientos al padre o educador en relación con la actitud dolorosa que percibió cuando era niño. Sabrá si se ha perdonado de verdad y se ha reconciliado con su progenitor o cuidador si este no se siente acusado.

ASUME TU SENTIMIENTO DE IMPOTENCIA Y REVELA LA LIBERTAD DE TU SER

Este viaje interior de reconciliación contigo mismo en las situaciones de sufrimiento de tu vida profesional te permitirá reconectar con tu poder interior. Puedes hacerlo de manera progresiva retomando la responsabilidad de las decisiones que tomaste, inconscientemente, cuando de niño te sentías incapaz de ser tú mismo.

Cada vez tendrás menos miedo a no ser amado o aceptado tal y como eres, a no agradarle a alguien, porque tú mismo les darás ese amor benévolo a las partes de ti que sufren. En otras palabras, cuanto más te responsabilices de tus creencias y miedos, más aceptarás tu forma de ser reconociendo tus buenas intenciones, y más te liberarás del sentimiento de impotencia. Esto significa que te validarás en tus miedos y necesidades sin esperar que los demás lo hagan por ti.

Puede parecer paradójico, pero cuanto más aceptes tu impotencia ante las actitudes de tus colegas de trabajo que no responden a tus expectativas, más volverás a conectar con tu poder interior para actuar según tus necesidades, sin intentar controlar a los otros.

Este es el gran poder del amor experimentado a través de la aceptación. Es imposible para la mente comprender el poder de amarnos a nosotros mismos o a los demás. Tenemos que experimentarlo para SABER realmente que es verdad: cuanto más nos aceptamos, más cambiamos, mientras que cuanto más queremos cambiarnos, más permanecemos igual. Lo mismo ocurre en las relaciones personales.

Cuanto más te permitas ser aquello que temías ser, en lugar de intentar controlarlo, mayor será tu sensación de libertad. Aunque es cierto que no podemos controlar las actitudes, heridas, miedos o reacciones de los demás, sí tenemos la responsabilidad de cuestionar y decidir si mantenemos o no nuestras propias creencias. Al tomar conciencia de las buenas intenciones de protegerte que subyacen en tus actitudes alimentadas por el miedo, volverán a florecer tanto tu inteligencia relacional como tu inteligencia emocional.

Te darás cuenta de que tus creencias no eran la realidad, sino el resultado de percepciones basadas en el sufrimiento. Cuanto más te aceptes tal y como eres, más aceptación recibirás de tus compañeros de profesión, y tú también serás capaz de aceptarlos a ellos.

Tienes derecho a ser quien quieras ser en tu vida profesional, con la conciencia de que tú eres el único responsable de las consecuencias de tus decisiones. Ahora imagina todas las consecuencias positivas que surgirán al cultivar lo que realmente necesitas ser en este ámbito de tu vida. Podrás experimentar dándote permiso de ser como eres en este momento, sabiendo que las reacciones de los demás ante tus actitudes son una valiosa oportunidad para observar y comprender tu nivel de autoaceptación.

EL PODER CREADOR DE TU DIOS INTERIOR

Nuestra razón de ser, tanto en el trabajo como en la vida en general, es experimentar y reconectar con nuestro inmenso poder para crear nuestra vida, ya sea a partir de los miedos o de las necesidades. *Este poder, que llamamos el dios interior de cada persona, es una energía que trasciende lo humano: va más allá del cuerpo físico, emocional y mental. Por esta razón, la dimensión mental no puede comprenderlo por completo.* **Solo podemos percibirlo y aceptarlo.**

La vida es generosa y perfecta. Está compuesta por una serie de experiencias que nos conducen a nuestra única razón de ser: recordar que somos seres divinos y creativos. Dios es una energía creadora.

Todo lo que existe en el universo es una expresión divina y forma parte de un gran misterio que la ciencia aún intenta desentrañar. En el origen del Big Bang, encontramos una energía colosal que le permite a la Tierra seguir girando sobre su eje después de miles de millones de años. Desde los minerales hasta los seres humanos, todos llevamos dentro una chispa de esta poderosa energía creadora.

Cada uno de nosotros tiene libre albedrío para decidir si alimentamos nuestras creencias limitantes o aquello de nosotros que es más valioso. No somos nuestras heridas ni reacciones; **es nuestra herida de rechazo la que nos lleva a confundir quiénes somos con lo que hacemos.**

¿Por qué es tan difícil reconocer que somos los creadores de nuestra realidad? La nueva era nos invita a reconectar con nuestro poder creador y nuestra fuerza interior. Comprender cómo expresamos esta energía creadora nos ayuda a sentirnos realizados en la vida profesional.

Todos somos iguales en nuestra esencia. Desde el barrendero hasta el director de una multinacional, cada persona es una expresión de Dios. Gradualmente volvemos a este estado del ser a medida que nos aceptamos incondicionalmente en todas nuestras facetas, responsabilizándonos de ellas en lugar de culparnos.

Dios es una energía inteligente: la energía del amor. En este nivel, no existe la noción de bien o mal, puedes llamarle a esta energía como desees. Todos podemos decir: «Yo soy Dios», refiriéndonos a la parte perfecta y divina que hay en nosotros, no a la perfección que el ego imagina.

Todo el tiempo estamos creando, ya sea que los resultados nos beneficien o no. Poco a poco, aprendemos a utilizar

el poder creador para avanzar hacia una vida más inteligen-
te y agradable para nosotros. Y tú, ¿cómo utilizas tu poder
creador? ¿Lo usas para obtener resultados provechosos que
satisfagan tus necesidades?

Antes de materializar algo en la vida profesional, lo creamos en los pensamientos: ya sea una idea genial que parece
surgir de la nada o una idea que surge en una sesión de lluvia
de ideas en equipo. ¿Has notado cómo, una vez adoptada la
idea, enfocamos toda nuestra energía en llevar este nuevo
proyecto a buen puerto? Identificamos recursos, formamos
alianzas, recopilamos información que nos permita avanzar,
y así ponemos la mente al servicio de nuestro poder creador.
Es el principio masculino en acción el que analiza, reflexiona
y planea.

¿Has observado cómo el desarrollo de un proyecto
innovador, nacido de una nueva idea, hace aflorar sentimientos en ti? Algunos se sienten entusiasmados, otros
se sienten llenos de energía o concentrados y otros se
sienten asustados o preocupados. Así se manifiesta nuestro cuerpo emocional. Es muy útil escucharlo para distinguir un proyecto que te energizará o, por el contrario, te
drenará la energía.

Nuestra parte femenina se expresa con su lado intuitivo, su capacidad para percibir si un proyecto es beneficioso o si algo va mal. ¿Te has dado cuenta de cómo un
equipo puede desplegar una energía sensacional poniendo
en acción su poder de crear, a partir de un simple pensamiento? Ya sea que lo llames superconciencia, Dios, poder creador, todo es una demostración de lo que hay de

poderoso en todo ser humano: el poder de crear a partir de sus pensamientos.

Cuanta más atención prestes a tus pensamientos diarios, especialmente a aquellos alimentados por miedos que generan escenarios y sensaciones desagradables, más podrás hacerte cargo de ellos y poner esta energía al servicio de tus necesidades.

Estar en contacto con nuestro Dios, nuestra guía interior, nos permite manifestar una vida alineada con nuestros deseos y necesidades, a veces a la velocidad de un rayo. Por otro lado, si eres de los que se impacientan a la hora de materializar sus proyectos, como me ha pasado a mí a menudo, y que no se manifiesten en tu vida, sin duda es señal de que un miedo inconsciente está bloqueando que se cumpla. En lugar de obtener lo que deseas, este retraso te ofrece la oportunidad de experimentar lo que realmente necesitas para crecer.

Lo que experimentas en tu trabajo ahora es la manifestación de los pensamientos, las palabras y las acciones que has cultivado en el pasado. Crear una vida laboral positiva requiere que enfoques tu conciencia en lo que piensas y sientes.

He vivido varias experiencias que ilustran este principio del poder creador. Una de ellas fue cuando me contrataron en una escuela de perfumería de una gran empresa del sector. Me percaté de que meses antes ya me rociaba cada noche con uno de los perfumes creados por los alumnos, imaginando que algún día trabajaría allí.

Otra experiencia que se me quedó grabada ocurrió mientras era gestora de cuentas por contratación. Tenía una gran marca de calzado deportivo como cliente potencial, pero no lograba concretar un contrato con ellos. Hasta que una noche tuve un sueño premonitorio en el que firmaba con esa empresa. Normalmente recuerdo muy poco de lo que sueño. Al despertar, supe que era el momento de contactarlos de nuevo. En pocas semanas, efectivamente firmamos el contrato.

Cuanto más conectes con esta energía creadora, inteligente, poderosa y beneficiosa que llevas dentro, más reconectarás con tu poder interior, sin importar lo que ocurra fuera de ti: en tu empresa, entre la gente que te rodea, en el mercado de tu actividad, etc. Así, podrás tomar decisiones inteligentes sobre lo que te conviene experimentar. Al mismo tiempo, serás consciente de la necesidad de aceptarte tal y como eres, sopesando al mismo tiempo las consecuencias de tus elecciones.

No existe el fracaso, solo experiencias que nos ayudan a florecer de nuevo. Puedes ser lo que quieras en tu vida profesional si estás dispuesto a asumir las consecuencias de dejar que tu ego controle tu vida o de ir detrás de tus necesidades.

Cuando experimentas conscientemente, eres capaz de abrirte a las infinitas posibilidades que ni tu sistema de creencias (tu ego) ni tu sistema de valores (tu mente) pueden imaginar. Así es como a grandes científicos creativos se les han ocurrido ideas geniales, a veces percibidas como incongruentes al principio, pero que han contribuido a grandes avances para la humanidad. **Entonces, ¿tú qué decides?, ¿qué quieres crear para tu vida profesional a partir de ahora?**

CÓMO SATISFACER TUS NECESIDADES MENTALES Y EMOCIONALES

Una forma eficaz de devolver el sentido a nuestra vida profesional es tener en cuenta nuestras necesidades, es decir, nuestra razón de SER, como podrás identificar en el ejercicio «Por qué hago este trabajo», que encontrarás al final del siguiente capítulo.

¿Por qué es indispensable? En una época en la que cada vez más personas se limitan a lo que hacen y al salario que reciben, hay un creciente número de trabajadores que buscan una razón de ser más profunda para dedicarse a ese empleo. Esta razón, tan única y personal, reside dentro de cada uno de nosotros. Como una semilla, necesita que la alimentes para crecer y contribuir a la evolución de tu alma.

La dimensión profesional de nuestra vida no es solo un medio para ganarse la vida, sino una herramienta poderosa para el crecimiento personal. Este desarrollo abarca el nivel físico, emocional, mental y espiritual. En este último nivel se encuentra la verdadera razón de ser de nuestra vida profesional, un tema que abordaremos en el último capítulo.

De la misma manera en que el cuerpo físico necesita aire para respirar, órganos para digerir y procesar los alimentos, regenerarse y eliminar lo que no le sirve, nuestra parte mental y emocional también requiere su propia nutrición interna.

El cuerpo emocional es la energía que se manifiesta dentro de nosotros cuando estamos en contacto con nuestros sentimientos, cuando expresamos deseos, como el anhelo de conseguir un ascenso. Tenemos diferentes maneras de alimentarnos emocionalmente:

- Expresando nuestra creatividad en el trabajo.

- Aportando belleza, ya sea en la forma de decorar o en lo que creamos.

- Dando y recibiendo afecto, y estableciendo relaciones armoniosas con nuestros colegas y colaboradores.

- Alimentando nuestra necesidad de pertenencia, por ejemplo, uniéndonos a una red de profesionales de nuestra región.

- Confiando en que tenemos todo lo que necesitamos para experimentar este aspecto de nuestra vida.

- Teniendo objetivos y proyectos.

El cuerpo mental es la energía que se manifiesta cuando analizamos y pensamos cómo conseguir nuestros deseos. He aquí algunas formas distintas de nutrirnos mentalmente:

- Expresando nuestra individualidad, en particular la de tener deseos y necesidades diferentes de los de nuestros colegas, nuestro jefe, etcétera.

- Reconociendo nuestra necesidad de honestidad, respeto y orientación por parte de nuestros colaboradores.

- Dejándonos llevar, es decir, dejando de ejercer control sobre el resultado, sobre la forma en que nuestros deseos y necesidades deben concretarse en el trabajo.

- Liberándonos de las expectativas no pactadas previamente en las relaciones profesionales.

- Cuidando nuestra seguridad interior en el ámbito laboral, aceptándonos cada vez más en todas nuestras facetas.

- Tomando conciencia de la razón de ser de nuestra vida profesional.

No importa que seas ejecutivo, directivo, empleado o autónomo, cuanto más consciente seas de tus necesidades y de la razón de ser de tu trabajo, más probabilidades tendrás de actuar para satisfacerlas. Por otro lado, no te desanimes si los planes que habías previsto inicialmente, o tus deseos, no se materializan de la manera que habías imaginado o en el momento que querías.

Para cada deseo que quieras manifestar, ya sea un nuevo proyecto, un nuevo empleo o emprender en tu propio negocio, te invito a que te preguntes qué necesidad satisface en ti con ayuda del ejercicio que aparece al final de este libro.

Tomemos el ejemplo de un directivo que desea un ascenso que le permita cambiar de puesto, desempeñar otras funciones y adquirir nuevas responsabilidades. Al cuestionarse sobre la razón de ser de estos deseos profesionales, descubrirá que responde a una necesidad de energizarse, o quizá de revitalizarse.

Imaginemos que ese ascenso tan esperado no se materializa por el motivo que sea. Consciente de su necesidad real, podría encontrar otras formas de sentirse con energía y vigor, como hacer deporte, dar un paseo por el campo, etcétera.

Sin importar las circunstancias a las que te enfrentes en tu vida profesional, tienes todo dentro de ti para encontrar alternativas que te permitan satisfacer tus necesidades. **Así que no te obsesiones con los medios, recuerda lo que necesitas.**

Para aliviar las heridas emocionales, las necesidades más importantes de nuestra vida profesional son:

- **Pertenencia,** para calmar la herida de **rechazo** que lleva a nuestra parte huidiza a excluirnos hasta que reconozcamos nuestro verdadero **valor** y ocupemos nuestro lugar en el trabajo.

- **Seguridad,** para calmar la herida de **abandono** que lleva a nuestra parte dependiente a experimentar inseguridad afectiva hasta que volvemos a conectar con nuestra **fuerza interior para avanzar de forma independiente.**

- **Respeto,** para calmar la herida de **humillación** que lleva a nuestro lado masoquista a privarse de sus necesidades hasta que recuperamos la **libertad** de disfrutar de los sentidos.

- **Confianza,** para calmar la herida de **traición** que lleva a nuestro lado controlador a dudar y desconfiar por miedo a que se aprovechen de nosotros mientras no conectemos con nuestra **vulnerabilidad**.

- **Afecto,** para calmar la herida de **injusticia** que lleva a nuestra parte rígida a vivir con indiferencia mientras no se sienta **reconocida** en sus méritos y derechos.

Diversos estudios han demostrado que los principales impulsores de la realización profesional actualmente son:

1. Trabajo híbrido, alternando trabajo presencial y a distancia, que asocio con la necesidad de **respeto.**

2. La organización de las condiciones de trabajo (horario laboral, número de días trabajados por semana), que asocio con la necesidad de **individualidad.**

3. Una gestión transversal que fomente el trabajo en colaboración, lo que asocio con la necesidad de **orientación.**

4. Desarrollo de habilidades, que asocio con la necesidad de tener **objetivos.**

5. La transparencia empresarial, que asocio con la necesidad de **honestidad.**

Para concluir este tema sobre las necesidades, me gustaría llamar tu atención sobre las intenciones.

SÉ MÁS CONSCIENTE DE TUS INTENCIONES

Es fundamental que, al decidir lo que quieres crear, prestes atención a tus intenciones. **La intención es lo que nos impulsa de manera deliberada a actuar.** Por lo general, todas nuestras acciones están guiadas por algún tipo de intención. Lamentablemente, con demasiada frecuencia actuamos con la intención de ser amados, en lugar de tener simplemente la intención de ser nosotros mismos.

La palabra «intención» está estrechamente vinculada a la ley de causa y efecto. **Siempre cosechamos lo que sembramos, es decir, obtenemos los resultados de nuestras intenciones, ya sea que estén motivadas por un miedo o una necesidad.** Una persona que se enfoca en sus necesidades en su vida profesional atraerá a colegas o jefes que también lo hagan.

Por ejemplo, puede ocurrir que tú y un colega intenten superarse al trabajar en un proyecto común. Es probable que ambos estén utilizando enfoques distintos. Si los dos prestan verdadera atención a sus necesidades, será más fácil llevar el proyecto a buen término. Si enfrentan dificultades de comunicación y entendimiento, es señal de que ambos están escuchando a sus temores en vez de a sus necesidades. Por esta razón, muchas personas suelen experimentar emociones intensas: no son conscientes de que están cosechando lo que sembraron.

Prestar atención a las intenciones que hay detrás de todas tus acciones y palabras te ayudará a saber si responden a una necesidad o a un miedo. El temor de no agradar, el miedo a molestar y el miedo a ser juzgado como egoísta son los más *comunes. También es posible que a veces haya dos intenciones contradictorias detrás de tus acciones, lo que puede estresarte y angustiarte.*

Tomar conciencia de nuestras verdaderas intenciones y necesidades es un paso esencial hacia una vida profesional plena.

En el siguiente capítulo, el último de este libro, nos centramos en el bienestar y la realización de esa plenitud en el ámbito profesional.

CAPÍTULO 12

Genera bienestar y realización profesional

En el capítulo nueve, vimos cómo las heridas emocionales no reconocidas pueden afectar negativamente a nuestras actitudes y comportamientos en nuestras relaciones laborales, con la autoridad y con los compañeros de trabajo. Para ayudarnos a liberarnos aún más de las heridas, es importante desarrollar la inteligencia relacional. De esta forma, la evolución personal puede contribuir a la toma de conciencia colectiva. Este es el objetivo del programa del Instituto ESSAÊ, cofundado por Lise y Jean-Louis Raphaël Mersh.

INTELIGENCIA INTERPERSONAL Y COLECTIVA

La inteligencia interpersonal puede definirse como un conjunto de habilidades que nos permiten interactuar con los demás y desarrollar relaciones armoniosas. El ser humano necesita relacionarse con sus semejantes mediante la participación en actividades sociales.

Tener en cuenta nuestras heridas emocionales en el mundo laboral repercute positivamente en la forma de relacionarnos con nuestros colegas, pues así se desarrolla la capacidad de fomentar la inteligencia colectiva, lo cual facilita la colaboración entre individuos con deseos, necesidades, talentos y heridas de lo más diversos.

Convertir esta diversidad en un activo es el reto que asumen las llamadas empresas incluyentes, es decir, aquellas que se comprometen a no discriminar. Esto parecería contribuir a que aceptemos nuestra herida de rechazo en un contexto profesional, de lo cual hablaremos más adelante.

INTELIGENCIA INTERPERSONAL Y COLECTIVA: SU IMPACTO EN LA RELACIÓN CON LA AUTORIDAD, EL PODER DELEGAR, LA JERARQUÍA Y LAS CRÍTICAS

Te recuerdo que el proceso de perdonar las partes de nosotros mismos que hemos juzgado, los vínculos establecidos con las figuras de autoridad durante nuestra formación y el camino de reconciliación con ellas tienen como resultado la curación de nuestras heridas. Poco a poco, la ira, el sentimiento de impotencia y las emociones que sintamos hacia las figuras de autoridad se calman al comprender los miedos que originaron estas heridas. Como resultado, nuestra relación con la autoridad también sana.

Esta comprensión benevolente nos permite volver a centrarnos en nuestros deseos y necesidades, al tiempo que reconocemos los temores que nos llevaron a descentrarnos, como el miedo a desagradar o a ser sumisos. De esta manera, nos reconectamos con nuestra autoridad natural. En lugar de intentar ejercer autoridad sobre los demás o permitir que otros la ejerzan sobre nosotros, imponiendo nuestros sistemas de creencias y valores, nos hacemos conscientes de que cada persona tiene deseos y necesidades únicos.

Esto es lo que nos convierte en individuos únicos que encarnamos con una razón de ser particular en nuestra vida profesional. Al asumir la responsabilidad de aquello que nos genera emociones en el día a día, transformamos esas experiencias en una maravillosa oportunidad: reconocer nuestras heridas a través de las relaciones interpersonales en el trabajo, **lo que poco a poco nos conduce a un nuevo estado de ánimo y de conciencia.** Adoptamos una actitud más responsable y nos especializamos en respetar las propias necesidades.

Cuanto más consciente seas de que la empresa, el departamento, el puesto y los compañeros con los que trabajas son los que necesitas para aprender a aceptarte a ti mismo, más apreciarás tu entorno laboral como una herramienta poderosa para gestionar mejor tus heridas emocionales.

Al atender tanto tus propias necesidades como las de tus colegas, adoptas un enfoque laboral maduro y equilibrado, basado en relaciones de adulto a adulto. Sin embargo, el niño que llevas dentro —aquel que alguna vez buscó la validación de sus educadores— puede aparecer de vez en cuando, anhelando aprobación de tus colegas. Cuanto más espacio le des a ese adulto responsable que estás desarrollando, más te sentirás legitimado y valorado simplemente por ser tú mismo.

Durante mucho tiempo, las dinámicas laborales estuvieron influenciadas por relaciones de tipo padre/hijo o profesor/alumno, especialmente en culturas empresariales paternalistas o jerárquicas. No obstante, estamos avanzando hacia una nueva era que nos invita a transformar estas relaciones. La interacción con la autoridad en el ámbito profesional se convierte en una oportunidad única para reconciliarnos con nuestros antiguos educadores, nuestros padres, e incluso con nuestra pareja interior: el principio masculino y femenino que coexisten en nosotros.

Este proceso de reconciliación comienza con el reconocimiento del punto donde quedamos emocionalmente bloqueados durante la infancia. A partir de ese momento, podemos avanzar hacia una comprensión más profunda y compasiva de las actitudes de nuestros profesores o figuras de autoridad, quienes actuaban desde sus propias heridas emocionales, en un momento de nuestra vida en el que no contábamos con los recursos para entender lo que realmente ocurría.

La influencia de las nuevas generaciones

Cada vez más jóvenes encarnan esta actitud responsable y desafían a los profesionales de generaciones anteriores, que ingresaron al mercado laboral con necesidades diferentes, como validar su legitimidad o autoridad a través del trabajo.

¿Por qué esta nueva generación asume de forma más natural esta responsabilidad intuitiva? Porque nacieron en la Era de Acuario, un periodo en el planeta en el que hay que despertar la inteligencia, la responsabilidad y el amor genuino. Esto los convierte en personas abiertas, auténticas y directas, siempre que se respete y se valore su forma de actuar. Atienden fácilmente nuestras peticiones, pero ¡cuidado! Enseguida detectan intuitivamente si intentas manipularlas y, de ser así, se cierran en automático.

Por ejemplo, los jóvenes de hoy encuentran difícil aceptar la autoridad de líderes controladores que imponen sus deseos como órdenes, sin antes establecer acuerdos sobre sus expectativas.

En las relaciones interpersonales jerárquicas, muchos empleados afirman que se desarrollan de forma más favorable y rápida con un directivo que los guía con preguntas en lugar de imponerles su forma de hacer las cosas.

Al hacer preguntas, animamos a nuestros colaboradores a cuestionarse la forma de realizar su trabajo en función de sus necesidades, en lugar de imponerles creencias y valores que a menudo corresponden a nuestros miedos.

En algunas profesiones, como las del ejército, los servicios de emergencia o sectores técnicos, donde seguir instrucciones con precisión es crucial, la aceptación de la autoridad es más natural. Esto ocurre especialmente cuando quien da las consignas o las órdenes lo hace para transmitir conocimientos técnicos o promover el bienestar común, y no por el placer de imponerse a los demás en un simple ejercicio de poder.

> LA NUEVA ERA NOS LLEVA A TRABAJAR DE FORMA CADA VEZ MÁS INTELIGENTE, ES DECIR, ÚTIL, ESPONTÁNEA, SENCILLA Y NATURAL.

Inteligencia en el ámbito profesional

La inteligencia puede definirse como la capacidad de conocer, comprender y adaptarse con facilidad. También conocida como «mente superior», representa la parte de nosotros que está directamente conectada con la fuente divina, el conocimiento y aquello que nos resulta beneficioso. Es fundamental diferenciar «inteligencia» de «intelecto», ya que este último es de naturaleza más mental y analítica.

La inteligencia se manifiesta siempre en el momento presente. Es la habilidad de saber qué hacer o decir en el instante adecuado y de conectar con nuestras necesidades.

Una persona inteligente:

- *Posee una naturaleza espontánea.*
- *Tiene confianza en sí misma y en su dios interior, en su intuición y en lo que siente.*
- *Demuestra capacidad de síntesis.*
- *Usa su discernimiento para actuar en función de lo que es mejor para su bienestar.*
- *Comprende que ser inteligente implica que todo lo que posee, piensa y hace debe tener un propósito útil.*

La noción de «jerarquía» ha evolucionado significativamente desde que los seres humanos comenzaron a trabajar para otros. Tanto si eres un directivo rígido (marcado por la herida de injusticia) como un líder controlador, ya sea agresivo o solapado (afectado por la herida de traición), cuanto más aceptes tu herida emocional, más podrás poner al servicio de tu equipo los talentos que ella disimula.

Si eres un directivo rígido al que le cuesta delegar por miedo a que las cosas no se gestionen a tu manera, o según lo que tú consideras que está «bien hecho», te sugiero la siguiente actitud. Sé cada vez más sincero con tus colegas expresándoles tu miedo a la imperfección y tu dificultad para delegar. Entonces podrás dar pequeños pasos con ellos para confiarles tareas más complejas, y así te ganarás su confianza.

Si, de forma consciente o inconsciente, has asumido un puesto de responsabilidad con el objetivo de tener poder sobre los demás y por temor a estar sometido a órdenes, es altamente probable que enfrentes un estrés creciente en tu trabajo. Este estrés proviene de la necesidad de ejercer un control constante para mantener a raya el miedo a la sumisión.

La vida, siempre generosa, nos envía aquello que necesitamos para evolucionar profesionalmente. Los juegos de poder han generado numerosos conflictos en el ámbito laboral, donde muchos intentan mantener el control y tener la última palabra. Sin embargo, estas situaciones también son grandes oportunidades para el autodescubrimiento.

Muchas empresas están transformando sus estructuras organizativas. Han pasado de un modelo vertical y jerárquico a otro más interfuncional, donde todas las funciones se encuentran al mismo nivel y colaboran en beneficio de la razón de ser de la empresa. En este contexto, el rol de gestión está dejando de basarse en el control para centrarse más en la supervisión y el apoyo.

Los líderes que logran resultados destacados en el desarrollo de sus empresas son aquellos reconocidos por su capacidad para inspirar. Esto se refleja por sus actitudes en cuanto a:

- Delegar.
- Escuchar.
- Tener en cuenta.
- Dar responsabilidades.
- Confiar.
- Guiar a partir de una visión clara de la razón de ser de su empresa.

Todo lo que da sentido en el entorno laboral permite a los empleados expresar su polivalencia, individualidad y creatividad. Más adelante profundizaremos en este concepto.

Ser consciente de las necesidades propias y ajenas

Independientemente de tu rol, ya seas ejecutivo, directivo, empleado o trabajador autónomo, cuanto más consciente seas de tus propias necesidades en el trabajo, más podrás sintonizar con las de tus compañeros. Esta capacidad te permitirá alcanzar acuerdos claros y asumir con responsabilidad las consecuencias de incumplirlos o incluso de una posible desvinculación. Este nivel de conciencia es otro indicio de inteligencia.

Es importante recordar la **ley de atracción:** atraemos a personas que vibran igual que nosotros. Cuanto más nos desvinculamos y menos cumplimos nuestras promesas, más tenderemos a atraer directivos, empleados o clientes que también se desvinculan de nosotros. Por el contrario, cuanto más claros sean los acuerdos personales, reconociendo nuestras necesidades y los recursos necesarios para satisfacerlas, más atraeremos a compañeros de trabajo que respeten y valoren ese enfoque, tanto para ellos como para nosotros.

Las personas inteligentes que ocupan puestos de responsabilidad están participando cada vez más en roles de supervisión fundamentados en una comunicación clara sobre las tareas y los objetivos establecidos. Esto coloca a los empleados en una posición de responsabilidad, otorgándoles el espacio y la autonomía necesarios para expresar su talento, desarrollar sus capacidades y aplicar su creatividad.

El seguimiento periódico se convierte en una herramienta clave para ofrecer retroalimentación en forma de críticas constructivas. Este tipo de críticas, al centrarse en soluciones y vías de mejora, contribuye significativamente a elevar la calidad del trabajo. La crítica constructiva, libre de acusaciones, es una habilidad fundamental en el ámbito profesional que debemos aprender a desarrollar, porque pocas son las personas que han aprendido a criticar constructivamente antes de ingresar al mercado laboral.

Es importante recordar que todos llevamos, en mayor o menor medida, la herida de rechazo. Esta herida a menudo nos lleva a identificar lo que somos con lo que hacemos. Por eso es de esperarse que a la mayoría de los profesionales se les dificulte recibir o dar críticas de manera constructiva, pues, para el ego, ser criticado puede interpretarse como un rechazo, una amenaza a su sentido de identidad y valía.

Seamos directivos, ejecutivos, empleados o trabajadores autónomos, es al tomar conciencia de lo que ocurre en nuestro interior desde la infancia en nuestra relación con la autoridad que podemos transformar cada experiencia profesional desafiante en una oportunidad de autodescubrimiento y realización.

Si puedes identificar en las actitudes de tus colegas una oportunidad para explorar comportamientos que generan sufrimiento en tu relación con la autoridad, aprovéchala para:

- Observar tus reacciones.
- Aceptarte tal cual.
- Decidir conscientemente si continúas reaccionando de la misma manera y asumes las consecuencias o das pequeños pasos hacia una gestión más amorosa y amable de estas situaciones.

La nueva era del mundo laboral nos impulsa cada vez más hacia este enfoque. Los empleados valoran que sus líderes expresen claramente sus deseos y necesidades, ya que esto facilita que ellos también lo hagan. En este contexto, recibir órdenes tiene cada vez menos sentido en una vida profesional satisfactoria. Lo que realmente queremos es ser guiados, no controlados.

Un verdadero líder inspira a sus colegas a cuestionarse y encontrar sus propias soluciones. Este es el camino de vuelta hacia la autonomía. Los líderes y directivos más influyentes de los próximos años serán aquellos que reconecten con su poder interior, cultivando un liderazgo personal que les permita inspirar a otros desde su propia autenticidad.

Considerar las necesidades y deseos de todos es lo que la mayoría de nosotros necesitamos experimentar para volver a conectar con nuestra autonomía y responsabilidad. Esto implica aprender a aceptar el desacuerdo en torno a cómo pensar, trabajar o llevar a cabo un proyecto, en lugar de conformarnos y permitir que la individualidad se desvanezca.

La herida de rechazo: la más dolorosa

Esta nueva perspectiva puede provocar que ciertas heridas emocionales salgan a la superficie, como la herida de traición, que nos lleva a creer que nos sentimos amados únicamente cuando nuestros colegas están de acuerdo con nosotros. Sin embargo, es la herida de rechazo la que suele tener el mayor impacto en tu vida profesional. **Esta herida nos hace interpretar cualquier crítica como un ataque a nuestro ser, en lugar de verlo como un comentario sobre nuestras acciones.**

Cuando nuestros compañeros no comparten nuestras ideas o no están de acuerdo con nosotros, esta herida nos puede llevar a creer que no valoran lo suficiente quiénes somos. *Un ejemplo típico podría ser cuando un colega le dice a otro: «No puedo creer que hayas olvidado algo tan importante», y quien recibe la acusación escucha: «Eres*

un incompetente». En cuanto se activa la herida de recha-
zo, este fenómeno se manifiesta en cada uno de nosotros. En
esos momentos, nos es imposible recordar que olvidar algo es
una experiencia completamente normal y humana, y que no
define nuestra valía ni quiénes somos.

Esta herida también está en la raíz del orgullo. En el ámbito profesional, todos hemos mostrado orgullo en algún momento, intentando imponer nuestras creencias y valores por temor a ser percibidos como inadecuados o juzgados por pensar, trabajar o actuar de manera distinta.

Abrirse a lo nuevo

¿Qué pasaría si abrirnos a otras formas de pensar y actuar permitiera que nuestro poder creador se pusiera al servicio del bienestar colectivo?

La idea de aprender a expresar nuestros deseos y necesidades, así como asumir la responsabilidad de satisfacerlos, puede intimidar a esa parte huidiza de nosotros que tanto teme el rechazo. Sin embargo, avanzar de forma afectuosa y consciente implica dar pequeños pasos, sobre todo al tratar con colegas rígidos o controladores, es decir, que adoptan una actitud de fortaleza.

No existe un único modelo para liderar un equipo, gestionar un proyecto o dirigir una empresa. Hay tantas como hay seres humanos en esta Tierra. Cada persona aporta su individualidad, que se expresa mediante su talento, habilidades, historia, miedos, heridas y necesidades. *Por ello, necesitamos desarrollar una mayor apertura espiritual, lo que nos permitirá adaptarnos más fácilmente al nuevo mundo.*

En el camino profesional, encontrarás líderes, directivos y compañeros que representan experiencias que necesitas vivir en ese momento. Si no te agrada su actitud, recuerda que están allí para ayudarte a tomar conciencia de actitudes y creencias que ya no son útiles ni beneficiosas para ti. Es entonces cuando debes aceptarte tal como eres en tu relación con la autoridad y comenzar a descubrir tus verdaderas necesidades y temores.

Por ejemplo, si te sientes víctima, es decir, impotente frente a un jefe que ejerce su autoridad a través de la fuerza, te invito a reflexionar sobre en qué te beneficia mantener esa postura. Atraemos hacia nosotros lo que necesitamos para evolucionar y recuperar el dominio de nuestra vida profesional.

Pregúntate también en qué otras áreas de tu vida te sientes impotente para lograr lo que deseas, y observa cómo tu ego puede estar buscando controlarte. Cada vez que te tomes un momento para conocerte a ti mismo con aceptación y responsabilidad, descubrirás que no necesitas cambiar de empresa, departamento o puesto de trabajo; necesitas aprender a conocerte dentro de ese contexto profesional.

La vida es generosa, siempre ofrece oportunidades de cambio en el momento oportuno. Esto implica soltar el control, las expectativas y los resultados de tus acciones.

Dejar que la vida te guíe en tu viaje de crecimiento personal dentro de tu carrera es un gran regalo que te haces a ti mismo. Al final, tu poder para crear la vida profesional que deseas se volverá más fuerte, y sabrás si está motivado por el miedo o por la necesidad de nutrir tu ser interior, dependiendo de lo que coseches: emociones o felicidad.

Cada vez emergen más métodos de gestión:

- Gestión participativa.
- Trabajo en colaboración.
- Transición de los juegos de poder al reparto de poder en los organigramas.
- Un entorno de trabajo que fomenta la inteligencia colectiva, donde cada uno puede ocupar su lugar y dejar que brille su individualidad.

Todo esto refleja una necesidad creciente de dar sentido a nuestra vida profesional. El trabajo en equipo ya no se trata tanto de la sumisión de muchos a las directrices de unos pocos, sino de permitir que lo mejor de nosotros mismos salga a flote. Las organizaciones avanzan hacia el codesarrollo entre empresas, empleados, departamentos y trabajadores autónomos con el objetivo de crear un rendimiento ecológico, inteligente y sencillo, que favorezca la naturaleza humana.

Hoy en día, muchos profesionales buscan tener un impacto positivo en el planeta y las generaciones futuras, además de alcanzar un equilibrio entre su vida personal y profesional. Esto no necesariamente implica trabajar menos, sino trabajar mejor, de manera que lo que nos nutre en lo más profundo nos permita satisfacer nuestras necesidades, teniendo en cuenta nuestra ecología interior y cómo abrazamos las emociones.

Cada pequeño paso hacia una mayor aceptación y compasión por nuestra humanidad en el trabajo es un gran paso hacia un impacto positivo para las futuras generaciones de profesionales. ¿Por qué? Porque somos su modelo a seguir. Cada actitud dolorosa que asumimos para aceptarnos a nosotros mismos es una actitud que nuestros hijos, alumnos o empleados también adoptarán, aceptándose a sí mismos en lugar de rechazarse o querer ser lo contrario, como reacción al sufrimiento que han percibido en nosotros.

Por supuesto, no existe una varita mágica que te permita pasar de una forma de funcionar influida por tus heridas emocionales a una forma más natural de ser. Yo misma pasé mucho tiempo buscando esa varita, queriendo evitar el dolor de mi herida de rechazo en el mundo laboral.

Tu nivel de motivación será el factor determinante. Todo sucede poco a poco. A menudo, cuando estamos cansados de vivir con las consecuencias de nuestros miedos, agotados por el autocontrol, es cuando comenzamos a considerar probar algo diferente.

Es el niño que llevamos dentro, a quien no se le ha dado la responsabilidad de su relación con el aprendizaje y las figuras de autoridad, el que necesita iniciar este proceso para aprender a gestionar sus miedos y emociones, y transformar su interior paso a paso.

Esta nueva era del mundo profesional nos lleva a alejarnos poco a poco de las normas, los dogmas y cierta forma de pasadismo. Pero también debemos recordar las lecciones y la sabiduría de las experiencias pasadas si queremos avanzar hacia una relación más inteligente con el trabajo, que sea más intelectual. Los modelos empresariales responden cada vez más a las necesidades emergentes y menos a las normas tradicionales. Todo esto es un proceso evolutivo.

Como consecuencia, las nociones de «lealtad» y «compromiso» con una empresa o con compañeros de trabajo evolucionan cada vez más en función de las necesidades individuales. Será más fácil poner fin a asociaciones, contratos, etcétera, que ya no responden a una necesidad, asumiendo nuestra parte de responsabilidad en lugar de culpar a las partes implicadas.

Al volver a centrarnos en las necesidades que nos nutren interiormente, seremos capaces de desprendernos de una lealtad que a veces nos lleva a seguir alimentando creencias y valores heredados. Por ejemplo, sabrás si ejercer la misma profesión o continuar en el negocio familiar responde a una necesidad personal o a un deber de lealtad en función de cómo te sientas con tu trabajo.

Todo evoluciona rápidamente, y nuestra conciencia también. Cuanto más consciente seas de tus miedos y necesidades, y más te responsabilices de ellos, **más rápidamente podrás desprenderte de una experiencia**

y abrazar otra. La capacidad de adaptación es una de las habilidades más valoradas por los reclutadores hoy en día. Esto significa observar, aceptar y asumir la responsabilidad de nuestros miedos ante el cambio.

Un profesional que asuma conscientemente su herida de rechazo en el trabajo podrá liberar su creatividad y expresarse de manera única. A medida que se dé cuenta de esto, sentirá cada vez menos la necesidad de compararse con los demás, comprendiendo que su actividad no necesariamente responde a las mismas necesidades que las de sus compañeros.

Otra gran ventaja de esta toma de conciencia es que el profesional desarrollará más compasión por sus colegas, ya que podrá identificar si están siendo controlados por su propia herida de rechazo.

En los últimos años, se han implementado métodos de trabajo híbridos, que permiten alternar el trabajo presencial con el trabajo a distancia. Para determinar si esta modalidad de trabajo responde a una necesidad real o a un temor, basta con observar si el trabajo presencial o a distancia genera miedo. En efecto, el trabajo a distancia podría ser un medio para evadir las emociones, una forma de poner distancia entre uno mismo y las emociones que pueden desencadenarse. Además, ofrece una excelente oportunidad para observarse a sí mismo en términos de autonomía y confianza en los demás.

Si un directivo teme autorizar jornadas de trabajo a distancia a sus empleados, aunque esta modalidad sea compatible con las labores que realizan, esto es un indicador de que ciertamente se ha despertado el miedo a perder el control o, en otras palabras, el temor de que el empleado no trabaje las horas requeridas o a que el trabajo se haga mal.

Estos métodos de organización en el entorno profesional serán mucho más efectivos si se establecen acuerdos previos que consideren los deseos y necesidades de todas las partes involucradas, así como las consecuencias que acarrearán si alguno de los acuerdos no se respeta.

INTELIGENCIA EMOCIONAL INDIVIDUAL: SU IMPACTO EN LAS COMPETENCIAS PARA TU VIDA PROFESIONAL

Cuando nos postulamos para un puesto o trabajo, lo que generalmente se pone a prueba son nuestras competencias. Existen dos tipos de aptitudes: las **conductuales**, conocidas como «habilidades blandas», y las **técnicas**, que evalúan los conocimientos y experiencia específicos en un área determinada, conocidas como «habilidades duras».

Hoy en día nos damos cuenta de que estas habilidades ya no son suficientes. Muchas veces, estas aptitudes pueden estar profundamente influidas por lo que experimentamos emocionalmente en el entorno laboral. Es por eso que ahora es necesario un nivel adicional de competencias: **las habilidades interpersonales.**

Ya abordamos el tema de la inteligencia emocional en el primer capítulo de este libro. Las habilidades interpersonales surgen de manera natural de la inteligencia emocional individual, es decir, de la capacidad de responsabilizarnos de nuestras emociones en el mundo laboral, en lugar de vivirlas bajo un esquema de control o acusando a los demás.

Para lograr la realización profesional, no se trata tanto de controlarnos para adaptarnos a los comportamientos que esperan nuestros colegas. Más bien es necesario ser conscientes de nuestros deseos y, sobre todo, de nuestras necesidades, y de tener en cuenta las de los demás para determinar si es posible llegar a un acuerdo en el que todos salgan ganando.

Hacernos cargo de la influencia de las heridas emocionales en nuestra vida profesional nos permite desarrollar habilidades importantes, como:

- **Establecer límites:** Cuanto más te enfrentes a los miedos que te impiden decir no o parar, más capaz serás de respetar tus propios límites y los de tus compañeros de trabajo. Esta es una habilidad muy apreciada y, lo más importante, es beneficiosa para ti.

  Rechazar o ser rechazado no significa decir no a lo que eres o a lo que tu colega es, sino simplemente decir no a lo que tú o la otra persona desean hacer en ese momento. Todos tenemos derecho a tener límites, necesidades y deseos diferentes, sin que esto ponga en duda nuestro valor ni el de los demás. Cuanto más te responsabilices de tus reacciones, menos tentado estarás para manipular, acusar, hacer sentir inseguros o recompensar a tus compañeros para evitar que te rechacen.

- **Gestionar los conflictos:** Ver los conflictos en las relaciones desde la perspectiva de las heridas emocionales ofrece una comprensión profunda de uno mismo y de las partes implicadas. *Todo lo que te genera una reacción es, en realidad, un miedo que nace de una necesidad insatisfecha, o de una forma de ser que ha sido juzgada.* Reconocer esta parte de ti mismo y verla en la otra persona te libera de las dinámicas de poder.

  Los conflictos de valores y creencias son humanos porque cada uno de nosotros vive en un mundo diferente. Esta comprensión se facilita cuando nos damos cuenta de que, en todos los casos, los miedos implicados son los mismos de ambos lados. La técnica del efecto espejo, mencionada al principio de este libro, te ayudará a darte cuenta de esto, permitiéndote vivir los conflictos en lugar de evitarlos o provocarlos.

- **Llegar a acuerdos:** Para resolver un conflicto profesional, ya sea entre colegas, entre jefe y empleado, entre prestador de servicios y proveedor, una solución eficaz es expresarlo y llegar a un acuerdo. Sin embargo, conciliar requiere que seas capaz de comunicar con claridad tus temores, los cuales están en la raíz del conflicto y las emociones que ha despertado en ti.

Esta comunicación abierta facilitará que la otra parte también haga lo mismo, lo que permitirá establecer acuerdos claros. Es importante recordar que un acuerdo es mucho más efectivo si tiene en cuenta las consecuencias para cada parte si el compromiso no se cumple.

- **Compartir deseos y necesidades:** Para establecer acuerdos que beneficien a todos, cada persona debe compartir sus deseos y necesidades en el contexto en cuestión. Esto requiere asumir la responsabilidad de tus propios miedos y reconocer las buenas intenciones ocultas en ellos. Si no haces esto, te quedarás atrapado en juicios y acusaciones. En algunos casos, puede ser necesario pedir la ayuda de un mediador o de un tercero para facilitar el proceso.

- **Mirar a los demás como un espejo:** *El efecto espejo se ha mencionado varias veces en este libro porque es fundamental aprovechar cualquier oportunidad para ponerlo en práctica. Este ejercicio es el más difícil de aceptar para el ego, por ello requiere mucha práctica.*

    ¿Por qué no aprovechar la forma en que enfrentas los conflictos en el trabajo como una oportunidad para tomar conciencia de los conflictos que experimentas en tu interior? A través de los conflictos que surgen, puedes descubrir qué heridas emocionales se activan en ti. La forma en que percibes el mundo exterior siempre es un reflejo de lo que ocurre en tu interior.

Un conflicto es señal de que existen dos actitudes opuestas en nuestro interior que no aceptamos. Por ejemplo, si te esfuerzas al máximo por ser paciente en tu vida profesional para evitar ser a veces impaciente, estás en conflicto con esas dos actitudes internas. Te obligas a ser paciente y, por lo tanto, te controlas para no ser impaciente. Si te encuentras con un compañero de trabajo impaciente y esto desencadena un conflicto, no te sorprendas; es una señal de que necesitas reconciliar estas dos actitudes opuestas dentro de ti.

- **Entrar en contacto con nuestra sensibilidad natural:** Asumir las emociones que experimentamos durante la jornada laboral y las reacciones que generan nos permite reconectar con nuestra capacidad de expresar la sensibilidad de manera cada vez más natural. La persona huidiza estará menos en negación, la persona dependiente será menos quejumbrosa, la persona masoquista podrá expresar su lado jovial con más libertad, la persona controladora podrá reconocer la importancia de sus compañeros en su vida profesional, y la persona rígida podrá mostrar sus propios límites y ser sensible a ellos.

Es una gran oportunidad para permitirnos ser humanos, algo muy apreciado por nuestros compañeros, pues les da permiso para hacer lo mismo. En lugar de invalidar nuestras emociones o las de nuestros colegas, podemos encontrar un equilibrio entre la hipersensibilidad y la indiferencia, algo que el mundo realmente necesita.

Al reconectar con nuestra sensibilidad como seres humanos en el trabajo, podremos observar los momentos en los que experimentamos emociones, darnos el derecho de vivirlas y responsabilizarnos por ellas.

- **Desarrollar confianza en nosotros mismos:** Reconectar con tu poder para crear tu vida, tomando responsabilidad de los miedos que bloquean la realización de tus deseos y necesidades, tiene grandes beneficios. Esta actitud te permite confiar en tu capacidad para encontrar soluciones y utilizar tus aptitudes, talentos y habilidades interpersonales.

A lo largo de mi carrera, me he dado cuenta de la magnitud de mi falta de confianza en mí misma, algo que durante mucho tiempo traté de ocultar bajo la máscara del rígido, buscando ser perfecta. Me sentía constantemente insegura, lo que me impedía ser firme en mi capacidad de utilizar mis conocimientos para lograr la realización profesional.

Aprender a hacerme cargo de mis miedos mediante la conexión con mi historia, como el miedo a ser pretenciosa o poco apta, me permitió recuperar gradualmente la confianza en mi capacidad de vivir mis emociones sin que estas me incapacitaran o me abrumaran en la vida profesional.

Tengo que reconocer que esta transformación marcó una gran diferencia. Volver a ponerme en contacto con mi propio valor, al darme cuenta de que no soy lo que hago, ha sido clave para mi renovación profesional. Ahora me siento cada vez más alegre y centrada en mi trabajo.

- **Ser auténticos:** Como hemos visto, los miedos influyen enormemente en la capacidad de comunicarnos con eficacia, expresar nuestros deseos y necesidades en el ámbito laboral, y seguir siendo nosotros mismos. *Ser auténtico significa poder pensar, sentir, decir y hacer lo que está en sintonía con nuestros deseos y necesidades, sin motivos ocultos.*

  Esta es una necesidad mental importante para el ser humano. Ser auténtico no es lo mismo que ser espontáneo, que es actuar sin reflexionar antes de hablar o hacer algo. Sabes que eres auténtico cuando no sientes ninguna emoción ni acusación al momento de actuar. Implica tomar en cuenta las consecuencias de desagradar a nuestros compañeros.

  Desde que comencé mi viaje de autoconocimiento, he notado un cambio significativo en mi actitud durante las entrevistas de contratación. Antes solía aceptar todos los criterios que las empresas me pedían, aunque eso me generaba tensión porque mis respuestas no se alineaban con mis necesidades. Ahora, he logrado ser cada vez más sincera, lo que ha reducido considerablemente mi estrés.

- **Respetarnos a nosotros mismos:** Cuanto más nos respetemos siendo sinceros, más nos respetarán nuestros colegas, y nosotros también los respetaremos a ellos cuando sean sinceros. Ser auténticos y fieles a nosotros mismos nos lleva a ser más asertivos, respetando nuestras necesidades mientras consideramos las de los demás con empatía. Esto facilita la negociación de acuerdos en un ambiente de cooperación, algo que hoy en día es muy valorado, ya que fomenta un espíritu de equipo constructivo.

- **Adaptarnos al cambio:** Esta es una de las habilidades más buscadas por las empresas. La herida de injusticia, entre otras, nos ha llevado a adaptarnos, a intentar encajar un círculo en un cuadrado o a resistirnos a lo establecido.

  La capacidad de adaptación que nos ofrece esta nueva era permite encontrar formas innovadoras de satisfacer nuestras necesidades, de encontrar nuevas acciones para lograrlo cuando todo parece moverse muy rápidamente. De esta manera, podemos liberar nuestra intuición.

  Mientras que nuestros padres y abuelos podían hacer carrera en la misma profesión o empresa durante toda su vida, hoy todo parece cambiar a un ritmo acelerado. Esto nos impulsa a desarrollar nuestra capacidad de adaptación, a encontrar soluciones, a crear nuevas formas de trabajar, así como nuevas profesiones, y a capacitarnos de manera continua. De hecho, se dice que la mayoría de los empleos del futuro ni siquiera existe hoy.

En este entorno en constante cambio, hacerse cargo de nuestros miedos se vuelve cada vez más esencial, ya que de lo contrario podemos sucumbir a sentimientos de pérdida de control, inseguridad o falta de confianza. Las actitudes de control, en cualquiera de sus formas, requieren cada vez más energía en este contexto de evolución continua, energía que podría destinarse a lo que realmente deseamos para nosotros mismos.

Tu capacidad de adaptación te guiará hacia lo que tiene sentido, hacia lo que es más natural e inteligente, simplificando tu vida y liberándote de las limitaciones mentales.

- **Satisfacer nuestra necesidad de reconocimiento:** El reconocimiento ha sido, durante muchos años, un indicador clave de bienestar en el trabajo. Aunque es cierto que a todo ser humano le gusta sentirse reconocido en su labor, es importante estar conscientes de que nuestros compañeros de trabajo no siempre están en condiciones de darnos ese reconocimiento ni de alimentar esta necesidad como nos gustaría.

Todos tenemos necesidades diferentes. Algunas personas se sienten reconocidas con un ascenso, otras con una gratificación excepcional, otras con un cumplido, mientras que otras no esperan nada para sentirse reconocidas.

Cuando experimentamos carencia, significa que inconscientemente estamos buscando el reconocimiento de la forma en que esperábamos recibirlo de nuestros padres y profesores cuando éramos niños. Incluso puede ser que ya lo hayamos recibido de otra manera, pero que lo hayamos ignorado porque no cumplía con nuestras expectativas.

Es esta carencia proveniente de las heridas de la infancia lo que lleva a un gerente, director o cliente a ser incapaz de reconocer nuestro trabajo. ¿Por qué? Porque no aprendieron a hacerlo o todavía le guardan rencor a quienes no reconocieron su verdadero valor cuando eran menores.

Recuerdo que, cuando era niña, siempre era la mejor alumna de la clase y sacaba muy buenas calificaciones. A mis padres les tocaba firmar la boleta de calificaciones que recibíamos cada mes para demostrar que estaban enterados de lo que pasaba en la escuela. Mi madre firmaba sin ni siquiera mirar mis calificaciones, pues daba por sentado que me iba bien. No estaba preocupada por mí.

Mucho más tarde, cuando trabajaba en ventas, me di cuenta de que experimentaba ciertas emociones cuando no se reconocía el fruto de mi trabajo. Mi jefa me decía:

«Eso está muy bien, pero sé que puedes hacerlo mejor». Nunca parecía estar satisfecha con mi labor. No fue sino hasta que empecé mi viaje de autoconocimiento que pude ver las similitudes entre esta experiencia y la de mi madre cuando firmaba mi boleta escolar.

Con el tiempo, aprendí que lo más importante era estar orgullosa de mí misma y no esperar el reconocimiento de los demás. Desde entonces, recibo felicitaciones constantes por todo lo que he conseguido, tanto en ventas como conferencista de Escucha a Tu Cuerpo, ya sea de mi familia o en mi vida profesional.

El ámbito profesional es una gran oportunidad para descubrir en qué punto se encuentra tu necesidad de reconocimiento y encontrar a las personas que necesitas para ayudarte a tomar conciencia de ello. Si sientes el deseo de ser reconocido, te invito a que te preguntes qué necesidad estás buscando satisfacer. ¿Qué te permitirá obtener este reconocimiento en tu trabajo?

Una buena forma de empezar es otorgándoles a tus colegas algo de reconocimiento por su trabajo. Quizá al principio de esta práctica lo hagas con la expectativa de que ellos hagan lo mismo contigo. Para alimentar esta necesidad insatisfecha en ti, te sugiero que intentes otorgártelo tú mismo. Por ejemplo, puedes felicitarte por el trabajo que has hecho todas las noches antes de dormir, como si fueras la persona de la que esperas este reconocimiento. Si das estos pequeños pasos cada día, impulsarás un círculo virtuoso de autonomía y responsabilidad.

- **Ser independiente:** Ya sea tomando decisiones o iniciativas, la autonomía es una cualidad que siempre brindará frutos en tu desarrollo profesional. La independencia será más fácil de recuperar cuando hagas elecciones conscientes, te valides a ti mismo y estés dispuesto a asumir las consecuencias de tus actos.

- **Aceptar nuestras diferencias:** Cada vez es más frecuente oír hablar de «gestión integradora». Este término se refiere a la inclusión en el lugar de trabajo; es decir, que las empresas están abiertas a contratar y valorar a personas de diversos perfiles para trabajar con ellas. Se utiliza a menudo para referirse a la integración de personas con discapacidades mentales o físicas, pero en realidad abarca un abanico mucho más amplio, que incluye personas de distintos orígenes, géneros, religiones, estratos sociales, etcétera.

  Según mi experiencia, una herida emocional despertada en el lugar de trabajo puede ser toda una discapacidad para la realización personal. Tomar conciencia de la influencia de la herida de rechazo en el mundo laboral puede ayudar a disminuir esa discapacidad. El ser humano siempre ha procurado alejar, excluir y rechazar aquello a lo que le tiene miedo. La nueva era nos invita a aprender a ver la diferencia como algo natural y humano.

Evidentemente, una persona contratada por una empresa abierta a la diversidad de competencias y conocimientos se sentirá más legitimada para expresar su creatividad y su individualidad. Si este es también tu deseo para tu vida profesional, es importante que te des cuenta de que estás atrayendo hacia ti a la empresa que vibra al mismo nivel en el que tú te encuentras en cuanto a la aceptación de tu individualidad.

También es una gran oportunidad para que las empresas se enriquezcan con un abanico de ideas nuevas y diversas. Estoy convencida de que, cuanto más tengamos en cuenta nuestra herida de rechazo en el mundo profesional, concediéndonos el derecho a ser diferentes, más nos aceptarán nuestros colegas como diferentes, y más los aceptaremos nosotros también en sus diferencias.

- **Ser nosotros mismos:** Aceptándonos cada vez más en nuestro trabajo, es decir, pasando de una postura culpable a otra responsable, somos cada vez más naturales, volvemos a ser nosotros mismos. En lugar de controlarnos o de querer controlar a nuestros colegas, recuperamos el dominio de nuestra vida profesional. Así, hacemos uso de nuestro poder para responder a nuestros deseos y necesidades.

Notarás que tu necesidad de sentir que tus colegas validan tus actitudes disminuirá, porque sabrás que tienes todo dentro de ti para afrontar las consecuencias de tus decisiones y reacciones. Notarás que experimentas cada vez menos estrés vinculado a tus miedos y creencias.

- **Gestión del tiempo:** La gestión del tiempo es una de las mayores fuentes de estrés en este ámbito de nuestra vida. El miedo a quedarse sin tiempo o de no ser capaz de encontrar el equilibrio adecuado entre el trabajo y la vida personal afecta nuestra capacidad para desempeñar una buena labor. Existen muchos temores y creencias asociados a la gestión del tiempo que repercuten en la carga mental y, por lo tanto, en la capacidad de una persona para concentrarse en sus tareas.

  Cuanto más te observes en tu relación con el tiempo, más te aceptarás a ti mismo, dándote el derecho a experimentar el estrés que conlleva, y cuanto más te centres en lo que quieres para ti en tu vida profesional, más evolucionará tu relación con el tiempo.

  Tu necesidad de entrar en un estado constante de acción disminuirá. Lise Bourbeau y su hija, Monica, han compartido que tienen la impresión de que el tiempo se alarga cuando están concentradas, lo que les permite realizar grandes cantidades de trabajo de forma fluida.

- **Expresar nuestro potencial:** La inteligencia humana puede expresarse de distintas formas: interpersonal, colectiva, emocional, de alto potencial, superdotación, grandes capacidades intelectuales o intuitivas.

Cuanto más tengamos en cuenta nuestros miedos en la vida profesional, más podremos poner nuestros talentos a nuestro servicio. Recuerda que lo que eres es lo que le da valor a lo que haces.

Una cosa es cierta, la nueva era nos invita a ser más inteligentes, a actuar según nuestros deseos y necesidades, a favorecer lo natural frente a la norma.

En resumen, hacerte cargo de la influencia de tus heridas emocionales te permitirá comprenderte mejor en tus reacciones y también dejar que se expresen tus talentos y habilidades. En lugar de dejar que tu ego dirija tu vida, pondrás al servicio de tus capacidades y necesidades la energía que antes concentrabas en tus miedos.

Cuando seas más capaz de aceptarte en todas tus facetas y expresarlas a tus compañeros de trabajo, sabrás que estás recuperando la confianza en quien eres y volviendo a ser tú mismo.

Como has visto, la inteligencia emocional y personal puede expresarse de muchas formas distintas. Todo lo que tienes que hacer es tomar la decisión de hacerlo y pasar a la acción. Los resultados positivos irán apareciendo poco a poco, para tu regocijo. Espero que disfrutes practicando todas estas habilidades en tu vida profesional.

Si no puedes, o si vuelves a caer en viejos patrones de pensamiento, confía en tu cuerpo, que siempre es inteligente. Detrás de los malestares físicos y del estrés emocional y mental, nuestro cuerpo nos envía mensajes para ayudarnos a darnos cuenta de que no estamos escuchando nuestras necesidades ni estamos alineados con el amor verdadero.

La zona de confort puede estar presente en cualquier momento. Quizá has oído hablar del síndrome del «techo de cristal». Algunos profesionales afirman que necesitan romper este techo para dar el siguiente paso en su carrera profesional y poder desarrollar todo su potencial. En la actualidad, este término se utiliza principalmente para simbolizar las diferencias en el acceso a las oportunidades profesionales de alto nivel o en la remuneración entre hombres y mujeres. Este techo de cristal es, de hecho, la zona de confort establecida por nuestro ego para evitar entrar en contacto con nuestros miedos.

La herida de traición está muy presente en el mundo profesional. Si te enfrentas a este techo de cristal en el trabajo, tienes que concederte el derecho a sentirte vulnerable y, por lo tanto, a tener temores y expectativas respecto a tus compañeros de trabajo del sexo opuesto. Cuanto más reconozcas su importancia en tu entorno laboral, más desaparecerá por sí sola esta ilusión.

Cada uno necesita redescubrir el modo de beneficiarse y beneficiar a todos sus colegas en la vida profesional. Conociéndote, trabajando codo a codo y colaborando de forma complementaria, podrás reequilibrar la relación con tus colegas de ambos sexos. He descubierto que reconciliarme con mis dos principios, el masculino y el femenino, ha tenido un impacto positivo en todos los ámbitos de mi vida.

Del mismo modo, cuanto más consciente seas de que **no eres lo que haces,** reconociendo **el valor de ser quien eres,** más poder perderán las creencias limitantes que bloquean tus deseos y necesidades en el trabajo. Sea cual sea nuestro sexo o edad, la tendencia actual es que pensemos más allá de los mandatos y normas que nos impiden desenvolvernos en nuestra vida profesional como quisiéramos.

«Atrapado entre los mandatos de rendimiento y conformidad, a veces es difícil sentir que uno pertenece al mundo profesional».[*]

Gestionar situaciones dolorosas

Detrás de cada experiencia de sufrimiento en nuestra vida profesional hay una actitud que rechazamos por miedo a que no nos amen tal como somos y a revivir esas carencias afectivas. Llegar a ser competente en el trabajo es un proceso gradual, que implica observar las actitudes que nos provocan sufrimiento, permitirles existir y asumir la responsabilidad de ellas. A veces, este proceso ocurre de ma-

---

[*] Esta cita proviene del libro de Nathalie Lourdel y Matthieu Lassagne sobre altas capacidades intelectuales: *Tous HPI?*, publicado en francés por Afnor éditions. *[N. de la t.]*.

nera rápida, especialmente si las creencias y el sufrimiento relacionados son superficiales.

En ocasiones, puede ser necesario pedir ayuda, sobre todo si el sufrimiento tiene raíces profundas y proviene de patrones familiares. Cuanto más logres desprenderte de las máscaras que te impiden ser auténtico, más te darás cuenta de estas creencias limitantes, que eventualmente se transformarán en simples recuerdos al servicio de tu inteligencia y autorrealización.

NECESIDADES CAMBIANTES DE UNA GENERACIÓN A OTRA EN EL MUNDO LABORAL

Mientras coescribía este libro, me llamó la atención un artículo que señalaba una de las dificultades que enfrentan los directivos al cubrir puestos ejecutivos: los jóvenes contratados no se adaptan a la cultura corporativa. Tal vez por mi naturaleza rebelde, enseguida pensé: «¿Y si el desajuste fuera bidireccional? ¿Y si la cultura corporativa tampoco se adaptara a las nuevas generaciones?». Entonces me vino a la mente la imagen del triángulo de la vida. Si yo me acuso de ser inadecuado, los demás me acusan de lo mismo, y yo a la vez acuso a los demás de serlo también.

Es completamente natural y humano que, con el paso de las generaciones, el trabajo no responda a los mismos deseos ni a las mismas necesidades. Por lo tanto, la inadaptación es inevitable, pero aceptarla es beneficioso para todos. Cada generación tiene algo valioso que aportar a las demás: los mayores traen su pericia, experiencia y sabiduría; los jóvenes, su frescura, cultura y nuevas ideas.

Siempre he visto este vacío como una oportunidad para impulsar el cambio y transformar el mundo laboral. Me sentí agradecida de haber seguido mi intuición al leer esa publicación, porque ilustraba lo que considero que ha sido el centro del problema desde los comienzos de la humanidad.

Vivir una relación satisfactoria en el trabajo significa, ante todo, aceptar a las personas con sus talentos, limitaciones, creencias, miedos y necesidades, tan diferentes y parecidos a los nuestros.

Al leer el libro *Les 5 grands besoins des enfants nouveaux* («Las 5 grandes necesidades de los niños de ahora») de Lise Bourbeau, me di cuenta del impacto que la evolución de las necesidades de una generación a otra podía tener en la relación entre empleado-director de empresa, trabajador autónomo-cliente, etc. La necesidad de respeto, por ejemplo, ha evolucionado de la noción de obediencia a la del derecho a expresar nuestra individualidad en el trabajo.

VIDA PROFESIONAL «MULTIEMPRESA»

Cada vez más personas trabajan para varias empresas en régimen de tiempo compartido o ejercen varias profesiones al mismo tiempo; por ejemplo, asesor inmobiliario, profesor de yoga y responsable de comunicación. También se da que las personas reparten su tiempo de trabajo entre varios puestos o manejan varios estatutos profesionales al mismo tiempo; por ejemplo, autónomo, empleado de una empresa y empleado de una administración local.

El mantenimiento de la condición de asalariado a lo largo de toda la carrera profesional evolucionará sin duda en los próximos años hacia la condición de trabajadores cada vez más autónomos. La necesidad de seguridad en el plano material y afectivo nos lleva a buscar trabajos que garanticen una gran estabilidad. Cuanto más encuentres la sensación de seguridad dentro de ti, siendo consciente de tu poder para crear tu vida profesional al satisfacer tus necesidades, menos buscarás esa sensación de seguridad afuera.

Sea cual sea tu estatus, tu trabajo, tu horario, todo depende de lo que necesites en cada momento. Recuerda que es tu ego el que clasifica las experiencias como buenas o malas.

FIN DE CARRERA: JUBILACIÓN

La proximidad de la jubilación puede generar una variedad de emociones, dependiendo de nuestros sistemas de creencias y valores personales. A menudo, adoptamos actitudes como reacción a lo que se percibía como sufrimiento entre los trabajadores de generaciones anteriores. El aumento en la esperanza de vida nos obliga a replantear el concepto tradicional de la edad de jubilación.

Aunque muchos de nuestros padres y abuelos se jubilaban a una edad más avanzada y con una esperanza de vida más corta que la actual, muchos de ellos construyeron sus carreras profesionales con el objetivo de disfrutar de la jubilación al final de su vida laboral. En este contexto, retrasar la edad de jubilación plantea una cuestión importante: ¿cómo integrar a los llamados «colaboradores sénior» en el lugar de trabajo de manera efectiva?

Si bien en las últimas décadas la tasa de empleabilidad después de los 50 años ha disminuido, la tendencia está cambiando y ahora la tasa tiende a descender después de los 60 años. Sin embargo, esta situación varía considerablemente de un país a otro.

Ya sea que deseemos dejar de trabajar a los 30 años o seguir desarrollándonos profesionalmente hasta los 90, tenemos la opción de usar nuestro poder para crear una vida profesional que responda a nuestras necesidades.

Para descubrir a qué necesidad responde tu deseo de iniciar tu retiro, independientemente de tu edad, te invito a que te hagas la siguiente pregunta: «¿Qué me permitirá sentir y ser la jubilación? ¿De qué maneras distintas a la jubilación puedo satisfacer esta necesidad?».

También puedes reflexionar sobre lo que el trabajo te impide tener, hacer o ser en tu vida en general. De esta manera, el sentimiento de estar sometido al final de tu carrera, influido por tus creencias, da paso a una toma de responsabilidad y libre albedrío.

Todos debemos tener en cuenta la aceleración del cambio, un hecho que parece inevitable en una sociedad en constante evolución. Sin embargo, si queremos liberarnos de nuestros patrones de sufrimiento, no basta con considerar la evolución y adquirir conocimientos. Se necesita práctica para ser realmente conscientes de este cambio y experimentarlo desde dentro.

LA RAZÓN DE SER DE TU VIDA PROFESIONAL

¿Por qué me dedico a esto?

Para descubrir la razón de ser de tu situación profesional actual, ya seas ejecutivo, directivo, empleado, autónomo, buscador de empleo, estudiante, etc., te invito a que te plantees las siguientes preguntas respecto a tu trabajo actual:

1. ¿Qué me permite tener?

2. ¿Qué puedo hacer con todas esas cosas que me permite tener?

3. ¿Cómo me siento con todo lo que me permite hacer y tener, y todo eso que me permite SER?

Acabas de descubrir la razón de ser de tu trabajo en la última pregunta. Quizá esta nueva perspectiva te ayude a apreciarlo más, a entender por qué haces lo que haces, por qué te dedicas a ese puesto en esa empresa. Lo que tu trabajo te permite hacer tiene un sentido profundo: alimentar tus necesidades y tu forma de ser.

Si no es así, si sientes que realmente no satisface tus necesidades, ¿qué quieres sentir y ser? Tú decides lo que tienes que hacer para conseguirlo. Así puedes recuperar el poder de tu vida profesional. Levántate cada mañana con la intención de alimentar tu necesidad de ser, independientemente de la situación de tu empresa o del estado de ánimo de tus compañeros.

Tanto si estás pensando en una futura carrera como en cambiar de dirección profesional, empresa o ámbito, en el futuro te será mucho más fácil y rápido averiguar qué satisface una o varias de tus necesidades.

Muchas personas mantienen la lealtad familiar haciéndose cargo de los negocios de sus padres, dedicándose a la profesión que corresponde a las expectativas de estos, por miedo a disgustarlos o a ser egoístas. En sí mismo, esto no está ni bien ni mal. Te invito a observar si esta experiencia te hace sentir alguna emoción. Si es así, te sugiero que te preguntes qué miedo o miedos hay detrás, qué necesidad se satisface manteniendo esta lealtad familiar.

He aquí otra pregunta muy útil para reconectar con tus deseos y necesidades en tu vida profesional cuando sientes que no estás centrado:

«Si me diera la libertad de ser quien quisiera ser, si tuviera la salud, el tiempo, el dinero y los recursos, y estuviera seguro de que esto no disgustaría ni molestaría a nadie, sin sentirme culpable, ¿a qué me dedicaría?».

También puedes hacerte esta pregunta antes de ir a dormir, comunicándote con tu dios interior, que es tu guía:

«¿Qué necesito en este momento para evolucionar?».

Del mismo modo que una empresa define su estrategia a largo plazo determinando su visión y misión, estas preguntas te darán una perspectiva estratégica de tu actividad profesional a lo largo del tiempo. Escogerás una vida que responda a tus necesidades físicas, emocionales y mentales de forma consciente, y así te alejarás de la impresión de sufrir la dictadura de tus emociones en el trabajo.

¿Qué podría ser más gratificante, más satisfactorio y energizante que ir a trabajar cada día siendo conscientes de que nuestra actividad alimenta las necesidades de lo más profundo de nuestro ser? Esta nueva perspectiva nos da la visión necesaria para ir más allá del tener o el hacer. Ambas cosas siguen siendo importantes, por supuesto, pero puede que nos hagan pesado tener que seguir dedicándonos a lo que hacemos para vivir.

Muchas personas buscan un sentido a su vida profesional. Puedes utilizar como palanca de crecimiento personal la reflexión sobre lo que tu trabajo te permite SER y los miedos que te impiden serlo.

Tienes todas las herramientas que necesitas para avanzar hacia tu razón de ser, para dar sentido a cada experiencia profesional, ya seas el director de una multinacional, el gerente de un equipo de dos personas, un empleado o un trabajador autónomo. Solo tienes que creer en ello y, sobre todo, sentirlo dentro de ti.

Me gustaría terminar este libro proponiendo un último ejercicio.

Revisión de la experiencia profesional

Para acompañarte en tu viaje interior de desarrollo profesional, puedes realizar una revisión exhaustiva de tu experiencia laboral. Este ejercicio te ayudará a obtener una visión más clara de tu situación actual y a tomar decisiones más informadas sobre tu futuro.

En la primera columna, comienza haciendo una lista de todo lo que consideras desfavorable o negativo para ti, sin dejar nada fuera.

En la segunda columna, enumera todos tus recursos internos, habilidades, talentos, puntos fuertes. Si te resulta difícil identificar tus fortalezas, puedes pedir ayuda a las personas que te conocen bien.

En las otras dos columnas, anota todo lo que te gusta y lo que no te gusta de la estructura organizacional de tu empresa.

A continuación, centra tu intención en tus fortalezas para poner en marcha tu poder creador, visualiza todas las oportunidades que se abren ante ti y siente tu valor interior.

Si algunos de los aspectos de ti mismo que percibes como indeseables están muy arraigados y te impiden ver tus puntos fuertes, puedes hacer un viaje interior para comprender los miedos, las creencias y la culpa que esto te provoca.

Todo lo que tienes que hacer es aplicar lo que se sugiere en este libro, lo cual implica tomar decisiones y actuar. BUENA SUERTE.

Pasivos personales	Fortalezas personales	Pasivos de la empresa	Fortalezas de la empresa
Aspectos percibidos como desfavorables en mí mismo y en mi situación profesional	Mis ventajas, puntos fuertes, talentos, cualidades, habilidades, actitudes	Aspectos percibidos como desfavorables en la empresa para la que trabajo	Ventajas, puntos fuertes, talentos, cualidades, habilidades, actitudes de la empresa

SOY EL ÚNICO
DUEÑO DE MI VIDA

PALABRAS FINALES

Conocerte a ti mismo y descubrir las necesidades que experimentas en tu vida profesional es una experiencia que otorga propósito y te ayudará a entender la razón de ser en este ámbito de tu vida. Así como el libro que me regaló mi cliente en una comida de negocios transformó mi vida, espero que este libro también sea de ayuda para cualquier persona que desee comprender la influencia de las heridas emocionales para desarrollarse plenamente en su vida profesional.

NATHALIE

Espero sinceramente que este libro te haya permitido descubrir muchas cosas sobre ti mismo y, sobre todo, que te inspire a tomar decisiones que mejorarán tu vida profesional. Recuerda: el cielo es el límite para aquellos que creen en él y están dispuestos a vivir nuevas experiencias sin juzgarse.

LISE

ANEXO

Lista de sentimientos

Abatido

Abochornado

Abrumado

Aburrido

Acongojado

Adolorido

Afectado

Afligido

Agitado

Agotado

Alarmado

Aletargado

Amargado

Angustiado

Ansioso

Apático

Apesadumbrado

Aprensivo

Arrepentido

Arrogante

Asombrado

Asustado

Atemorizado

Aterrorizado

Atribulado

Atormentado

Aturdido

Avergonzado

Bloqueado

Cansado

Celoso

Confundido

Conmocionado

Consternado

Contrariado

Culpable

Débil

Debilitado

Decepcionado

Defraudado

Delicado

Deprimido

Derrotado

Desairado

Desalentado

Desamparado

Desanimado

Desarmado

Desasosegado

Desbordado

Desconcertado

Descontento

Desdichado

Desesperado

Desestabilizado

Desgarrado

Desilusionado

Desmayado

Desmoralizado

Desmotivado

Devastado

Disgustado

Distante

Emocionado

Encerrado

Enfadado

Enfurecido

Engañado

Engorroso

Enojado

Envidioso

Espantado

Estresado

Estúpido

Exasperado

Exacerbado

Expuesto

Fastidiado

Fatigado

Frágil

Frenético

Frío

Frustrado

Furioso

Herido

Hostil

Idiota

Impaciente

Impasible

Impresionado

Incómodo

Incompetente

Indeciso

Indefenso

Indiferente

Indignado

Inestable

Infeliz

Injusto

Inocente

Inquieto

Insatisfecho

Insensible

Inútil

Intimidado

Irritado

Malhumorado

Melancólico

Menospreciado

Miserable

Molesto

Mortificado

Negativo

Nervioso

Ofendido

Paralizado

Perdido

Perezoso

Perturbado

Pesimista

Preocupado

Reacio

Rebelde

Rendido

Repelido

Retraído

Sacudido

Saturado

Sobrepasado

Sofocado

Solo

Sorprendido

Sospechoso

Sucio

Sumiso

Suspicaz

Taciturno

Tedioso

Temeroso

Tenso

Tonto

Triste

Usado

Vacío

Violento

Vulnerable

ACERCA DE LAS AUTORAS

Para **Nathalie Sainte-Marie** todo cambió en 2007, cuando uno de sus clientes le obsequió *Las 5 heridas que impiden ser uno mismo*, el *bestseller* de Lise Bourbeau. Su lectura le mostró el camino poco explorado de las heridas emocionales en relación con la vida laboral. Desde esta óptica trabajó mano a mano con Lise Bourbeau en *Las 5 heridas que te impiden ser tú mismo en el trabajo*. Hoy, a 15 años de aquella coincidencia, brinda consultoría individual y en grupo para ayudarles a las personas a afrontar la influencia de las heridas en su carrera profesional, permitiéndoles sentirse plenas nuevamente.

Lise Bourbeau es autora de 27 libros de renombre, entre los que destacan los éxitos editoriales *Las 5 heridas que impiden ser uno mismo* y *Escucha a tu cuerpo, es tu mejor amigo en la tierra*. En 1982 fundó en Quebec, Canadá, el Centro Escucha a tu Cuerpo, una importante escuela de desarrollo personal con 40 años de experiencia y presencia en 28 países. Se especializa en la interpretación metafísica de heridas y enfermedades, ya que su objetivo es ayudar a las personas a conocerse, aceptarse y amarse mejor a sí mismas, a través de la comprensión de sus malestares. A lo largo de su carrera ha vendido ocho millones de libros, y su obra ha sido traducida a 26 idiomas.